Elena Londero y Mauro Malfa

ASTROGENEALOGÍA

Descubre quién eres
y vive con mayor libertad
con la astrología familiar

EDICIONES OBELISCO

Colección Psicología
ASTROGENEALOGÍA.
DESCUBRE QUIÉN ERES Y VIVE CON MAYOR LIBERTAD CON LA ASTROLOGÍA FAMILIAR
Elena Londero y *Mauro Malfa*

1.ª edición: octubre de 2024

Título original: *Astrogenealogia.*
Scorpi chi sei e vivi più liberamente con l'astrologia familiare

Traducción: *Manuel Manzano*
Corrección: *Maite Martín*
Diseño de cubierta: *Enrique Iborra*

© 2023, Giunti Editore S.p.A., Firenze-Milano.
www.giunti.it
La presente edición ha sido publicada por acuerdo con
Giunti Editore vía Oh! Books Lit. Ag.
(Reservados todos los derechos)
© 2024, Ediciones Obelisco, S. L.
(Reservados los derechos para la presente edición)

Edita: Ediciones Obelisco, S. L.
Collita, 23-25. Pol. Ind. Molí de la Bastida
08191 Rubí - Barcelona - España
Tel. 93 309 85 25
E-mail: info@edicionesobelisco.com

ISBN: 978-84-1172-192-9
DL B 14845-2024
Impreso en los talleres gráficos de Romanyà/Valls S. A.
Verdaguer, 1 - 08786 Capellades - Barcelona

Printed in Spain

PRÓLOGO

DE LIDIA FASSIO

Siempre me alegra encargarme del prólogo de un libro escrito por personas que se han sentido fascinadas por la astrología. Me gusta que haya amantes de esta disciplina que continúen su investigación y que, sin dejar de utilizar la astrología humanística, persigan luego nuevas disciplinas que, flanqueándola, enriquezcan aún más la comprensión de la complejidad humana, tanto individual como familiar.

La psicogenealogía es una disciplina muy reciente que profundiza en las complejas dinámicas transgeneracionales que, si no se identifican y subsanan, acaban entorpeciendo el proyecto individual, creando sufrimiento y dificultades. Trabajando junto a la astrología –una disciplina mucho más antigua–, nace una fructífera colaboración que permite arrojar luz sobre la herencia familiar que, como todos sabemos, incluye los contenidos, dinámicas energéticas y complejos que recibimos en el momento de nuestro nacimiento, de manera totalmente inconsciente. Ninguno de nosotros nace en la nada, por lo que es esencial, como adultos, centrarnos en las herencias familiares, los condicionamientos y la historia en la que estamos arraigados y dentro de la cual vivimos durante mucho tiempo, absorbiendo comportamientos, valores y mentalidades condicionantes. Al arrojar luz sobre estas huellas iniciales que, si no se identifican y subsanan, siguen activándose de manera automática, podemos trascender el destino familiar construyendo uno personal, hecho de elecciones activas que conducirán a la realización del proyecto que nuestra alma ha elegido.

La astrología aporta a la psicogenealogía la familiaridad que posee con el lenguaje simbólico, apto para adentrarse en los pliegues no sólo de la psique individual sino, en este caso, también de la familiar de la que nacemos cada uno de nosotros. La astrología siempre ha ayudado al hombre a dar sentido a su pertenencia al contexto en el que vive, uniendo individualidad y universalidad −el famoso «como es arriba es abajo»− y ahora presta su poderoso lenguaje simbólico a esta nueva rama de la psicología, recordándonos que sin raíces no podemos volar. El pasado es fundamental para vivir un buen presente y un buen futuro: como bien se explica en la película Amistad, los antepasados están dentro de nosotros porque ayudaron a formarnos. Por lo tanto, si queremos aprovechar al máximo las energías que traen consigo, necesitamos comprender la sustancia de la que estamos hechos; de este modo damos sentido a los acontecimientos y formas de vivir repetitivos, evitando reaccionar a las situaciones de manera automática, y transformando los elementos en bruto en energías luminosas y útiles que, sólo entonces, estarán a disposición del individuo y permitirán elecciones conscientes y responsables.

Este libro, coescrito por Elena Londero y Mauro Malfa, acompañará al lector en el descubrimiento de la astrogenealogía, permitiéndole profundizar en el conocimiento de sí mismo, honrando a quienes le precedieron y lucharon por sobrevivir y hacer perdurar en el futuro su increíble herencia genética, cultural e instintiva.

Feliz lectura.

LIDIA FASSIO

1
LA FAMILIA,
UNA HISTORIA DE ÉXITO

POR MAURO MALFA

A lo largo de la historia de la humanidad, la familia ha sufrido diversas transformaciones sin dejar de ser fiel a sus funciones peculiares: ayuda mutua, protección, contención emocional y formación de nuevas generaciones. En la transición de la época matriarcal a la patriarcal, que tuvo lugar hace unos quince mil años, asumió una estructura mucho más sólida y desequilibrada hacia el varón, que tomó el control e impuso nuevos valores, más competitivos y dedicados a la afirmación personal, incluso en detrimento de los demás miembros del grupo y de la comunidad.

Recientemente, el sistema patriarcal ha sufrido una transformación radical; las figuras parentales, materna y paterna, se han desvinculado de la sexualidad de los individuos gracias, sobre todo, a dos elementos que se han introducido en la sociedad: el derecho obtenido por las parejas homosexuales a poder casarse y tener hijos, y la ley del divorcio, que ha creado nuevos tipos de experiencia familiar, menos ligados a la descendencia consanguínea. Además, como consecuencia de las separaciones, los divorcios o la viudedad, hoy podemos contar también con la formación de familias extensas, que se basan en relaciones familiares nuevas, pero del mismo modo sólidas y estables.

LA VOLUNTAD DE LOS ANTEPASADOS

La tierra y el tipo de árbol del que uno procede dicen mucho sobre las experiencias y los retos que uno va a vivir. La información del pasado habla de victorias, hazañas, abusos, crímenes, guerras, enfermedades: es toda la epopeya del árbol genealógico con la que uno se mide, de generación en generación, en la interminable lucha que ve evolucionar a la humanidad. En los relatos de los antepasados está toda la experiencia de cada individuo, hecha de amores desgarrados e insatisfechos, de emigraciones a tierras extranjeras y hostiles para asegurar un futuro mejor a los descendientes. Todo esto y más son las historias que hacen intensa y fecunda la experiencia humana, inscrita de manera literal en la genética de cada ser humano.

¿QUÉ SE HEREDA DEL ÁRBOL?

Cada árbol transmite a sus descendientes experiencias de sombra y luz, bendiciones y maldiciones, energías que pueden ayudar o dificultar el crecimiento personal y la evolución del individuo y del grupo. Podemos heredar valores, habilidades y talentos desarrollados por las generaciones que nos precedieron. Sin embargo, los retos, generados por el hombre, los recuerdos transferidos a los descendientes también suelen estar vinculados a expectativas, compensaciones o experiencias dolorosas de la ascendencia, como la pérdida de un hijo, contratiempos financieros, la muerte prematura de uno de los padres, pasiones amorosas frustradas por todo tipo de razones o deseos sexuales reprimidos. La llegada de un hijo no deseado, una adopción, un duelo u otros elementos perturbadores de todo el árbol genealógico pueden provocar un eco de malestar, frustración o resentimiento, que se instala en la memoria y va mucho más allá de los recuerdos personales. Estas emociones pueden desembocar en la cripta familiar, es decir, en un lugar psíquico, oscuro y de difícil acceso para la mente racional, habitado por «fantasmas» que hacen sentir su presencia. Y todo esto se comparte a nivel del inconsciente familiar.

Cada individuo contiene en su interior un proyecto sentido, que se activa ya nueve meses antes de la concepción y define el papel que el niño por nacer está llamado a desempeñar en su árbol. Esto conlleva una serie de tareas inconscientes que tienen que ver con la sanación, la expansión, las compensaciones y las repeticiones que proporciona el sistema familiar. Cada niño está llamado a desempeñar funciones y tareas importantes, como mantener unidos a sus padres o ser un niño de reemplazo que llena el vacío dejado por un hermano perdido.

Los que nos han dejado no están ausentes, sólo son invisibles. La conexión con los antepasados está, de hecho, siempre activa en nosotros, como intuyó el propio Jung. En su obra *Recuerdos, sueños, pensamientos* escribió: «Tanto nuestra alma como nuestro cuerpo están formados por elementos que ya estaban presentes en los antepasados. Lo nuevo en el alma individual es la recombinación infinitamente variada de los antiguos componentes».

¿Cómo transmite un árbol todo esto a sus descendientes? Mediante un sistema de transferencia de información, que se sitúa en la zona de conexión entre el inconsciente personal y el familiar. La transmisión puede tener lugar a nivel intergeneracional y transgeneracional. La primera se refiere a la comunicación transmitida entre generaciones que están en contacto –por ejemplo, padres e hijos–, mientras que la transgeneracional se refiere a la información entre generaciones no contiguas –por ejemplo, abuelos y nietos–. La comunicación a nivel intergeneracional puede ofrecer a menudo la oportunidad de un debate crítico y racional sobre su contenido. Es posible una revisión continua, que se adapte con el tiempo a las necesidades, costumbres y hábitos de las nuevas generaciones. El modo de transmisión suele estar vinculado a modelos de comportamiento comunicados de manera verbal o por emulación. La comunicación intergeneracional suele utilizar canales de transmisión directos y verbales, mientras que la comunicación transgeneracional también puede producirse de forma indirecta y subliminal, por lo que se recibe de forma inconsciente. De hecho, suele estar más vinculada al bagaje ancestral, que procede de características genéticas incluso muy alejadas de las presentes, y nos llega a nivel del inconsciente familiar. También puede expresarse a través de proverbios, refranes, historias o cuentos contados a las nuevas generaciones. O llegar en forma de cartas, testamentos, historias fragmentarias y recuerdos perdidos y desvanecidos por el tiempo. Estas influencias son más fuertes cuanto más se hayan mantenido ocultas, secretas o se han considerado inapropiadas o inaceptables por los miembros del árbol, por estar vinculadas a situaciones prohibidas o tabúes sociales. Todo ello está contenido en la sombra familiar, cuyo tamaño es directamente proporcional al dolor o la vergüenza ocultados por el sistema.

FUNDAMENTOS ASTROLÓGICOS

ASTROLOGÍA HUMANÍSTICA

El proceso evolutivo del hombre le ha permitido alcanzar un nivel de complejidad, tanto interna como en las relaciones sociales, nunca antes experimentado. La astrología ha sufrido el mismo proceso de transformación y ha actualizado sus instrumentos de análisis e interpretación, y comparte con la psicología una serie de importantes herramientas de investigación; instrumentos que en astrología encuentran correspondencia tanto con los factores astrológicos conocidos desde la Antigüedad (el septenario, el análisis de los siete primeros planetas del sistema solar, visibles en esa época), como con los descubiertos en la época contemporánea de Urano, Neptuno, Plutón, Lilith, Quirón y diversos asteroides. La interpretación de la carta astral se beneficia así de nuevos arquetipos útiles para comprender y gestionar mejor el lado psicológico e introspectivo del hombre. De ser una práctica mántica y predictiva, capaz de determinar momentos favorables y desfavorables, la astrología se ha convertido en una «piedra de Rosetta» que, a partir de determinadas configuraciones astrales, ayuda también a traducir e interpretar el mundo psíquico, interior y relacional de cada individuo. La aportación de Jung fue fundamental para el nacimiento de la astrología psicológica y humanista. Sus estudios sobre los mitos, los arquetipos, la definición de los tipos psicológicos y la definición del inconsciente colectivo son hoy herramientas indispensables para un análisis astrológico serio.

ASTROLOGÍA EVOLUTIVA

La astrología evolutiva añade un postulado muy importante: el proyecto del alma. El alma, eterna chispa divina, enciende el cuerpo en cada encarnación, con la tarea de adquirir experiencia, aprender algo significativo y útil y luego llevarlo de vuelta a su creador, Dios.

Así pues, la astrología evolutiva contempla el karma, una especie de ley de retribución por la que toda acción conlleva una reacción. El origen de esta concepción espiritual y filosófica se encuentra en la antigua tradición védica y su objetivo es rastrear en la carta astral toda la información relacionada con lo que uno ha sido en vidas anteriores. Esto con el fin de crear un flujo constante y coherente de aprendizaje y evolución del individuo, que tenga en cuenta no sólo la proyección solar, típica de la astrología humanística, sino también la del alma.

Rudolf Steiner, el fundador de la antroposofía, nos cuenta cómo las almas se reencarnan siempre en grupo, a través de ciertas civilizaciones concretas, con el fin de experimentar relaciones en común, de compartir dinámicas de relación y de conocimiento cada vez más complejas y profundas. Otros estudios más recientes, sobre todo en el campo de la hipnosis regresiva, nos remiten a experiencias de vidas anteriores, corroboradas por hechos, acontecimientos y referencias muy precisos y circunscritos, inaccesibles al estado consciente, pero que los sujetos logran recordar a través de la hipnosis.

El psiquiatra e hipnoterapeuta estadounidense Brian Weiss, en su libro *Lazos de amor,* nos habla de los vínculos indisolubles que unen a dos o más personas de vida en vida, entretejiendo sus existencias. Así, podemos imaginar cómo árboles genealógicos enteros son estructuras habitadas por almas que ya han entrado en contacto, se conocen y han compartido experiencias comunes, y desempeñan vida tras vida diferentes roles familiares dentro del mismo sistema.

Los estudios del astrólogo Jeffrey Wolf Green completan las herramientas a disposición del experto. Con Green, Plutón se convierte en el símbolo del proyecto del alma, que repite cada vida el camino ya recorrido en encarnaciones anteriores.

¿CÓMO SURGIÓ LA ASTROGENEALOGÍA?

El astrólogo Daniel Dancourt, hijo de un psicólogo peruano, fue el primero que tuvo la visión de combinar los estudios astrológicos y los genealógicos. Ya en los años noventa, inició un estudio pionero para establecer las primeras correspondencias entre la genealogía familiar y la astrología. Fueron los mismos años en los que nació también la psicogenealogía, de la mano de la psiquiatra y psicoterapeuta Anne Ancelin Schützenberger. Años muy fértiles, por tanto, en los que las cuestiones familiares y genealógicas fueron, por sincronicidad, estudiadas desde diferentes puntos de vista. En el año 2000, en un congreso astrológico celebrado en Buenos Aires, Dancourt definió por primera vez la astrogenealogía. Nacía así un nuevo enfoque de estudio, centrado en la dinámica familiar, presente y pasada, observada en su conjunto a través del análisis comparativo de genogramas y cartas astrales, elaborados individualmente y en grupo.

La astrogenealogía es la combinación de dos disciplinas, la astrología y la genealogía, que se convierte en algo más que la suma de sus partes porque posee en sí misma un enfoque multifactorial, rico en complejos arquetípicos y psicológicos, interpretados y descritos con una técnica gráfica de fácil comprensión.

El objetivo de esta disciplina de reciente creación es comprender cómo las relaciones y los asuntos pendientes, dentro de la herencia familiar, pueden transmitirse e influir en las nuevas generaciones, de manera consciente e inconsciente. Se basa en la idea de que cada uno de nosotros hereda su historia familiar y la representa en su vida, con todo lo que ello conlleva.

El árbol genealógico funciona de manera sistemática a través de lealtades (conscientes e inconscientes) que generan repeticiones y compensaciones en los descendientes con respecto a los antepasados. Los méritos y talentos adquiridos por los antepasados pueden heredarse. Esto también puede verse al analizar las cartas astrales de los miembros del clan, a menudo expresadas por los aspectos armónicos entre planetas. Las lealtades familiares siempre condicionan el comportamiento de los descendientes.

La carta astral de un individuo es un mandala holográfico multidimensional y, como en cualquier holograma, la porción más pequeña también contiene el todo. Por lo tanto, la carta astral individual contiene una gran cantidad de información relativa a la familia y la ascendencia. La carta astral, leída como un holograma, permite cambiar los ángulos de visión, captando diferentes niveles de interpretación. A partir del análisis de una sola carta astral se pueden observar las herencias del clan, los traumas, los conflictos, los talentos adquiridos. Los planetas y puntos significativos de la carta astral representan tanto aspectos psicológicos personales como aspectos genealógicos, con herencias transgeneracionales procedentes del árbol.

LAS HERRAMIENTAS DEL ASTROGENEALOGISTA

Todo lo que se necesita para el análisis astrogenealógico es la carta astral del descendiente individual, junto con un árbol genealógico conciso que contenga sus datos, los de sus padres y los de sus abuelos.

Siempre podemos profundizar más en el análisis elaborando el genosociograma, que se convierte en astrogenosociograma gracias a la suma de información astrológica sobre cada miembro de la familia. Después podemos analizar la línea femenina o masculina del árbol o estudiar con detenimiento sectores precisos de la vida del descendiente (sentimental, profesional, económico…).

Una vez que se dispone del astrogenosociograma, es posible analizar el árbol genealógico a través de dos enfoques diferentes: el astrogenealógico y el sistémico. La astrología sistémica desplaza el foco de atención a todo el árbol, rastreando los rasgos comunes de experiencia que tiene el grupo y cómo el conjunto de todo el árbol afecta al individuo. El enfoque astrogenealógico, en cambio, se centra en el individuo y su papel en el clan.

Para realizar un análisis más amplio y profundo, puede ser útil ampliar el análisis a cuatro generaciones, es decir, bisabuelos, abuelos, padres e hijos, incluyendo también, si es posible, a sus hermanos, tíos y primos (es decir, las generaciones fraternal y horizontal).

Además de la carta astral con la hora del nacimiento, que siempre debe verificarse y certificarse, también pueden observarse los tránsitos y la carta progresada del descendiente. Esto permite estudiar los momentos temporales individuales del árbol, que proporcionan al consultante una valiosa información sobre su propio sistema familiar, lo que le permitirá hacer su investigación más eficaz y consciente.

Siempre es posible procesar el *tiempo familiar*, es decir, la lista de fechas vinculadas a acontecimientos familiares que permiten descubrir mandatos, repeticiones y similitudes de acontecimientos significativos ocurridos en el seno del clan. De este modo, también podemos descubrir la presencia de traumas o acontecimientos no resueltos aún activos y por procesar, o fechas sobre todo sensibles, vinculadas a repeticiones de acontecimientos, accidentes o enfermedades. También pueden indicar, por ejemplo, un síndrome de aniversario activo.

LAS BASES DE LA PSICOGENEALOGÍA

Carl Gustav Jung

Jung aportó importantes conceptos en los que después se basó la psicogenealogía, la primera de todas la sincronicidad. Ésta consiste en una conexión entre el mundo interior y la realidad exterior, que se nos devuelve a través de acontecimientos significativos que están interconectados incluso sin un vínculo causa-efecto. Todo ello presupone otro aspecto fundamental: la presencia de una información básica, que Jung denominó inconsciente colectivo, situada lejos de la conciencia ordinaria, conectada con el inconsciente personal y familiar, de la que surgen entonces patrones de comportamiento que Jung define como arquetipos (el término deriva del griego *archeos*, primer principio). Los arquetipos son patrones mentales comunes a toda la humanidad, independientes de su cultura de origen y que se transforman en imágenes arquetípicas al adaptarse a épocas y pueblos.

Jacob Levy Moreno

A este distinguido psicólogo hay que atribuirle el desarrollo de varios conceptos clave del enfoque genealógico, como el sociograma, el psicodrama y el análisis transgeneracional. Sus estudios se centraron en las relaciones interpersonales mediante la aplicación de la sociometría. Moreno se dio cuenta de que entre los miembros de un grupo se establecía una red muy intensa de conexión subconsciente.

En 1921 fundó el teatro de la espontaneidad, en el que personas corrientes se convertían en actores que escenificaban las relaciones existentes en un grupo, poniendo así en escena la primera representación teatral del sociograma. Más tarde utilizó este nuevo enfoque para estudiar y representar la dinámica familiar, junto con otra herramienta muy innovadora: el genograma, la representación gráfica del árbol genealógico.

No fue hasta 1978, gracias a otro psiquiatra francés, Henri Collomb, cuando el genograma se amplió para incluir contenidos relativos a los distintos tipos de relaciones en el clan, dando lugar a la introducción del genosociograma, que describe con detalle las uniones, exclusiones, sustituciones, el reparto de bienes, las herencias, quiénes son los favoritos y los desfavorecidos, cuáles son las injusticias y las cuentas familiares.

Anne Ancelin Schützenberger

Se la considera universalmente la fundadora de la psicogenealogía. Según la psicóloga y psicoterapeuta Schützenberger, la vida de cada familia es una inmensa novela, tachonada de citas con el destino, acontecimientos que pueden ser tan intensos en el plano emocional que configuran un calendario de fechas a recordar que los parientes se esfuerzan, la mayoría de las veces de un modo inconsciente, en honrar, incluso generaciones después. «El inconsciente tiene buena memoria, ama los lazos familiares y subraya los acontecimientos importantes del ciclo vital mediante la repetición de fechas o edades», leemos en el libro de Schützenberger *¡Ay, mis ancestros!,*[1] que nos introduce amablemente en los fenómenos de sincronicidad relativos al árbol genealógico. Ante un gran número de casos, su gran intuición fue unir la historiografía con la psicología, perfeccionando el concepto de inconsciente colectivo de Jung.

El síndrome del aniversario presupone una transmisión transgeneracional de la información. Es difícil de reconocer porque se propaga en el árbol genealógico de manera inconsciente, actúa con generaciones de diferencia y es más eficaz cuanto más traumático, oculto o no procesado haya sido el acontecimiento. Existe una lealtad familiar invisible que in-

---

1. Anne Ancelin Schützenberger, *¡Ay, mis ancestros!,* Taurus, 2024.

duce a los miembros de la familia a repetir o revivir las experiencias de sus antepasados sin ninguna conciencia, con el fin de repararlas o sanarlas.

Ivan Boszormenyi-Nagy

Teórico de la lealtad familiar, definió la familia como una matriz, un molde en el que se forma la identidad del individuo, que define su forma de relacionarse con los demás miembros. Un hilo invisible, compuesto por un sentimiento de lealtad, ayuda mutua y ecuanimidad, une al clan. Es una especie de diario que lleva la cuenta de lo que da y recibe cada miembro de la familia, un recuento que obedece a un sentido de justa compensación mutua, sin el cual la familia se convertiría en un campo de batalla. Un registro de lo que se ha dado y lo que se ha recibido, en forma de apoyo, reparto y reconocimiento. Puede haber individuos que no salden su deuda con el clan.

Nicolas Abraham y Maria Torok

Son suyas las definiciones de cripta y fantasma, conceptos basados en un secreto cuya fuerza y energía es directamente proporcional a su grado de ocultación, al nivel de vergüenza que suscita y al sufrimiento e injusticia con que se carga. Las acciones intensas quedan impresas en el inconsciente familiar hasta el punto de que, al ignorarlas, se acumulan en el sistema, como el agua en una presa que, al no tener salida, en algún momento se desborda y arrolla todo lo que encuentra. La descendencia tendrá entonces que lidiar, necesariamente, con todo ello. Los dos psicoanalistas han centrado su atención en casos de «posesión» de individuos que realizan acciones inexplicables e incomprensibles, cuyo origen se remonta a la parte más oscura e inviolable de la cripta, donde se ocultan los secretos más inconfesables de la familia.

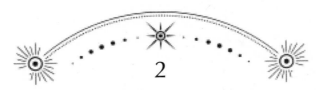

2

EL MITO DE LA FAMILIA

POR ELENA LONDERO

«Mientras trabajaba en mi árbol genealógico, me di cuenta de la extraña comunidad de destino que me conecta con mis antepasados. Tengo la fuerte sensación de estar bajo la influencia de cosas o problemas que mis padres, abuelos y antepasados dejaron inacabados o sin respuesta. Me parece que a menudo hay un karma impersonal en la familia que se transmite de padres a hijos. Siempre he tenido la sensación de que yo también tenía que responder a preguntas que el destino ya había planteado a mis antepasados y a las que no se podía responder».

—C. G. Jung, *Recuerdos, sueños, pensamientos.*[1]

EL MITO FAMILIAR Y LA IDENTIDAD DEL ÁRBOL

El mito familiar es como un largo relato coral que, en un árbol, se transmite generación tras generación. Se forma con el tiempo, a través del flujo continuo de las experiencias vividas por nuestros antepasados. Es algo narrativo, a veces épico, que evoca el pasado familiar, a menudo enfatizándolo en alguna dirección. Lo comparten todos los miembros de la familia.

Cada uno de nosotros tiene una relación profunda con su propio mito, incluso cuando nuestro papel implica, tal vez, cuestionarlo o superarlo con decisión.

El mito define la identidad misma de la familia y la imagen que proyecta de sí misma en el mundo y entre sus propios miembros. Crea hábitos, normas, creencias; marca la línea divisoria entre lo que parece lícito en el sistema

---

1. C. G. Jung, *Recuerdos, sueños, pensamientos,* Seix Barral, 2021.

y lo que, en cambio, se considera incorrecto o prohibido. Por lo tanto, también define, de manera indirecta, lo que la familia considera inadmisible y que, por esa razón, puede quedar en la sombra, alejado, secreto. Nos encontramos en zonas que son simultáneamente saturninas (vinculadas a las normas y a lo que está permitido en el sistema) y plutonianas (vinculadas a la sombra familiar y a lo que está prohibido).

El mito se basa en todo aquello que, a lo largo del tiempo, más ha definido la identidad del clan. Revela, de forma indirecta, lo que la familia ha colocado en la cima de sus aspiraciones y lo que considera importante porque ha marcado su historia y sus acontecimientos. Hay mitos relacionados sobre todo con el amor y la unión familiar; otros más intelectuales, relacionados con el estudio, el conocimiento, la cultura. Algunos mitos están muy definidos por la profesión, el dinero o el éxito alcanzado por el clan.

El mito familiar también puede basarse en traumas o duelos que hayan afectado a la familia en el pasado. La memoria del duelo es un recuerdo largo y tenaz, que activa profundas lealtades familiares y puede dar mucho juego en la escritura de mitos. Las tragedias particulares pueden dar lugar a identificaciones complejas que hacen que los miembros de la familia se sientan desgraciados o víctimas perpetuas del destino, lo que a veces activa repeticiones poco propicias que reforzarán aún más la identidad del grupo en ese sentido. Al igual que nuestra psique, el mito familiar es fluido y dinámico, en constante cambio. Cada descendiente, con su propia vida y sus experiencias, lo completará o reescribirá una pequeña parte. Las historias que lo componen a menudo se ven destrozadas por las continuas transiciones que experimenta el relato a lo largo del tiempo. En esto, el mito familiar se parece al juego del teléfono roto. Con cada pasaje, algo cambia, se pierde o se modifica. Ello acentúa o atenúa de manera inevitable ciertos rasgos.

El mito puede, en algunos casos, llevarnos en direcciones que no sentimos como propias y esto puede crearnos malestar o desencadenar conflictos de lealtad. Son situaciones en las que nos resulta difícil conciliar lo que la familia exige con lo que sentimos que es importante para nosotros. La psicogenealogía nos ha enseñado cómo las lealtades familiares crean lazos fuertes y tenaces, que a veces pueden desembocar en situaciones de renuncia o autosacrificio. En cada árbol hay personas cuyas vidas están marcadas por ello, personas que se vieron obligadas por la familia a elegir entre los estudios o el trabajo, o que no se sintieron libres para vivir su vida amorosa o su orientación sexual tal como deseaban.

En algunos casos, basta con reconocer esas dinámicas familiares para desactivarlas o reducirlas. Otras veces, sin embargo, la toma de conciencia no es suficiente. Sin embargo, siempre supone un alivio y una mayor conciencia y conocimiento de uno mismo y de su árbol genealógico. A veces tenemos, con un familiar o un antepasado nuestro, una conexión única y especial, aunque quizá inconsciente. Si tenemos una fecha de nacimiento muy parecida a la de esta persona,[2] si compartimos el mismo nombre o la misma profesión, o nos une un parecido físico asombroso, podemos pensar que somos su doble. Un término, en mi opinión, que va más allá del significado literal de «doble» e indica un vínculo espiritual profundo e inseparable con un antepasado. Como si fuéramos las dos caras de una misma moneda. Esto suele inducirnos, de un modo inconsciente, a llevar adelante los proyectos, sanar las heridas o resolver los asuntos pendientes.

¿CÓMO SE TRANSMITE EL MITO EN UNA FAMILIA?

El punto de vista genealógico nunca es individual, sino siempre colectivo. El mito familiar expresa este tipo de punto de vista, que se transmite de ascendencia a descendencia, lo que ocurre tanto de forma explícita como implícita. La transmisión explícita se produce a través de la narración directa de anécdotas e historias familiares. La narración directa siempre hará hincapié en los aspectos más afines al mito familiar y restará importancia, o incluso descartará, aquellos que se consideren más distantes (o amenazadores). Fotografías familiares, cartas, diarios, testamentos… pero también los proverbios utilizados en el hogar, la música escuchada en familia o los cuentos contados a los niños pueden tener fuerza narrativa.

El origen del mito, sin embargo, siempre tiene raíces lejanas, que se hunden en el inconsciente familiar. Y es aquí, en este nivel, donde se activa la transmisión menos consciente, expresada a través de programas genealógicos, mandatos familiares y lealtades invisibles.

El inconsciente familiar es la parte que comparten todos los miembros de una familia y que se sitúa entre el inconsciente individual (que es sólo nuestro) y el inconsciente colectivo (que pertenece a toda la humanidad, más allá del

---

2. Con una diferencia máxima de una semana. Por ejemplo, si nací el 12 de mayo, consideraré válidos los nacimientos de un familiar o antepasado ocurridos entre el 5 y el 19 del mismo mes.

tiempo y el lugar en que vive el individuo). El inconsciente colectivo es el punto más profundo de nuestro aparato psíquico y en él se depositan los arquetipos, modelos universales comunes a todo ser humano, que son en sí mismos neutros. Son las experiencias específicas vividas por la familia y el individuo las que los «colorean» a lo largo del tiempo de forma única y personal.

El mito familiar siempre hace que nos demos cuenta de cuáles son los arquetipos más activos en una familia.

ASTROGENEALOGÍA Y MITO FAMILIAR. QUÉ OBSERVAR EN UNA CARTA ASTRAL

No hay fórmulas predefinidas que aplicar. Siempre es importante estudiar la carta astral en su conjunto, para comprender si lo que expresa el mito familiar concuerda con la identidad y las aspiraciones del descendiente individual; para comprender, por tanto, si desempeña un papel de apoyo para la persona, o si es algo que puede frenarla. El mito da identidad (Sol), transmite recuerdos y memorias compartidas (Luna), define cómo se comunica en la familia (Mercurio), cómo se ama (Venus), cómo se defiende y afirma uno mismo (Marte). A continuación, el mito se impregna de los valores morales del grupo (Júpiter) y de las reglas que lo hacen funcionar (Saturno).

Los elementos son siempre indicadores valiosos para comprender el tipo de mito activo en un árbol. Si, por ejemplo, en una familia predomina el elemento Fuego, nos encontraremos con mitos dinámicos, relacionados con la exploración, el valor, la capacidad de emerger o de triunfar. La lucha y la competición se vivirán dentro y fuera de la familia. Todo ello puede estimularse a través del deporte, la profesión o las mismas relaciones dentro del grupo.

El predominio del elemento Tierra, en cambio, hará que el sistema sea más material y prudente y conectará con los mitos familiares que pretenden reforzar el sentimiento de seguridad y estabilidad económica del grupo. Serán mitos relacionados con el ahorro, el trabajo, el dinero y la conservación.

Un predominio de Aire, por el contrario, aportará mitos más relacionados con las relaciones (mito del matrimonio perfecto, mito de la armonía) o con altos ideales (familias que comparten pasiones políticas, intereses culturales, valores sociales). El Aire también activa los mitos intelectuales, en los que la identidad familiar está ligada a la inteligencia, el conocimiento, el estudio…

Por otra parte, una fuerte presencia del elemento Agua conectará el mito con los sentimientos más profundos del árbol, activando el mito de la fusión, del amor, pero a veces también el de la pena o el duelo, que pueden haber marcado de manera profunda el pasado de la familia y definido su identidad. El Ascendente y el Medio Cielo también son importantes, porque representan, respectivamente, el papel familiar y las expectativas que cada uno tiene de sí mismo. Son cruciales para comprender hasta qué punto el descendiente siente que el mito familiar le ha sido transmitido. Revisemos los aspectos que forman estas dos esquinas de la carta. Un aspecto de Urano llevará a la persona a renovar y modernizar el mito, cuestionándolo. Plutón empujará a la persona a transformarlo, quizá cubriendo roles familiares incómodos, complejos, desestabilizadores. Un trígono de Saturno, en cambio, será motivador y le confirmará y reforzará. Una cuadratura del mismo planeta hará que se perciba como impuesto desde arriba, por la autoridad, por lo tanto potencialmente capaz de convertirse en una jaula.

LA HISTORIA DE MARTINA Y EL MITO DE LAS UNIONES PERFECTAS

Martina procede de un árbol en el que los matrimonios han sido la tarjeta de visita de la familia a los ojos del mundo durante generaciones. Desde niña, se le ha señalado la boda como un objetivo importante a alcanzar. Se esperan matrimonios brillantes y socialmente exitosos de todos los descendientes y la vida amorosa —aunque no se diga de un modo explícito— nunca es del todo libre e independiente. Nadie en su familia está soltero o divorciado, y ni siquiera ha habido nunca parejas homosexuales.

Martina trabaja, como su hermano, en el despacho de su padre, abogado. Por tanto, también tenemos una repetición profesional. Al estudiar la carta astral de Martina, uno se da cuenta enseguida de que su carta no cuenta historias de matrimonios felices, sino que, por el contrario, los pinta como agotadores y conflictivos. El Descendente está en Capricornio, lo que indica matrimonios duraderos y ambiciosos, que pueden estar más relacionados con la necesidad de mantener el *statu quo* que con necesidades emocionales. Saturno, que rige el ángulo y la séptima casa, está en Cáncer (exilio) y en cuadratura de Venus en Libra. Los dos principales indicadores del patrón de la pareja están, por tanto, en cuadratura entre sí, indicando cómo la vida sentimental es un territorio complejo y creador de tensiones. Venus, bella y fuerte en su casa, está fatigada por las obligaciones saturninas, que le aportan un fuerte sentido del deber, lo que le resta libertad para vivir el amor como desee.

La cuadratura también señala una sensación de inseguridad y soledad en la pareja. Martina se casó con un amigo de la universidad muy popular en la familia, pero del que pronto se sintió distanciada, tanto en lo afectivo como en lo sexual. El Sol en Leo y la Luna en Escorpio están en cuadratura entre sí, indicando cómo el arquetipo del matrimonio paterno está sobre todo ligado al prestigio del apellido (Leo), al tiempo que experimenta siempre profundos momentos de crisis (Escorpio). Martina me cuenta cómo percibió desde muy pequeña la desconexión entre lo que ocurría entre los padres en casa –tensiones, silencios, peleas– y la imagen mostrada en cambio al mundo, en la que esta pareja aparecía incluso como cómplices. Una máscara social muy cansina para todos.

Martina, justo en la época de nuestro encuentro, experimentaba un importante tránsito de Plutón, en conjunción con su Descendente. El planeta, en años anteriores, también le había hecho una cuadratura en Venus. Estos dos tránsitos coincidieron con un momento de fuerte crisis, que afectó tanto a su mandato como pareja como a su propia imagen como mujer y a su autoestima personal. Martina vio por primera vez sus necesidades más profundas y adquirió una nueva conciencia de sí misma. Con valentía, y con la ayuda de un terapeuta, fue capaz de abandonar los patrones de pareja que su árbol le había transmitido y que se habían repetido en su familia durante demasiado tiempo. Pasó así de la repetición ciega a la reparación. Tras mucho reflexionar, decidió separarse y seguir sola (un camino nada fácil debido a su Venus en Libra). Es la primera persona de su árbol que lo hace. El paso de Plutón, que activa el arquetipo del final, le permitió dejar morir algo de sí misma, pero permitió que naciera algo nuevo.

CATERINA Y EL MITO DE LA ARMONÍA

El mito de la armonía es un mito perfecto sobre el papel. Se vive en familias en las que el tono de voz es siempre tranquilo y nadie se vuelve loco ni tiene arrebatos de ira. La ira, con este mito familiar, se deja fuera de casa.

Caterina creció en una de estas familias. Le enseñaron a ser siempre conciliadora con los demás y a ceder en sus propias posiciones para evitar conflictos. De niña, si se enfadaba, sus padres la reprendían diciéndole que «no estaba bien», que «se ponía fea». Caterina aprendió pronto a reprimir su ira, igual que aprendió a morderse las uñas y a desaparecer al fondo de la clase. Sin embargo, tragarse la ira es peligroso porque es una emoción sana, vital, marciana, que nos ayuda a reaccionar y a defendernos, pero también a afirmarnos y a expresar nuestros talentos.

La carta de Caterina muestra una clara carencia de Fuego, en favor de un predominio del Agua. La cólera también parece haber desaparecido de su tabla de elementos. Tiene a Marte en Cáncer (en su signo de caída), en conjunción con Mercurio. Con sus hermanas nunca pudo expresar su opinión y experimentar los desacuerdos normales que se desencadenan en una relación fraternal. Sus padres intervenían enseguida para censurarlas. Esto, de un modo paradójico, exacerbó sus tensiones a lo largo de los años, que se acumularon sin llegar a resolverse. Incluso hoy, sus relaciones son tensas.

En los árboles en los que la ira está censurada de este modo, a menudo se generaron problemas a la familia en el pasado. Hablando con Caterina sobre su árbol, de hecho, emerge la figura de su bisabuelo paterno Luigi, en cuya carta hay una Cuadratura en T cardinal,[3] con el Sol en Aries opuesto a Saturno en Libra y ambos cuadrados en Marte en Capricornio (¡opuesto al Marte de Caterina!). El bisabuelo era un hombre violento e irascible. A finales de los años treinta, durante una discusión por dinero, mató a su socio a puñaladas. Tras un intento de fuga, fue detenido, juzgado y condenado por asesinato. La familia quedó muy marcada por tal derramamiento de sangre. Su mujer y sus hijos no sólo cayeron en la pobreza, sino que también quedaron aislados del resto de la familia y de los vecinos del pueblo. El juicio social también recayó sobre ellos. El abuelo de Caterina, el hijo menor de Luigi, se había trasladado a Milán a los veinte años de edad en busca del anonimato y una vida en la que nadie supiera lo que le había ocurrido. Se casó, jurándose a sí mismo que su familia sería diferente, que sus hijos nunca conocerían la ira y la violencia.

Es probable que el mito de la armonía familiar de Catalina se originase a raíz de este golpe.

---

3. Configuración astrológica en la que un planeta, llamado punto focal, está simultáneamente en cuadratura con dos planetas que están en oposición entre sí.

3

LOS ELEMENTOS DE LA ASTROGENEALOGÍA

POR ELENA LONDERO

LOS ELEMENTOS

En la Antigüedad, el mundo entero, incluidos los seres humanos, se consideraba una combinación de los cuatro elementos: Fuego (principio ígneo), Tierra (principio telúrico), Aire (principio aéreo) y Agua (principio húmedo).

La división de los doce signos entre los cuatro elementos se atribuye al astrólogo y matemático Ptolomeo, que vivió en Alejandría en el siglo II d. C. En realidad, Ptolomeo se basaba sin duda en teorías más antiguas, que configuraban la Triplicidad, y que asignaban Aries, Leo y Sagitario al Fuego, Tauro, Virgo y Capricornio a la Tierra, Géminis, Libra y Acuario al Aire y, por último, los signos de Cáncer, Escorpio y Piscis al Agua. Como puede verse, en cada elemento hay un signo cardinal, un signo fijo y un signo móvil.

Todos los signos de un mismo elemento están en trígono entre sí, un aspecto armonioso asociado a la perfección del triángulo equilátero y al número tres.

Los signos de un mismo elemento tienen modos de expresión y energías similares. El Fuego y el Aire son elementos *yang*, activos y dinámicos, mientras que la Tierra y el Agua son elementos *yin*, receptivos y más introvertidos.

Los elementos se asemejan a la teoría de los tipos psicológicos de Jung.

PREDOMINANCIAS Y CARENCIAS

En astrogenealogía, los cuatro elementos representan modos básicos, vinculados a funciones esenciales de la psique y la memoria familiar, que nos llevan a reaccionar y percibir nuestro mundo interior y exterior con distintos enfoques y modalidades.

A veces, en una carta astral, los cuatro elementos están presentes en equilibrio. Otras veces, sin embargo, hay desequilibrios, con predominios o carencias que pueden ser temporales o durar más tiempo, y que se expresan a lo largo de varias generaciones. Siempre tienen una finalidad.

El predominio se desencadena cuando el árbol necesita disponer de inmediato de ese único elemento, porque hay una necesidad urgente de su acción en el sistema. Entonces, uno o varios descendientes con predominio Fuego, o Tierra, o Aire o Agua nacerán en el árbol para traerlo. El elemento llega y actúa. La carencia de un elemento es a veces la simple consecuencia de esto. Para hacer sitio al elemento que va a predominar, es necesario aligerar los otros. Luego hay casos en los que, en cambio, la carencia sirve para suspenderlo porque ha creado problemas y dificultades en el árbol. En algunos casos, basta con que un solo miembro de la descendencia aporte un elemento compensatorio para restablecer el equilibrio de todo el sistema.

El elemento deficiente o ausente es aquel con el que tenemos poca conexión, que de algún modo se nos escapa y sigue prevaleciendo en nuestra mente inconsciente. Por eso tendemos a acercarnos a las personas que lo tienen. Esto no sólo ocurre en las relaciones románticas, sino también con amigos, colegas, familiares. Incluso puede ocurrir con nuestras mascotas, a menudo importantes fuentes de equilibrio en el sistema familiar. La sinastría —que coloca dos cartas astrales diferentes una al lado de la otra para compararlas— pone de relieve estas acciones compensatorias. La deficiencia de un elemento también está relacionada con la sombra, es decir, con lo que ha sido censurado y eliminado de la conciencia, tanto a nivel individual como familiar. La sombra es como el fondo de un viejo baúl en el que, generación tras generación, se ha ocultado todo lo que no debía verse.

Estas oscilaciones de los elementos están presentes en cada árbol y no necesitan de nuestra conciencia para activarse y actuar. Cada uno de nosotros tiene, de hecho, instrucciones genealógicas precisas en su interior, que se han ido formando a lo largo del tiempo, sobre las experiencias de quienes nos han precedido. Transmiten talentos, competencias, pero también miedos y conflictos familiares no resueltos. Activan mandatos, repeticiones, expectativas y lealtades familiares. Es como si estos legados fueran hilos invisibles que nos unen a nuestros antepasados. Son hilos resistentes que a menudo resultan difíciles de cortar. La astrogenealogía nos ayuda a verlos y, aunque no siempre podremos liberarnos del todo de ellos, sí será posible comprenderlos y aliviar la presión que ejercen sobre nosotros.

EL ELEMENTO DEL FUEGO Y LOS RECUERDOS DE LUCHA Y MIGRACIÓN

El Fuego tiene una energía *yang*, que en un clan aporta acción, antagonismo, reactividad y capacidad de lucha. Si predomina, coincide con momentos del árbol en los que necesita este elemento para defenderse, reaccionar ante la adversidad o cuando es el momento de crecer y expandirse. En la dinámica del Fuego hay que ser competitivo, impasible, moverse con rapidez; no hay tiempo para la reflexión, que podría restar velocidad a la acción, comprometiéndola o amortiguándola. El riesgo es el de la impulsividad y la ingenuidad de la acción.

El Fuego tiene optimismo, visión e impulso vital, con una dirección centrífuga, de dentro hacia fuera. Su mirada se dirige siempre hacia el futuro, ese futuro que aún está por escribir y que, por lo tanto, es aventura, crecimiento potencial u oportunidad de redención. Como puede adivinarse, al Fuego le interesa poco el pasado conocido, lo ya escrito no tiene sabor a desafío en sí mismo; a lo sumo puede ofrecer lustre o legitimidad o dar el impulso para ser superado cuanto antes si ha creado problemas y debe, de algún modo, reescribirse. El Fuego es el elemento más orgulloso y puede sufrir si se siente desafiado o si siente que su reputación se ha visto empañada.

Al no ser nostálgico ni estar apegado a patrones familiares del pasado, el Fuego tiene una buena flexibilidad al cambio, que no se teme, sino que se vive como una oportunidad de crecimiento. Siempre comprobamos qué planetas están en ese elemento, porque tendrán ese tipo de características.

En un árbol, el Fuego también puede hablarnos de importantes muertes por migraciones o guerras, o de luchas y tensiones, internas o externas, que ha vivido la familia. Al igual que Marte, este elemento también nos habla de la ira en el sistema y describe cómo se expresa y se vive en el árbol. Es importante analizar su papel para comprender si está censurado en la familia o si, por el contrario, se vive de manera positiva, para defender los límites o reaccionar ante la adversidad. La cólera «sana», al igual que las cuadraturas, siempre puede desencadenar buenas reacciones o represalias en la vida. En general, el Sol y Marte se encuentran a gusto en los signos de Fuego, que les ofrecen excelentes herramientas tanto para definir su propia identidad y sus objetivos como para alcanzarlos y realizarlos. Más delicadas son las posiciones de la Luna y Venus, sobre todo cuando se sitúan en el signo de Fuego de Aries. Pueden describir a madres o mujeres del sistema que en su vida han tenido que luchar y asumir funciones de liderazgo no por elección sino por necesidad, y eso puede haberlas obligado a desatender sus propias necesidades emocionales y afectivas o las de los demás. Detrás puede haber también un profundo sentimiento de soledad que, sin embargo, los valores independientes y orgullosos del elemento Fuego tenderán a minimizar.

Los planetas de Fuego representan a personas de la familia (hombres y mujeres) que han sido líderes o pioneros en el sistema, que han abierto nuevos caminos o que han sido emigrantes o viajeros. A veces los planetas de Fuego también nos hablan de personas iracundas, arrogantes o violentas. Así, pueden expresar tanto situaciones de logros y avances como situaciones más problemáticas, de oportunidades desaprovechadas o de excesos. Sólo el análisis del árbol y de la carta astral en su conjunto permitirá distinguir ambas situaciones.

EL ELEMENTO TIERRA, LA BÚSQUEDA DE SEGURIDAD Y ESTABILIDAD

Los árboles tienen fases cíclicas que se alternan entre sí y que también pueden leerse siempre con la alternancia de los elementos en las cartas astrales de una familia.

Tras períodos de guerra o conflicto, o después de sufrir traumas particulares, las familias sienten la necesidad de recuperar la paz y el control, calmando las emociones más violentas. Son los momentos en los que se busca la estabilidad y la seguridad, y éstas son las funciones primordiales del elemento Tierra. Ya no es el momento del riesgo, sino el de la prudencia y la eficacia, el de la tranquilidad para hoy y para mañana. La seguridad es una necesidad primaria y fundamental del ser humano, que la Tierra simboliza muy bien. Los planetas en este elemento se expresan con concreción y responsabilidad, son constructivos, a menudo pacientes y están dispuestos a hacer sacrificios para alcanzar sus objetivos a lo largo del tiempo.

No es casualidad que la Tierra llegue, en la rueda zodiacal, después del Fuego. Pensemos, por ejemplo, en el cambio del signo zodiacal de Aries a

Tauro. Después de la guerra, lo ideal es volver a la tierra, dejar la lanza para retomar el arado y recuperar las riquezas perdidas. Debido a su necesidad de seguridad, el elemento Tierra es poco propenso a los cambios bruscos o repentinos, que a menudo teme y ve como amenazas en potencia. En la familia, describe a personas fiables, definidas, aunque a veces puedan ser algo rígidos o conservadores. La Tierra es el elemento que somatiza con mayor facilidad sus heridas, que expresa a través del cuerpo, al que está profundamente ligada.

LA MEMORIA DE LA POBREZA

Un árbol con fuertes desequilibrios del elemento Tierra puede tener en él recuerdos dolorosos de pobreza. Estos problemas pueden ser recientes (relacionados con la generación de los padres o abuelos) o más antiguos (presentes a lo largo de varias generaciones). En cualquier caso, la pobreza puede haber entrado en el mito familiar, definiendo la identidad del grupo.

En astrogenealogía, es evidente cómo los programas genealógicos ligados a la falta de dinero son siempre fuertes y capaces de desencadenar repeticiones a lo largo de varias generaciones. A veces pueden inducir a renuncias, autosabotajes o lealtades familiares invisibles. Para salir de esta situación, tendrá que nacer alguien capaz de superar este círculo vicioso, activando una estrategia que finalmente podrá ser reparadora.

Como astrogenealogista, siempre respeto estos recuerdos. El dinero, de hecho, en una familia es un fuerte indicador de seguridad y tranquilidad psicológica. Las dificultades económicas siempre se expresan de manera concreta, se viven en la realidad, no tienen nada de abstracto. Igual que el elemento Tierra.

Con el tiempo, esto puede restar confianza y perspectiva al sistema, y desencadenar profundas inseguridades en los descendientes individuales. Las personas con una fuerte necesidad de acumular riqueza y dinero a menudo han heredado recuerdos ancestrales de este tipo, que han marcado gravemente la historia de su árbol en el pasado. Un predominio de Tierra puede señalar al descendiente que por fin puede reparar estas dolorosas repeticiones, y devolver la serenidad y la seguridad psicológica al clan. Una deficiencia de Tierra, por el contrario, puede indicar el momento en que es necesario desconectar el exceso de materialismo. Es posible que la familia haya basado demasiado su identidad en la seguridad económica, acabando por descuidar las necesidades afectivas (la carencia dará paso al Agua) o habiendo desaprendido a asumir riesgos para evolucionar (la carencia dará paso al Fuego).

UNA CARRERA EN LA NIEVE,
LA HISTORIA DEL PEQUEÑO GIUSEPPE

Estamos en un pequeño pueblo de Friuli, en una tarde de enero de 1914. Hace mucho frío y el día anterior ha nevado. Giuseppe y otros dos niños, todos de unos doce años, han salido a jugar en la nieve. En un momento dado, se retan para ver quién de ellos aguanta mejor el frío. Sin dejar de reír, los tres empiezan a desnudarse y a correr por la nieve.

Parecía una tontería sin importancia, pero al día siguiente, a Giuseppe empieza a subirle la fiebre. En pocos días, el niño empeora cada vez más: la tos es terrible y nada la alivia. Ninguno de los remedios adoptados –leche y miel, compresas calientes en el pecho, decocciones de salvia y romero– surte efecto. Pasan los días y la familia ya no sabe qué hacer. Son pobres, la única riqueza que tienen es una vieja vaca lechera que guardan en el pequeño establo contiguo a la casa. El padre de Giuseppe, al ver que la situación se deteriora, la coge una mañana y se la lleva a un aldeano que se la compra, para ayudarle.

Con el dinero obtenido, llaman a un médico de la ciudad, que sube de Udine al día siguiente para examinar al niño. El médico examina a Giuseppe, le diagnostica una bronconeumonía grave, y enseguida les dice que es muy probable que lo hayan llamado demasiado tarde. Pocos días después, de hecho, el pequeño Giuseppe muere.

El dolor de la familia es inmenso, la vida nunca volverá a ser la misma. El niño era un rayo de Sol en la casa. Vivaz, alegre, cariñoso. Los padres siempre pensaron que, si hubieran tenido más dinero, si no hubieran dudado tanto antes de llamar al médico, su hijo se habría salvado. La pobreza, que antes se soportaba y casi se aceptaba, ahora se convierte, en el árbol, en algo odioso e intolerable. Se identifica con la angustia de la pérdida de un hijo, una de las asociaciones genealógicas más dolorosas que pueden activarse en una familia. El recuerdo del duelo se ancla en una memoria profunda y duradera.

A partir de ese momento, el elemento Tierra se dispara en el árbol de Giuseppe. Increíblemente, todos los nuevos nacimientos de la familia vienen al mundo con varios planetas personales, o con ángulos en ese elemento. Las profesiones también cambian. En la siguiente generación, de granjero se pasa a empleado, a contable, se empieza a trabajar en bancos.

Este tipo de trabajo es tan numeroso que está claro que la profesión era, en este árbol, la vía privilegiada para sanar esa antigua herida.

De hecho, más de cien años después de la muerte del pequeño Giuseppe, uno de sus descendientes cuenta su historia en mi estudio, de manera muy conmovedora. Giuseppe era el hermano mayor de su abuelo materno Piero. Su madre, hija de Piero, estudió contabilidad y llegó a ser contable administrativa. Él y su hermana, en cambio, se licenciaron en Económicas y hoy ambos trabajan en un banco.

En su familia, ese luto nunca desapareció ni se olvidó; más bien al contrario, quedó un recuerdo vivo y detallado de Giuseppe, transmitido a sus descendientes. Para que no lo olviden, pero, también y, sobre todo, para que nunca vuelva a ocurrir algo así en su familia.

EL ELEMENTO AIRE, COMUNICACIÓN, ESTUDIO Y RELACIÓN

En astrogenealogía, al Aire le corresponde la tarea de separarse y distanciarse en el ámbito emocional. El distanciamiento es sano y necesario para observar la realidad de manera más objetiva, sin ninguna emocionalidad particular, que le restaría al Aire libertad de movimiento y capacidad de juicio. Por eso el Aire es también el elemento con el que la información se mueve y transmite con mayor rapidez. Crea modelos de relación, facilita el aprendizaje y la comunicación. Estamos en un territorio lúcido y racional, siempre planificando.

En la historia del árbol, el predominio del Aire tiene a menudo la función de «enfriar» un sistema que, por diversas razones, se ha sobrecargado de luchas o conflictos (Fuego), o de un exceso de emoción (Agua), o de un exceso de materialismo (Tierra).

Tras la guerra y el regreso a la Tierra nos encontramos ahora, de un modo ideal, en la siguiente fase. Una vez satisfechas las necesidades básicas de supervivencia y seguridad, el sistema puede dedicarse a algo más abstracto, mental e intelectual. Las relaciones se abren al mundo exterior, a los amigos, a las parejas, a los grupos con los que uno puede compartir sus ideales. Todo descendiente que nazca trayendo mucho Aire puede sentir la necesidad de ser autónomo, de abrirse a maneras de vivir diferentes, más independientes o nuevas. El Aire es curioso, sociable, vivaz, siempre interesado en los amigos (Géminis), en el intercambio con el otro (Libra) o con los otros en un sentido más amplio, colectivo (Acuario).

La falta de Aire puede indicar lealtad a situaciones o personas que no han podido estudiar todo lo que querían. Al analizar un árbol, siempre es importante observar cuándo cambia el nivel de estudios con respecto al pasado. La generación en la que se obtiene el primer diploma o título es siempre significativa. Marca un cambio que abre nuevas perspectivas a nivel intelectual y, a menudo, también a nivel profesional o económico. Es necesario comprobar si el acceso al estudio es primero para el varón. Todos nosotros, de hecho, venimos de un mundo patriarcal, que a menudo impedía a las mujeres el acceso al estudio. Las lesiones de Mercurio o del regente de la novena, o un Saturno en esa casa, pueden indicar heridas relacionadas con esta área. El Aire, como elemento, puede conducir a lealtades familiares basadas en ideologías compartidas o pasiones políticas, que quizá también entren en la formación del mito familiar. Si predomina, puede contarnos la historia de familias en las que no se pudo estudiar tanto como se deseaba, o en las que hubo dolorosos sentimientos de inadecuación intelectual, que ahora hay que compensar y superar.

EL ELEMENTO AGUA, LA PROFUNDIDAD DE LOS SENTIMIENTOS

El reino del Agua es el mundo de los sentimientos, de la conexión instintiva, de la sensibilidad. Nos habla de los sentimientos más profundos e intensos experimentados por nuestros antepasados, sentimientos que han impregnado la psique familiar y que al final han llegado hasta nosotros (amores, duelos, abandonos, miedos, nostalgias…). El Agua nos vincula a antiguos recuerdos sensoriales que, más que recordarse lúcidamente, se sienten y perciben de manera instintiva. No necesitan del conocimiento racional o consciente. Con el Agua vamos más allá del plano de la realidad y nos adentramos en territorios más psíquicos y emocionales.

El elemento Agua alberga tres signos zodiacales. Las emociones cancerianas pueden imaginarse como agua clara y primaveral que sacia nuestra sed. El agua de Escorpio, en cambio, se nos presenta turbia, sin dejarnos ver nunca lo que esconde en su interior. Para descubrirlo, es necesario sumergirse en lo que parece oscuro y esquivo, y eso puede crear miedo, tensión. Los sentimientos asociados a este signo pueden ser intensos, pero también perturbarnos, asustarnos. Luego tenemos el agua de Piscis, agua infinita, inmensa, completamente alejada de la realidad y capaz de arrastrarnos muy lejos. Aquí tenemos emociones de fusión, de ascendencia ancestral y colectiva.

Los recuerdos asociados a este elemento están relacionados con las emociones más intensas que experimenta el árbol. El Agua siempre desencadena profundas lealtades familiares, a menudo muy vinculantes, asociadas a recuerdos de antiguos sufrimientos. También define el tipo de apego experimentado en la familia, ya sea seguro o inseguro.

Los desequilibrios en este elemento pueden indicar inseguridades emocionales, duelos no expresados o no resueltos, pero también dependencias emocionales, manipulación o idealización excesiva. El predominio del Agua indica la necesidad de reconectar con los aspectos emocionales y afectivos de la vida. También suele requerir hacer frente al dolor del pasado familiar que aún no se ha procesado. Puede dar una mayor conexión con la línea del clan materno.

EL CÁLCULO DE ELEMENTOS EN LA ASTROGENEALOGÍA

Para calcular el «peso» de los elementos individuales en una carta, en astrogenealogía asignamos diez puntos al elemento del Ascendente, siete al de las Luminarias, cuatro al de Mercurio, Venus y Marte. También cuatro al elemento del Medio Cielo y al regente del Ascendente, y finalmente tres puntos van a los elementos de Júpiter y Saturno.

La suma de todos estos valores dará siempre cincuenta puntos. Si se multiplica cada uno de los cuatro valores por dos, se transforma la puntuación en el porcentaje atribuible a cada elemento individual.

En el cálculo, como puede verse, se excluyen de un modo deliberado los planetas transpersonales, ya que todas las personas nacidas en el mismo período los tienen en común por signo y, por tanto, también por elemento.

ASTROGENEALOGÍA Y ASTROLOGÍA SISTÉMICA

Los elementos son un factor valioso para estudiar los acontecimientos de nuestro árbol y de nuestros antepasados. También podemos utilizarlos adoptando la mirada de la astrología sistémica.

En astrogenealogía, se trabaja sobre una única carta astral de un descendiente y, desde este punto de vista específico, se observa su árbol genealógico, extrayendo de él innumerables informaciones. La dirección de la mirada va, pues, del individuo al grupo. Con la astrología sistémica, en cambio, actuamos en la dirección opuesta. Observamos la familia como un todo y, a partir de este análisis, también extraemos de manera indirecta información sobre el individuo, que pertenece a ese todo.

Imagina que tienes delante una preciosa foto de familia. Estáis tú, tus hermanos, tus padres, tus tíos, tus abuelos. Si rodeas tu cara con un rotulador rojo y desde ahí mandas una flecha hacia cada uno de los demás miembros de la familia, te adentras en el campo de la astrogenealogía. Si trabajas al revés, es decir, si desde todos ellos lanzas flechas que convergen en ti, estás en cambio en el ámbito de la astrología sistémica.

La astrología sistémica sintetiza la información astrológica sobre la familia mediante el uso de tablas resumen. Si lo deseas, puedes preparar una tú mismo.

A la izquierda, crea una columna vertical con los nombres de los miembros de tu familia, incluidas las cuatro últimas generaciones. En la parte superior, en horizontal, marca los nombres de los planetas, Quirón, Lilith y el Ascendente. Es obvio que, para conocer el signo y elemento de la Luna y los ángulos de la carta, es necesario tener la hora exacta del nacimiento. En caso de duda, es mejor no introducir nada. La intersección de filas y columnas te dará la posición, por signo y elemento, de los factores astrológicos de cada uno de los miembros de tu familia. Por ejemplo, veremos el Venus en Cáncer de la tía María en el elemento Agua, o el Sol en Capricornio de tu abuelo materno, Tierra. Ahora colorea de rojo todas las casillas con signos de Fuego, de marrón las de Tierra, de azul claro las de Aire y de azul oscuro las de Agua.

Observa la tabla en su conjunto. ¿Hay algún color que de repente destaque más que los demás? ¿O que, por el contrario, parece diluirse o incluso desaparecer? ¿Qué signos expresan estos cambios? Observa también en qué nivel generacional se producen estos cambios y si afectan más a la línea masculina o femenina de la familia. Por último, comprueba qué planetas concretos –que simbolizan individuos o dinámicas familiares precisos– se encargan de eliminar o añadir un elemento. Intenta asociar estos cambios de color a acontecimientos familiares que puedan justificarlos.

Se trata de ejercicios genealógicos muy útiles para comprender mejor tanto la historia de tu familia como la tuya propia. Por ejemplo, si crees que tienes problemas para hacerte valer en el trabajo, o en otros ámbitos de tu vida, prueba a estudiar todos los Marte de tu familia para comprender cómo se desarrolla el patrón de la asertividad en tu árbol. En estos análisis más específicos también puedes añadir aspectos que impliquen al planeta individual para ver si hay alguna repetición activa entre las distintas generaciones.

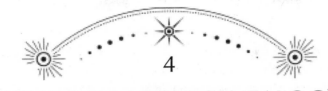

4

SIGNOS EN ASTROGENEALOGÍA

POR MAURO MALFA

EL PAPEL DE LOS SIGNOS

Los signos están definidos por la rueda zodiacal, que en griego significa «camino de los animales», un recorrido que tiene lugar en una trayectoria llamada eclíptica. Representa el viaje aparente del Sol alrededor de la Tierra. El Sol tarda aproximadamente un año en completar este viaje y regresar a su punto de partida llamado, por convención, punto gamma o punto vernal. Corresponde a los 0° de Aries y al equinoccio de primavera.

Los signos astrológicos son, pues, secciones de la eclíptica de treinta grados cada una y no tienen nada que ver con las constelaciones del mismo nombre. Cada signo tiene su propia naturaleza, características y puntos fuertes y débiles. Cuando está habitado por un planeta, u otro punto celeste significativo, se activa. Esto nos dará información sobre cómo se expresará y actuará su ocupante.

Tomemos por ejemplo a Mercurio, que tiene entre sus prerrogativas el don de la comunicación. Si habita en el signo de Géminis, su casa, sin duda le resultará fácil hacer amigos y comunicarse con el mayor número posible de personas.

Sin embargo, si el mismo planeta cae en el signo de Capricornio, puede volverse más taciturno y calibrado en el uso de las palabras. La suya será una comunicación mucho más controlada, sin divagaciones, esencial y un poco menos creativa.

El análisis del conjunto de signos habitados proporciona indicaciones fundamentales sobre la personalidad. Por ejemplo, el signo en el que está presente el Sol nos habla del viaje del Héroe que uno está llamado a realizar para lograr la individuación personal requerida en la vida.

¿CÓMO LEER LOS SIGNOS EN CLAVE ASTROGENEALÓGICA?

Observar los signos zodiacales desde una perspectiva astrogenealógica significa cambiar la perspectiva con la que se interpretan y situarla en el contexto familiar. Al comparar los signos de los miembros de una familia, se puede ver si existen afinidades, formas comunes de entender la vida y objetivos compartidos, que no pueden ser fruto de la casualidad.

Cada signo es portador de una historia, un mito familiar, que se transmite de generación en generación y que formará el patrimonio de conocimientos y costumbres que influyen de manera profunda en la vida del clan. El mito familiar se transmite gracias a los signos y a través de su sucesión se puede interpretar también la evolución del propio clan. Este camino está dirigido por una especie de «inteligencia colectiva» que «decide» activar un nuevo signo zodiacal, una nueva actitud y permite al grupo adaptarse a los cambios.

Existe una división binaria, ternaria y cuaternaria de los signos, que crea una cuadrícula en la que cada signo se caracteriza de forma única.

Esta subdivisión se compone de la división binaria entre signos masculinos y femeninos, y de la división ternaria entre signos cardinales, fijos o mutables. Los primeros se denominan «bisagras», sobre las que pivota la acción; los segundos la estabilizan y los últimos la transforman.

Podemos equipararlos a la sucesión de las distintas estaciones del año. Los signos cardinales indican el comienzo de la estación, su empresa activa y dinámica. Los signos fijos se parecen a la estación en su centralidad y estabilidad, mientras que los signos mutables recrean el movimiento, tienen vocación de cambio y preparan la nueva estación que se avecina. Por último, también tenemos una división cuaternaria de signos, asociados a los cuatro elementos: Fuego, Tierra, Aire y Agua.

EL SIGNIFICADO ASTROGENEALÓGICO DE LOS SIGNOS

ARIES

Signo fogoso, masculino y cardinal, aporta al grupo un fuerte deseo de emprender nuevas actividades, conquistar espacios desconocidos, buscar retos nunca intentados, luchar, afirmarse y dejar huellas de sí mismo y del propio linaje.

Su llegada al árbol puede ser una reacción contra una autoridad familiar demasiado opresiva, un deseo de proteger al clan, de enderezar entuertos sufridos o de cortar las herencias del pasado. Los fuertes valores de Aries se encuentran entre los héroes de guerra, los miembros de la policía, los deportistas: el tema familiar es continuar la narración heroica y despreciativa o iniciar otra de rebelión. La sombra del signo puede expresarse mediante situaciones de tensión, conflicto o, en algunos casos, incluso violencia.

TAURO

Signo de Tierra, fijo, con energía femenina, confiere al clan estabilidad y una orientación particular hacia la búsqueda de seguridad psicológica y material. Son necesidades profundas del ser humano, que garantizan la supervivencia del árbol. A menudo sirven para superar recuerdos de pobreza y dificultades que desestabilizaron al clan en el pasado. Una gran representación en el signo de Tauro, muy apegado a la tierra, la naturaleza y las tradiciones, crea una profunda conexión con la propia historia y con los antepasados.

El lado sombrío del signo es, a veces, la tendencia a perseguir una seguridad material excesiva, por la que se está dispuesto a sacrificar otros aspectos de la vida. Este desequilibrio puede llevar a la acumulación de recursos como un fin en sí mismo.

La energía fuertemente estabilizadora de Tauro ayuda al árbol genealógico a restablecer el equilibrio, sobre todo después de reveses económicos, migraciones u otras experiencias que hayan socavado de forma profunda las raíces del clan.

GÉMINIS

Signo masculino, mutable, perteneciente al elemento Aire. Es vivaz, inteligente, perspicaz, atraído por la vida social y relacional, no particularmente emocional. Los planetas del signo adoptan estas características.

La sombra de Géminis puede expresarse a veces en una manera desenfadada de concebir la vida, evitando responsabilidades y compromisos.

La herencia de Géminis habla de dinámicas vividas en las relaciones entre hermanos y hermanas.

Las luminarias del signo pueden describir figuras parentales que se salen del papel clásico, el padre visto como compañero, la madre como amiga y confidente.

En la familia, se valora más la flexibilidad que la estabilidad, y la curiosidad innata y la inteligencia viva del signo tienen la función de estimular a un clan que quizá corre el riesgo de volverse rígido en su mentalidad debido a normas y resistencias estructurales que ahogan cualquier innovación o impulso de cambio.

CÁNCER

Signo cardinal, femenino, perteneciente al elemento Agua, tiene el cometido de mantener unida y protegida a la familia. La exigencia del árbol genealógico es la contención emocional, el verdadero pegamento del clan, el mantenimiento de la memoria histórica mediante la recopilación de imágenes y objetos, y la atención parcial a la búsqueda y conservación de los recuerdos familiares.

La necesidad de dar continuidad a las propias raíces nace del deseo de conectar con el alma del grupo, proporcionando el sentimiento de pertenencia y seguridad necesarios para afrontar los retos de la vida. El portador de este sello suele estar llamado a tratar los problemas relacionales del clan vinculados a carencias afectivas o inseguridades, o a reparar conflictos y divisiones internas.

Un árbol que requiere la presencia de este signo ha sufrido una serie de amenazas a su existencia y cohesión, quizá debidas a traiciones, conflictos internos o causas externas como duelos, epidemias, enfermedades o guerras. El clan siente la necesidad de restablecer la unión, sobre todo en el plano emocional y afectivo, recreando ese calor familiar que ha faltado en generaciones anteriores.

LEO

Signo de Fuego, masculino y fijo, indica claramente la necesidad de reconocimiento de la familia y de mostrarse al mundo a partir de sus talentos y su valor en el campo creativo.

Gran magnetismo, modales elegantes y regios y una aptitud innata para el liderazgo son los talentos con los que puede contar el árbol para volver a levantar cabeza tras una derrota, un revés financiero o tras un escándalo que haya dañado la imagen del clan. El árbol necesita personas decididas y valientes, capaces de restablecer los límites, de unir al clan en torno a objetivos prestigiosos, de afirmar de nuevo el orgullo y el poder de la familia.

La llegada de personajes de este signo también puede indicar la necesidad del clan de salir de situaciones de excesiva subordinación y falta de confianza en sus propias capacidades. Después de generaciones que han tenido que plegarse a la necesidad, sin poder seguir su propia vocación y deseo, es fundamental injertar un solista, es decir, un descendiente que muestre al grupo que también hay otra manera de entender la vida y de mostrarse al mundo con valentía, energía y una visión que pueda inspirar a otros miembros de la familia hacia metas ambiciosas.

VIRGO

Signo de Tierra, femenino y mutable, restituye las imágenes más reconfortantes y tangibles de la infancia; la vitrina de la abuela, donde guardaba las galletas que regalaba una a una, la tarta de manzana, el ahorro y la frugalidad en que vivía para dejar espacio y recursos a los demás.

La familia Virgo es un lugar de aterrizaje obligado para quienes quieren ordenar sus ideas, «dar un golpe de timón» y empezar a vivir de manera ordenada y a ocuparse de las cosas materiales. A menudo estos valores llegan tras momentos de gran expansión y logros, para árboles genealógicos que necesitan «recuperar el aliento» y consolidar sus logros.

Los valores de Virgo marcan un desapego del lado más instintivo de la vida y un deseo de recuperar una visión más racional y madura, con gran sentido práctico.

Virgo es el signo más hábil para evaluar los riesgos. Con él, el clan aprende a discriminar las acciones que pueden tener consecuencias no sólo en el terreno material, sino también en el plano de los valores y la ética; a mantener a salvo a la familia y a gestionar los recursos de la mejor manera posible.

Otra tarea del grupo con fuertes valores de Virgo radica en el servicio y el sentido del cuidado de los demás, incluso con espíritu de sacrificio si es necesario. El clan siente la responsabilidad social de compartir parte de su riqueza con aquella porción de la sociedad menos afortunada, con actividades relacionadas con el voluntariado, los servicios sociales, las obras de caridad.

La vocación siempre está relacionada con sentirse útil y tener una ética correcta, con un fuerte sentido de la lealtad familiar que impulsa a cuidar de los miembros más débiles y necesitados de atenciones, con evitar conflictos, sacrificarse por el bien de los demás y cuidar del árbol genealógico, con un gran sentido práctico y un fuerte sentido del deber.

LIBRA

Signo de Aire, masculino y cardinal, representa la búsqueda del equilibrio y la armonía, y se centra en las relaciones y en cómo combinar las necesidades de los individuos con el bien del grupo.

El clan en el que predomina este signo tiene en alta estima el amor, la concordia y todo lo que puede hacer que la vida sea lo más perfecta posible.

Un árbol con fuertes valores Libra también se dedica a actividades relacionadas con el sentido estético ejercido sobre todo en las artes visuales y la moda. Los planetas del signo de Libra se expresan con elegancia y buen gusto.

Su predisposición natural a la conciliación y su sentido de la justicia le hacen idóneo para tareas relacionadas con las profesiones de abogado, mediador y diplomático.

Intentar complacer a todo el mundo a cualquier costo tiene su precio; la familia puede sufrir una falta de toma de decisiones. Complacer a todo el mundo puede significar a veces condenarse al inmovilismo. A menudo buscan la aprobación, sin reparar apenas en el impacto que sus actos pueden tener en su imagen social personal. Esto obliga a menudo a mostrar al mundo una conducta irreprochable, aunque luego la familia viva con tensiones muy arraigadas en su seno. Algunos miembros adaptarán su comportamiento a las expectativas de los demás para evitar peleas y juicios negativos.

ESCORPIO

Signo fijo, femenino, perteneciente al elemento Agua, tiene la tarea de conducir al clan hacia una profunda transformación y regeneración, que pasa necesariamente por el reconocimiento del dolor familiar y la necesidad de afrontar y revelar secretos ocultos o verdades incómodas, mantenidas ocultas por miedo a la culpa y la vergüenza. Por eso es el signo que más se acerca a la sombra familiar, que contiene sufrimiento, injusticia, violaciones de tabúes, abusos sexuales, violencia y muertes no procesadas. La sombra contiene todo lo que es tan inaceptable y aberrante que debe ocultarse y eliminarse.

Cuanto más tiempo se mantiene el secreto en la cripta familiar, lejos de la parte consciente de la memoria del árbol, más poderoso se vuelve; hasta tal punto que tiene el poder de transformarse en energía psíquica que puede llevar a comportamientos desviados, incluso graves, de sus miembros. En muchos casos, la carga de los secretos es tan pesada que se requiere una catarsis, es decir, una liberación y pacificación con los espíritus familiares, una discontinuidad con el pasado, una muerte y un renacimiento. Por eso, Escorpio asume el papel de investigador dentro del grupo, y se interesa por todo lo oculto y lo esotérico.

Más que ningún otro, Escorpio es el signo que conecta la herencia ancestral de la familia con las nuevas generaciones. Quien desempeña este papel se convierte en el gran pontífice que conecta a los antepasados con los vivos.

SAGITARIO

Último representante del elemento Fuego, es un signo mutable y masculino, que aporta una energía antitética a la de Escorpio. Con un signo Sagitario, el grupo sale, se expande e idealmente abraza el mundo.

Una fuerte presencia de este signo en el árbol proporciona una fe y una confianza inquebrantables en los propios medios y talentos, gracias al regente Júpiter. El clan liderado por este signo está dotado de gran optimismo y tiene la capacidad de proyectarse fuera de los círculos familiares para conquistar nuevos espacios y oportunidades.

El deseo de ir «más allá del horizonte» conduce a la experiencia del viaje, entendido en varias direcciones: viaje físico, metafísico, espiritual, que puede implicar el estudio de otras culturas, lenguas extranjeras, materias jurídicas y otras religiones. Puede indicar las migraciones, elegidas o impuestas, de la historia familiar.

Su inagotable energía es contagiosa y siempre está inspirada por elevados ideales. Con la llegada del signo Sagitario, el clan se siente atraído por la confrontación con personas de otras razas y culturas, el conocimiento de sus tradiciones y el respeto por las costumbres de los demás, lo que también enriquece sus creencias y aumenta su capacidad de comprensión y de relación.

Sin embargo, existe un lado sombrío que anula todo el potencial de grandeza de este signo y que puede manifestarse cuando está demasiado seguro de los propios conocimientos y opiniones, lo que conduce al dogmatismo religioso o filosófico o al fundamentalismo cultural. Éstas son las figuras más peligrosas para la estabilidad del árbol genealógico: quienes reprimen, juzgan o cometen actos contra la libertad de los demás, incluso dentro del clan, en nombre de una fe o de un ideal político. El signo también puede hablar de exceso y falta de equilibrio, convirtiéndose, en algunos casos, en un indicador de dependencia.

CAPRICORNIO

Signo de Tierra, cardinal y femenino, trae una llamada al orden y a la responsabilidad. Puede acudir en ayuda de un árbol tambaleante, porque ha sufrido profundas convulsiones en el pasado, o puede llegar, de manera más sencilla, para consolidar los logros ya alcanzados por el clan.

Es un signo que aporta ambición, deseo de alcanzar alturas prestigiosas, respeto por las normas y tradiciones, que tiende a ser conservador. Tiene una aptitud natural para el liderazgo y plena conciencia de sus capacidades. Siempre tenaz, tiene un gran sentido de la responsabilidad y del sacrificio. Cree en las propiedades terapéuticas del trabajo, al que se entrega con compromiso y devoción.

Los elementos del árbol que poseen este signo son aquellos en los que todos los demás confían cuando necesitan consejo y ayuda, para luego quedarse solos ante los retos y «tirar del carro», porque nadie, aunque quisiera, podría seguir su ritmo y sostener los sacrificios que hacen por sí mismos, adoptando a menudo un estilo de vida sobrio y esencial.

A veces, los valores de Capricornio pretenden compensar a las familias fatigadas por las frustraciones y la falta de realización, o por los intentos infructuosos de alcanzar cierta estabilidad. A menudo expresan recuerdos de sacrificios y pobreza vividos por generaciones pasadas.

Los Capricornio hacen de su independencia una necesidad porque aprenden, desde pequeños, a ser muy autosuficientes y a confiar sólo en sí mismos.

ACUARIO

Signo de Aire, fijo y masculino, su llegada coincide con el deseo de romper los esquemas familiares del pasado, trayendo aire nuevo a la familia. El clan requiere, con los valores de este signo, una profunda discontinuidad con las reglas y valores del pasado, promueve la libertad de expresión y pensamiento, y elimina viejos prejuicios y modelos familiares anticuados.

Estar fuera del rebaño suele tener su precio: pueden ser juzgados y etiquetados como rebeldes, inconformistas u ovejas negras del sistema. En otras palabras, son los que han decepcionado o desafiado de forma irremediable las expectativas del clan y, por ello, han sido juzgados y, a veces, condenados al exilio o a la exclusión.

A veces se enfatiza el lado destructivo del signo, el que rompe las reglas, pero hay que recordar que Acuario es considerado el gran arquitecto, el que busca no sólo combatir los estereotipos, sino también diseñar nuevas estructuras familiares más acordes con los talentos y deseos del grupo. Se trata de salir de los perímetros conocidos y predefinidos. Los portadores de valores acuarianos se sienten cómodos en las batallas por los derechos sociales y la plena libertad de pensamiento y expresión.

PISCIS

Signo de Agua, mutable y femenino, aporta al clan una profunda sensibilidad espiritual, sobre todo hacia las cuestiones de trascendencia y de ayuda a los menos afortunados. De alguna manera, la actitud del árbol es ser extremadamente cercano y sensible al dolor ajeno. A menudo, los miembros del clan que tienen valores astrológicos en este signo llegan a asumir la culpa de los demás, se convierten en víctimas o chivos expiatorios, con el fin de aliviar a sus familias de la culpa.

En algunos casos extremos, su profunda sensibilidad se vuelve casi intolerable y les lleva a intentar anestesiarse de sus propias emociones o de las de los demás. Otras veces, al ver el sufrimiento de sus familiares, renuncian a su vida para ayudarles, convirtiéndose *de facto* en «hijos bastón» de padres necesitados o en cuidadores de sus hermanos.

Este signo, siempre abierto a las sugerencias de otras realidades suprasensibles, también tiene un aspecto positivo: alimenta el lado creativo y la espiritualidad del clan con talentos artísticos que pueden ir desde la música a las artes figurativas, pasando por la poesía.

Las familias que reciben esta señal se encuentran en una etapa importante de su evolución, tal vez vienen de experiencias de violencia y abusos y ahora necesitan reunirse y sanar las heridas. Así que aquí vienen los médicos, las enfermeras, los voluntarios, los misioneros, pero también los sanadores del alma.

5

LAS CASAS EN ASTROGENEALOGÍA

POR MAURO MALFA

DOMIFICACIÓN

Cada carta astral se divide en doce sectores, llamados casas, que indican otros tantos ámbitos de la vida. Al igual que los signos, siguen un orden contrario a las agujas del reloj en la rueda zodiacal. Sin embargo, a diferencia del resto, las casas suelen tener diferentes amplitudes (dependiendo del sistema de domificación utilizado).

Desde la Antigüedad hasta nuestros días, se han desarrollado diversas técnicas para calcular con exactitud estas distribuciones. El sistema de domificación más extendido en la astrología moderna, y también utilizado en astrogenealogía, es el sistema Placidus. Debe su nombre al monje benedictino Placidus de Titis (1603-1668), profesor de astronomía, matemáticas y física en la Universidad de Pavía. No obstante, el método tiene orígenes mucho más arcaicos. Algunos vestigios de su utilización en la Antigüedad se remontan al astrólogo griego Hiparco de Nicea (siglo II a. C.). También se puede encontrar una teorización del sistema Placidus, aunque no con este nombre, en el *Liber de rationibus tabularum* escrito por Abraham ibn Ezra (1092-1167), un importante astrólogo judío español que vivió en el siglo XII y estuvo activo en Italia, Francia y España.

Placidus de Titis, por tanto, difundió un sistema ya conocido, pero tuvo el inmenso mérito de ordenar las tablas, simplificando los cálculos para los astrólogos. De ahí su ilimitado éxito, que ha llegado hasta nuestros días. El sistema Placidus es un sistema temporal y no espacial, y es particularmente eficaz para calcular la amplitud de las casas en latitudes intermedias, por encima del trópico de Cáncer y por debajo del círculo polar ártico, en particular puede utilizarse en latitudes comprendidas entre 35° y 55°.

Las casas con domificación Placidus tienen diferentes amplitudes entre ellas; por lo tanto, pueden implicar de uno a tres signos. Este último caso se da en presencia de un signo interceptado, es decir, del todo englobado dentro de una casa.

LA ASTROLOGÍA Y LA DESCRIPCIÓN DEL MUNDO

La astrología tiene la gran capacidad de describir realidades complejas, gracias a una matriz de elementos que utiliza una división binaria, ternaria y cuaternaria. En la división binaria de la rueda zodiacal, las casas se dividen en dos hemisferios, superior e inferior u oriental y occidental (cada uno contiene seis casas). En la división ternaria, las casas se subdividen en angulares, sucedentes y cadentes. Las casas también pueden relacionarse con los elementos y subdividirse en casas de Fuego, Tierra, Aire o Agua.

Se empieza el análisis con la división binaria: dos líneas, una horizontal y otra vertical, dividen la carta astral en hemisferios inferior y superior, derecho e izquierdo. Las dos líneas están representadas por el eje horizontal Ascendente/Descendente y el vertical formado por el Fondo del Cielo y el Medio Cielo. Esta división nos permite observar, de un vistazo, la distribución de los planetas y otros factores astrológicos en los hemisferios y cuadrantes, dándonos de inmediato una idea de los temas a los que se enfrentará el individuo y, por extensión, el clan.

Quienes poseen el predominio de planetas en la mitad inferior de la carta, la que está por debajo del horizonte, necesitan recuperar y gestionar sus recursos personales, echando raíces estables en el terreno material y afectivo.

Jung define la introversión como la tendencia a centrarse de manera predominante en el propio mundo interior y en las necesidades de los demás.

Sin embargo, es distinto el caso de quien muestra un predominio de planetas en el hemisferio superior, lo que Jung denomina un «extrovertido», cuyo objetivo es lograr la independencia personal y dedicarse a las demandas colectivas, proyectándose en el mundo. Las casas están relacionadas con los signos zodiacales, pero no son coincidentes. Por ejemplo, tener una Luna en Leo es diferente a tener una Luna en la quinta casa.

LOS EJES EN LA CARTA ASTRAL
Y EN LA ASTROGENEALOGÍA

Los dos ejes cartesianos, que dividen el círculo zodiacal en cuatro cuadrantes, definen también los cuatro ángulos de la carta astral: el Ascendente, el Fondo del Cielo, el Descendente y el Medio Cielo. Se trata de cuatro puntos fundamentales de la carta astral, muy importantes para el análisis astrogenealógico.

El Ascendente define el papel familiar que el árbol asigna al Descendiente individual (en este libro encontrarás un capítulo dedicado íntegramente a este importante ángulo de la carta).

El Fondo del Cielo, por su parte, representa las raíces familiares y los recuerdos vinculados a ellas. Transmite información valiosa sobre cómo se perciben en un árbol determinado (si son sólidas y están bien ancladas, o si son frágiles, o si quizá todavía están cargadas de dolor o fatiga). Quienes sienten la necesidad de investigar a fondo su ascendencia suelen tener en su carta un Ascendente o un Fondo del Cielo en Cáncer o en Escorpio.

El Descendente es el ángulo que conecta a la persona con el encuentro con el Otro, con lo que es diferente de uno mismo. También es un valioso indicador del mandato de la pareja.

El Medio Cielo, por último, indica las expectativas que el sistema familiar deposita en el Descendiente individual. También nos habla de la imagen de la familia a los ojos del mundo, y del papel que el Descendiente individual desempeña en ella (de ahí la activación de expectativas específicas).

Un árbol que necesita redención social, o ser reconocido por su valor y generosidad, puede, por ejemplo, tener descendientes con un Medio Cielo en Leo o un trígono con el Sol o Júpiter.

Los planetas angulares —es decir, los que están en conjunción con los cuatro ángulos— expresan una energía muy intensa que siempre hay que analizar y tener muy en cuenta.

Cada casa tiene siempre otra contraria, a la que se opone. Por tanto, en cada carta astral tenemos seis pares de casas opuestas entre sí, incluso en los signos que albergan. En su oposición, sin embargo, siempre están muy cerca la una de la otra, debido a los temas polarizados que contienen. Este «eje» representa una polaridad entre necesidades y acciones a menudo antitéticas que afectan a ámbitos muy concretos de la vida; hay que tener en cuenta que los ejes sólo se activan si en ellos están presentes factores astrológicos.

LOS EJES DE LAS CASAS ANGULARES

El eje primera/séptima casa nos habla de la oposición entre el yo y los demás. La séptima casa y su punto de polaridad, la primera, pueden dar información adicional sobre cómo vive el individuo la relación y qué actitud mantiene hacia el mandato de la pareja.

El cuarto/décimo eje representa, en cierto modo, la estructura misma del árbol. Por un lado, la necesidad de protección y pertenencia al clan; por otro, la necesidad de independencia y autorrealización personal. En el ámbito astrogenealógico tenemos las raíces del sistema (cuarta casa) frente a lo que el mundo exterior ve y percibe de la familia (décima casa). También indica las dos figuras parentales.

LOS EJES DE LAS CASAS SUCEDENTES

El eje segundo/octavo es el que representa el patrimonio familiar. Nos indica cómo se gestionan los recursos, sobre todo los económicos, y qué actitud se tiene hacia lo que se considera un «valor», tanto personal como familiar.

La segunda casa es afín al signo de Tauro, regido por Venus, mientras que la octava es afín al signo de Escorpio, regido por Plutón. Idealmente, nos recuerda a Plutón/Hades, que en el mito es un dios rico y poderoso, que reina sobre el inframundo, y a Venus, sensual y siempre adornada por los valiosos regalos que recibe de su marido Hefesto.

La segunda casa es conservadora y retiene lo que posee para mantener su seguridad psicológica y material, mientras que la octava casa tiene en su interior el sentido de la pérdida y la liberación. Tienen funciones opuestas y complementarias.

En cambio, el eje quinta/undécima celebra la propia individualidad. La quinta nos indica –también a nivel familiar– el deseo de brillar, de obtener reconocimiento, de expresar los propios talentos. Mientras que en el lado opuesto, en la undécima, uno pone sus capacidades al servicio del grupo y de la comunidad, sintiendo que uno no es sólo la realización de sus propios deseos, sino que también debe formar parte de algo más amplio, poniendo su potencial creativo a disposición de todos. La quinta casa corresponde aproximadamente a los cuatro a seis años de edad, cuando el niño se encuentra en el apogeo de su «omnipotencia» y comienza, por primera vez, a experimentar con sus capacidades y a expresarse.

Se trata de una etapa muy crítica porque hay que saber alimentar en ella la confianza y la estima personal, pero también gestionar sus rabietas. Si no se hace bien, esta etapa del crecimiento puede desembocar en una falta de confianza en los propios medios, llevando al niño hacia comportamientos inseguros.

LOS EJES DE LAS CASAS CADENTES

El eje tercero/noveno se denomina eje de lo mental, porque parte de la manera de pensar y de comunicarse aprendida de los miembros de la familia. La tercera casa, afín al signo de Géminis, cuyo regente es Mercurio, nos habla de una sociabilidad aún joven e inmadura, que se relaciona con los allegados en la familia y, por tanto, también nos habla de la fraternidad y de las generaciones horizontales del árbol.

La novena casa conduce al mundo, expandiéndose de un modo intelectual hacia estudios superiores o más especializados. La novena contiene el contacto con la sociedad y la necesidad de definir la propia forma de pensar, la propia visión filosófica del mundo, identificando la propia vocación.

Si la enseñanza familiar ha sido demasiado restrictiva, como puede señalar, por ejemplo, la presencia de Saturno en la tercera casa, se tendrá un individuo que se ha sentido responsabilizado y asfixiado en su libre expresión; esto afectará entonces al curso de sus estudios, que estará alineado con el mandato familiar, de nuevo indicado por Saturno, pero alejado de sus deseos reales.

El eje sexto/duodécimo se define como el del «servicio» e implica el cuidado de los demás. La sexta casa alberga las memorias del árbol que tienen que ver con el cuidado, no fusional o afectivo como la cuarta, sino con el cuidado material, real, cotidiano, ligado a los sacrificios que algunas personas del sistema familiar han tenido que hacer. Patrones que se repiten a menudo o a los que se es fiel. La duodécima casa, en cambio, nos habla del significado espiritual del árbol, de sus olvidados, de su desmemoria y de sus víctimas. Trasciende la realidad y, al hacerlo, puede efectuar un tipo de sanación más profunda y espiritual. Este eje muestra cómo el sistema familiar afronta y experimenta la enfermedad y qué tipo de ayuda es capaz de prestar a los que sufren.

Hay que señalar que el significado de cada eje es mucho más polifacético de lo que indicamos y sólo un análisis de la carta astral considerada en su totalidad puede dar una información más precisa.

CASAS DE AGUA

En astrogenealogía hay casas muy significativas, que contienen información sobre la familia, incluso antigua, que se ha colado en la memoria ancestral, referida a lo vivido por generaciones pasadas. Nos hablan de recuerdos que influyen de manera profunda en la vida de todos sus miembros. Los sectores en cuestión son las casas cuarta, octava y duodécima. Se llaman «de Agua» porque están relacionados con los signos de Cáncer, Escorpio y Piscis. Están muy relacionadas y conectadas con el mundo de las emociones. Registran el dolor, la ira, el miedo, la vergüenza, el sufrimiento y toda turbulencia que el árbol ha registrado y que queda fielmente grabada en estos sectores.

Las experiencias emocionales crean complejos psicológicos que se transmiten de generación en generación.

LAS DOCE CASAS

Cada casa posee características que la hacen única y especial porque transforma las influencias planetarias en acciones concretas, en la vida real de cada individuo y, por reflejo, en el clan al que pertenece. La sabiduría del árbol genealógico elige y activa las casas en las que más debe centrarse y representa una misión en la que el clan debe trabajar para restablecer el equilibrio.

Las casas pueden albergar o no un planeta. En el primer caso, es importante valorar el tipo de energía activada por el propio planeta, que, por tanto, también se expresará en ese sector de la vida, y traerá consigo recuerdos familiares precisos y circunscritos. El grado de afinidad que existe entre un determinado planeta y la casa que lo alberga también debe tenerse en cuenta en el análisis de la carta en profundidad.

Asimismo, hay que tener siempre en cuenta el fenómeno de «succión», que se produce cuando los planetas u otros valores astrológicos se encuentran en las proximidades –a menos de cuatro o cinco grados– de la cúspide del comienzo de la casa sucesiva y que también pueden considerarse influyentes en la casa siguiente.

Si una casa está vacante, es decir, vacía, se estudiará el planeta regente del signo con el que comienza la propia casa (su cúspide). A continuación, se analizará por signos y aspectos.

LA PRIMERA CASA.
EL COMIENZO

Es la entrada en el mundo, la forma en que se llega a la Tierra y, en consecuencia, la manera en que se inicia cualquier nueva actividad. A nivel astrogenealógico, indica la acogida que uno recibe de la familia, su aspecto físico y, sobre todo, el papel que está llamado a desempeñar en el clan.

El niño puede percibir la atmósfera emocional presente en la familia en el momento de su nacimiento y esto condicionará gran parte de su futuro, tanto de forma positiva como más fatigosa.

La primera casa indica el patrón de los comienzos que se reactivará cada vez que el Descendiente empiece algo nuevo. Al hacerlo, ese sentimiento y ese patrón volverán a su mente.

LA SEGUNDA CASA.
RECOPILACIÓN DE RECURSOS

Al igual que el signo de Tauro, es una casa vinculada a los valores y recursos personales y familiares.

Indica lo que para la familia representa seguridad y riqueza, psicológica y material. También habla de posibles mandatos familiares en cuestiones económicas y materiales. Puede señalar cualquier recuerdo de pobreza, sacrificio o períodos problemáticos en el árbol en este frente, que pueden haber dejado a los descendientes inseguridades que compensar.

En astrología humanística, esta casa indica la fase de lactancia, en la que el niño busca sustento, ternura y alimento para crecer sano. Si no se le proporciona la cantidad adecuada de alimento emocional, se creará un recuerdo de escasez que le acompañará durante toda su vida. Estamos en territorios afines a la exaltación de la Luna en Tauro.

LA TERCERA CASA.
ENTRAR EN COMUNICACIÓN

Los mandatos familiares relacionados con esta casa conciernen a la comunicación, la escolarización, la fraternidad y, en general, a las generaciones horizontales del árbol.

La relación con los hermanos depende mucho de la experiencia de los padres, de los modelos de fraternidad ya presentes en el árbol y de los recuerdos activos en este ámbito.

Además, cada niño llega a una pareja parental en evolución, por lo que entre hermanos la experiencia que se tiene del arquetipo paterno y materno es diferente. De ello se deduce que las mismas expectativas y el mandato familiar, que se otorga a cada hijo, también es único y personalizado y depende de los recuerdos del árbol en este ámbito, de la época de vida de los padres, del sexo y del orden de nacimiento. Por ejemplo, en la época feudal, al primogénito varón se le asignaba todo lo que poseía la familia, mientras que a los hijos siguientes, si eran varones, se les ofrecía una carrera eclesiástica o servir como caballeros a otras familias. A las hijas, en cambio, sólo se les daba a elegir entre retirarse a la vida monástica o un matrimonio concertado.

La manera en que se vive la tercera casa es también la forma en que el niño se proyectará en el mundo exterior; por ejemplo, la relación que establecerá con sus hermanos será la base del comportamiento relacional que experimentará con amigos, colegas y su círculo de conocidos.

Corresponde al período en que el niño descubre el mundo exterior; además de conquistar el espacio que le rodea, empieza a conocer a sus familiares más cercanos, sobre todo entra en contacto con su generación horizontal: primos, hermanos, hermanas.

LA CUARTA CASA.
LAS RAÍCES FAMILIARES

La cuarta casa es una de las zonas más significativas en el análisis de la carta astral desde una perspectiva astrogenealógica. En la «casa de la casa», como se la suele llamar, se encuentran las raíces y los recuerdos más profundos del árbol y el sentimiento de protección y seguridad emocional y afectiva que se transmite a los descendientes. Es como la chimenea del hogar, en torno a la cual se comparte la intimidad con los seres queridos. La relación vivida con los padres y con el propio clan está profundamente arraigada en el niño, en forma de raíces ancestrales, activas a nivel inconsciente. Cada descendiente recibe el conjunto de complejos psicológicos perteneciente a lo más íntimo de sus genes.

Esta área describe lo que debe considerarse familia y lo que no, la programación inconsciente. Se activará cuando uno vaya a recrear su unidad familiar. La cuarta casa no se refiere necesariamente a lo masculino o al patriarca, sino más bien a la figura o figuras de la familia que han asumido la responsabilidad de dar continuidad al pasado y proporcionar orientación y protección. En la rígida estructura patriarcal, el varón era el responsable de continuar la tradición y de transmitir el apellido a sus descendientes y solía dejar al margen su componente emocional y creativo para asumir el papel de guía estricto y responsable. Hoy en día, la cuarta casa ya no se asigna a una figura parental precisa, como tampoco la décima. Cada individuo, con la historia de su árbol a sus espaldas, puede tener una asignación diferente.

LA QUINTA CASA.
LA CREATIVIDAD EN LA FAMILIA

En la carta astral, indica el impulso creativo, las actividades de ocio favoritas, las diversiones, la fase de enamoramiento, los flirteos, todo el impulso expresivo, que incluye también la predisposición a tener hijos.

La manera en que los padres y el sistema familiar hacen sentir al niño influye y condiciona la confianza de éste en sus propias capacidades y en expresar la parte más creativa y auténtica de sí mismo. No todo el mundo puede expresar libremente sus talentos ni verlos reconocidos. Una familia que los estimule, de la forma adecuada, enviará al mundo un individuo capaz de expresar sus talentos sin problemas, con respeto hacia los demás.

Un caso especial es el de los pequeños niños prodigio, que desde muy temprana edad son entrenados para convertirse en fenómenos y destacar en una disciplina concreta. A menudo, estos niños se convierten casi en las tarjetas de visita del sistema familiar y no pueden fallar, cargándose de expectativas excesivas.

Pensemos, por ejemplo, en la campeona de tenis Serena Williams, que tiene a Marte en la quinta casa en Leo. El planeta de la competición y la afirmación, en modo leonino, la obliga a convertirse en la mejor, en la reina de una disciplina competitiva. Detrás de ella, sin embargo, está el deseo de redención de un padre, experimentado a través de las victorias de sus dos hijas, Serena y Venus.

Las posibles cuadraturas entre la quinta y la segunda, u octava, casa, pueden darnos indicaciones importantes sobre el tipo de tensión que experimenta la persona en relación con el chantaje emocional o psicológico de la familia, que impide la libre expresión de su creatividad. Esto ocurre en nombre de la seguridad económica (casa segunda) o de cuestiones familiares y luchas de poder (octava).

LA SEXTA CASA.
ORGANIZACIÓN DEL CLAN

La sexta casa cuenta cómo vive la familia el sentido del deber, del servicio y del cuidado, transmitiendo ciertos modelos a los descendientes. Modelos vinculados a quienes en el clan se ocupan de los enfermos, los ancianos, los necesitados…

La casa también nos habla de los compromisos cotidianos, tanto laborales como de servicio al sistema.

A veces, el sentido del deber hacia los demás prevalece incluso sobre el propio instinto de conservación, empujando a algunos miembros de la familia a ir constantemente más allá de sus límites y energías físicas y psicológicas, o a renunciar a vivir su vida para seguir su propio sentido del deber, sacrificándose por los demás, hasta el punto de agotar sus recursos personales y desencadenar trastornos psicosomáticos y físicos. La sexta casa, de hecho, también se considera la casa de la salud, que, gracias a los avances de la neurociencia y la inmunobiología, sabemos que está muy vinculada al estilo de vida y los hábitos familiares.

Massimo, un hombre de mediana edad, tiene el Medio Cielo en Leo y Saturno en Aries en la sexta casa: ambos indican un fuerte deseo de afirmación y reconocimiento profesional, que también lo predisponen a la fatiga y al sacrificio. Le han llevado a ignorar y subestimar durante años las señales de fatiga que le enviaba su cuerpo.

Este ir repetidamente más allá de sus límites tiene su origen en una fuerte necesidad de redención y reconocimiento social, de los que carecía su familia de origen humilde. Debido a los agotadores viajes en coche, desarrolló dos graves hernias discales (la columna vertebral y la estructura ósea siempre están ligadas a Saturno). Esto puso fin a su carrera y, con ella, también a todas las vagas aspiraciones de redención impuestas por su mandato familiar.

LA SÉPTIMA CASA.
LA RELACIÓN Y EL DESCUBRIMIENTO DEL OTRO

La séptima casa nos habla del reconocimiento y del encuentro con el Otro, visto como un igual. Es el reflejo entre personas más o menos parecidas, con las que se comparte un proyecto, un matrimonio, una actividad, una sociedad. En esta casa el individuo une sus fuerzas para llegar a ser más que la suma de las partes, porque, tal vez, no podría alcanzar ciertos objetivos solo. La forma de sancionar esta unión es a través de un acuerdo, un contrato, una promesa o un pacto para prestarse, idealmente, ayuda y apoyo mutuo.

La casa indica el intento frecuente de sanar heridas genealógicas vinculadas a modelos de pareja o acontecimientos matrimoniales antiguos, transmitidos por los antepasados, a menudo incluso poniendo en práctica repeticiones inconscientes en un intento de encontrar una solución o de repetir un pacto de lealtad.

El análisis de Venus y la séptima casa ayudan a comprender cómo vive un individuo sus relaciones románticas, qué papel desempeñan en la vida y hasta qué punto las experiencias de sus predecesores influyen en sus elecciones, de manera bastante inconsciente. La séptima casa induce a salir de la zona de confort personal y tender la mano a los demás. Esta casa indica los patrones de relación que se han experimentado dentro del clan y que han enseñado a los individuos a tratar con el Otro.

Se pueden encontrar temas relacionados con el modo en que se formaban las parejas, ya fueran matrimonios por amor o concertados, por intereses económicos o para mantener o reforzar el prestigio familiar. Estos análisis permiten comprender cómo se vive el vínculo matrimonial también en el árbol, si tiende a seguir los caminos tradicionales o a romper las reglas con respecto a las costumbres familiares. También suele surgir el concepto de igualdad o desigualdad dentro de la pareja.

Las circunstancias vividas en el seno de una pareja pueden ser de las más dolorosas que uno puede experimentar en la vida, dejando a menudo marcas indelebles en la psique de los protagonistas.

LA OCTAVA CASA.
ROMPER TABÚES Y TRANSFORMARSE

La segunda casa de Agua es profundamente inconsciente, representa el lugar donde los vivos y los muertos se reúnen para transmitir la herencia más profunda de todo el árbol genealógico. Está vinculada a acontecimientos y experiencias que han sacudido a todo el clan hasta sus cimientos. Es la casa de las sombras familiares en la que convergen secretos, duelos no resueltos, tabúes y todo lo que ha creado dolor y vergüenza al sistema.

En esta zona se aprende a soltar y a integrar, aquí la propia conciencia del clan reelabora las experiencias. Es el cofre del tesoro en el que desemboca el material psíquico de varios miembros de la familia, que se funde con lo que el árbol posee, pierde, desea, y que lo hace único y especial.

En la astrología clásica se la denominaba la «casa de la herencia». Sin embargo, es mucho más que eso, es algo que define el nombre de la familia, su legado.

En realidad, lo que se hereda es la suma de los deseos, logros, luchas y sufrimientos de todos los antepasados. Por un lado, han dado estructura, propósito y sentido al árbol, pero, por otro, también han obligado a todos sus miembros a enfrentarse a acontecimientos pasados. En especial aquellos relacionados con contenidos negados, porque fueron vergonzosos, dolorosos o traumáticos y, por tanto, despertaron sentimientos de culpa que acabaron en la sombra familiar.

Aquí encontramos todo lo que el árbol se negó, o fue incapaz, de ver y superar. Cuanto más profundamente se ocultan estos contenidos reprimidos, más poder adquieren al manifestarse en las generaciones posteriores en forma de bloqueos, enfermedades, neurosis, síndromes de aniversario, conflictos o casos de comportamiento aberrante e inexplicable.

A veces, una familia con una sombra muy poderosa y no procesada puede llevar a algunos descendientes a desarrollar adicciones (alcohol, tabaco, drogas…), que tienen la misión de anestesiar el dolor latente. Ocurre, más a menudo de lo que se cree, que durante la construcción del genograma uno «olvida» representar a un miembro de la familia, y esto es un síntoma de un contenido inconsciente reprimido de gran interés, sobre todo por el poder que tiene sobre el consultante o su familia. El árbol genealógico tiene sus propias estrategias para sanar estas heridas.

LA NOVENA CASA.
AMPLIAR HORIZONTES

Después de pasar por el lado secreto y oscuro de la familia y recuperar tu energía, te diriges a nuevas aventuras, representadas por la novena casa.

Junto con la primera, es la casa más dinámica del zodíaco, en la que los temas están siempre relacionados con la ampliación de los conocimientos y los límites propios, para adquirir la sabiduría fruto de la experiencia. La novena casa es un sector que nos habla del nivel de confianza y optimismo del sistema, pero también de sus valores morales.

El deseo de conocimiento y la confianza en los propios medios impulsan a probar suerte incluso con emigrar a territorios lejanos e inexplorados que ofrecen oportunidades de desarrollo. El sentido del viaje contenido en esta casa nos permite, de hecho, estudiar también las posibles migraciones que han marcado la historia familiar. Con Saturno pueden haber sido difíciles o impuestas, mientras que con planetas como Júpiter o Venus habrán sido libremente elegidas y vividas de un modo positivo y beneficioso.

Junto a los exploradores también se encuentran excelentes estudiantes e investigadores cuyo objetivo es comprender las razones últimas de la existencia humana a través del estudio de las religiones y de la filosofía.

La presencia del Sol, Marte y Júpiter en la casa puede sugerir una fuerte propensión hacia la aventura y la ampliación de los propios horizontes, ya sea a nivel mental, físico o intelectual. Es obvio que, como siempre, es la carta en su conjunto la que tiene la última palabra. Un Sol en la novena casa en cuadratura con Saturno indicará quizá una necesidad de expansión frustrada o bloqueada por situaciones limitantes.

Los valores femeninos de la casa –Lilith, Venus o la Luna– pueden indicar cómo la línea femenina es, sobre todo, la que ha estado activa e intenta nuevos caminos de desarrollo.

El árbol puede dar vida a un descendiente con Urano en esta casa, que tendrá la tarea de renovar o rebelarse contra los valores morales, filosóficos o religiosos transmitidos por la familia.

La casa también nos habla de los estudios. Si Saturno está presente, es posible que haya habido obstáculos para cursarlos, por diversas razones. La casa también puede señalar las pasiones religiosas o políticas, que a veces llegan a ser excesivas o dogmáticas.

LA DÉCIMA CASA.
EXPECTATIVAS FAMILIARES

La décima casa, empezando por el Medio Cielo, indica el punto de máxima visibilidad social del árbol. Es la imagen de la familia vista a través de los ojos del mundo. En astrogenealogía, esta casa indica, como es lógico, las expectativas que el sistema familiar deposita en el individuo descendiente. Pueden expresarse en cualquier sector de la vida, no necesariamente el profesional. Por ejemplo, un Medio Cielo en Cáncer, o en aspecto con la Luna, podría señalar expectativas relacionadas con tener hijos o con hacer que el grupo familiar esté más unido y cohesionado. Una décima casa en un signo de Fuego –o habitada por el Sol, Marte o Júpiter– puede indicar un fuerte deseo de afirmación o expansión de la familia, pidiendo al descendiente individual que actúe en su nombre, que se imponga y cree nuevas oportunidades de desarrollo.

Con un signo de Tierra, se requiere reforzar o preservar la riqueza material de la familia (que siempre es también seguridad psicológica). Si la décima casa, por el contrario, cae en un signo de Aire, las expectativas familiares irán en dirección a los estudios, las relaciones o la forma de comunicarnos.

Con la presencia de un signo de Agua, la petición del árbol estará dedicada a la ayuda, a compartir emociones y dolor, quizá también expresada a través de la profesión (convertirse en médico, sanador, psicoterapeuta).

Las expectativas familiares, expresadas por esta casa, pueden ser agotadoras y resultar pesadas u opresivas, o pueden vivirse con serenidad y facilidad. Sólo el análisis minucioso de la carta astral puede decírnoslo.

LA UNDÉCIMA CASA.
EXIGENCIAS SOCIALES

Después de haber alcanzado, con la décima casa, la máxima visibilidad y realización personal, y de haber satisfecho las expectativas del clan, uno siente la necesidad de compartir con la comunidad lo que ha logrado. En la undécima casa es donde se entra en contacto con la «fraternidad humana» y con lo que el clan ha aportado, en términos de compromiso, a causas civiles o a la difusión de nuevos ideales sociales.

La presencia del Sol indica una implicación personal para abrazar causas colectivas; Marte propone acciones decisivas para imponer la propia afiliación ideológica; Júpiter puede indicar figuras familiares particularmente fervorosas en la promoción de la fe religiosa.

Urano puede señalarnos a un Descendiente inconformista, rebelde, o que se haya mostrado como un gran visionario, quizá comprometido en importantes batallas sociales por la igualdad o los derechos civiles, o dedicado al progreso y al desmantelamiento de viejos sistemas de pensamiento. Neptuno puede traer ilusiones o desengaños a estos territorios.

Este sector también puede indicar la presencia de los «hijos de los demás», los hijos adoptivos del sistema familiar, que se han integrado en un árbol cuyos miembros también tenían en el corazón las exigencias de ayuda y apoyo a la comunidad, además de las relacionadas con los lazos de sangre.

Estos agregados también pueden responder a la demanda inconsciente del clan de incorporar nuevas personas al sistema, con ideas novedosas, capaces de dar al grupo una energía mental renovada.

LA DUODÉCIMA CASA.
CONECTAR CON EL DOLOR DEL ÁRBOL

La última casa de Agua es quizá la más difícil de definir porque trasciende la realidad y se abre a territorios muy profundos y espirituales del árbol. No tiene límites ni fronteras; más que un campo de experiencia vital, podría considerarse un portal, un lugar donde no existe una dimensión lógica y racional.

Se supera el sentido del tiempo y del espacio y se entra, en cambio, en el terreno del inconsciente familiar más antiguo y ancestral, que se encuentra con lo colectivo.

Es una casa en la que la memoria se convierte en polvo y nos habla de las víctimas del sistema, los excluidos, los frágiles y los sacrificados, los que se han perdido en el olvido y han sido olvidados por la conciencia familiar.

La última casa nos habla de volver a la fuente original, la fuente que creó el Todo y el universo, de la que procedemos y a la que volveremos, para emprender un nuevo comienzo de vida y experiencia. Este sector se comunica con el mundo ancestral del alma familiar, que sigue activo e influye en la vida de todas las generaciones del árbol con una fuerza coercitiva extraordinaria.

En la duodécima casa, la dualidad deja de existir, las paradojas se encuentran, las contradicciones se anulan, el ego se reúne con el Todo. Es la casa, junto con la octava, en la que los excluidos pueden resurgir mejor en la memoria, desencadenar la lealtad o, incluso, atraer a un descendiente. La casa doce es la sede de fuerzas misteriosas que irrumpen en la vida de los miembros de la familia en forma de acontecimientos inexplicables.

Los antepasados están conectados con los vivos a través de canales de transmisión inconscientes y espirituales.

Los acontecimientos olvidados hace tiempo, que se han convertido en recuerdos esquivos y ancestrales, pueden recuperarse en parte gracias a los planetas de la casa (encontrarás información más detallada en el capítulo sobre la sanación).

6

LOS PLANETAS EN LA ASTROGENEALOGÍA

POR ELENA LONDERO

EL NACIMIENTO DE LA ASTROLOGÍA

Al principio, sólo existía el hombre que miraba al cielo cada noche, para seguir la trayectoria de la Luna y los pequeños puntos de luz que decoraban la bóveda celeste. El ciclo lunar se repetía con perfecta regularidad, mes tras mes. Sus fases marcaban el paso del tiempo. De hecho, los primeros calendarios de la humanidad eran lunares y no solares. Es la época de los llamados cultos astrales, cuando los seres humanos empezaban a comprender la estrecha relación entre el Sol, la Luna, las estrellas y acontecimientos como las mareas o los ritmos de los cultivos agrícolas.

La astrología llegó más tarde. Dio sus primeros pasos hacia el 9000 a. C. en Mesopotamia, la fértil media Luna que se extiende entre el Tigris y el Éufrates. Fue en esta tierra, con sus cielos nocturnos increíblemente despejados, donde la observación de las estrellas se hizo cada vez más cuidadosa y precisa. La astrología se convirtió en una materia erudita, basada en conceptos matemáticos y astronómicos cada vez más complejos y sofisticados. Al principio tenía un valor exclusivamente colectivo, vinculado al estado de las guerras o a las cosechas. Cuando se refería a personas individuales, éstas eran reyes, gobernantes o grandes líderes, cuyos destinos eran importantes porque podían afectar a la suerte de todo el pueblo. La astrología se extendió ampliamente durante el siglo IV a. C., cuando, gracias al imperio de Alejandro Magno, se propagó junto con los hombres y las ideas, arraigando en lugares muy alejados de su tierra de origen. De hecho, ya no existen «astrologías» surgidas en distintas partes del mundo, sino una única astrología, surgida en el ámbito babilónico/mesopotámico y exportada después a tierras cada vez más lejanas. Así nacieron, por ejemplo, la astrología india o la astrología china.

¿QUÉ VEÍAN LOS ANTIGUOS CUANDO ESCRUTABAN EL CIELO NOCTURNO?

Por la noche, al levantar la mirada al cielo, los antiguos tenían la sensación de estar dominados por una inmensa cúpula sobre la que se posaban todas las estrellas.

Se dieron cuenta de que cada noche salían y se ponían igual que el Sol durante el día. Se sentían inmóviles y percibían que el cielo se movía por encima de ellos. Hoy, por supuesto, sabemos que es la Tierra la que, al girar sobre su propio eje, nos da esa sensación. Sin embargo, el punto de vista geocéntrico (y ptolemaico) es el que seguimos manteniendo en astrología de manera deliberada, una disciplina que sitúa al hombre en su centro. Por tanto, es su punto de vista el que nos interesa mantener como referencia.

En el cielo nocturno, además de la Luna, eran visibles a simple vista otros dos tipos de estrellas. Algunas parecían inmóviles en la bóveda celeste. Se trataba de las estrellas fijas, que en realidad no están inmóviles, sino que sólo se mueven muy lentamente, apenas un grado cada setenta y dos años. Algunas de ellas forman las constelaciones, que no debemos confundir con los signos zodiacales del mismo nombre.[1]

También había luces errantes en el cielo que se movían, noche tras noche, a diferentes velocidades. Estas estrellas no salpicaban toda la bóveda celeste, sino que permanecían dentro de una banda precisa del cielo, en cuyo centro se encontraba la trayectoria diurna del Sol (la eclíptica). Estos puntos luminosos eran los planetas del sistema solar visibles sin instrumentos ópticos, a saber, Mercurio, Venus, Marte, Júpiter y Saturno. Son ellos los que, junto con la Luna y el Sol (las luminarias), forman el llamado Septenario de la Antigüedad, cuya concepción permaneció inalterada en astrología hasta los albores de la época moderna.

---

1. Los signos del zodíaco son secciones de la eclíptica de treinta grados cada una. El punto de partida para calcularlos es el punto vernal, que coincide con el 0° de Aries. A partir de ahí siguen los doce signos, que juntos forman los 360° de la eclíptica, es decir, el recorrido anual del Sol visto desde el punto de vista de la Tierra.

Hubo una sincronía perfecta entre el momento histórico en que se descubrieron los nuevos planetas (los no observables a simple vista) y su simbolismo astrológico.

Urano, el planeta de la modernidad y la libertad, fue avistado por primera vez en 1781 por los hermanos William y Caroline Herschel.[2] Estamos en vísperas de la Revolución Francesa y de la Revolución Industrial, en pleno fervor ilustrado y racionalista. La sensación de modernidad, libertad y nuevas ideas que experimentaba la sociedad de la época coincide con el propio simbolismo del planeta.

Sin embargo, Neptuno fue descubierto el 23 de septiembre de 1846 por el astrónomo alemán Johann Galle. Para entonces, el movimiento romántico se había extendido por toda Europa, acercando a la humanidad a lo irracional, a la espiritualidad, a la intangibilidad de los mundos invisibles.

Finalmente, Plutón fue avistado en 1930, por el astrónomo estadounidense Clyde Tombaugh. Plutón es uno de los nombres dados a Hades, dios de los infiernos y del mundo subterráneo. Etimológicamente, significa «lo invisible», lo que, aunque existe, no es accesible a la vista. También en este caso la sincronía es perfecta. Estamos en los años de mayor desarrollo del psicoanálisis, con la ampliación de los conceptos de lo consciente por Freud y Jung. Todos éstos son conceptos que Plutón vino a simbolizar desde el punto de vista astrológico.

Así pues, los acontecimientos del Cielo y de la Tierra se expresan de modo simultáneo, por sincronicidad, sin que ninguna causa-efecto los vincule directamente entre sí. Los astros, como escribió Jung, poseen cualidades que encajan a la perfección en nuestra psicología, predisponiéndolos a recibir y dar cabida a las proyecciones de nuestra psique inconsciente. Es una simbiosis perfecta la que une a los astros con el hombre.

LA FUNCIÓN DE LOS PLANETAS EN LA ASTROGENEALOGÍA

Los planetas, como símbolos astrológicos, encierran en sí mismos innumerables niveles de interpretación, superpuestos entre sí, que hacen que su lectura sea rica y narrativa. Hablan de acontecimientos que ocurrieron en el pasa-

---

2. En realidad, Urano es visible a veces incluso a simple vista, pero esto ocurre en condiciones tan raras que nunca fueron suficientes para ser observado en la Antigüedad. Galileo Galilei lo avistó en 1613, pero sin comprender su verdadera naturaleza.

do a nuestros antepasados, representando así a personas reales con historias también reales. Lo que vivimos en el pasado fluye en el simbolismo del propio planeta, personalizándolo. Los planetas, pues, al situarse en la carta astral, describirán cómo el descendiente individual está conectado a esta densa red de acontecimientos, definiendo en parte su trayectoria.

Los planetas tienen, pues, una doble característica. Por una parte, son extremadamente esenciales y sintéticos, como cualquier símbolo; por otra, pueden hojearse como las páginas de un libro, en el que se ha escrito la historia de una familia, cuya memoria, consciente e inconsciente, se transmite de generación en generación. Los planetas, en una carta, nos ofrecen indicaciones sobre todo de las tres últimas generaciones del árbol. Sin embargo, algunos acontecimientos muy traumáticos —como abusos sexuales, traumas o duelos— pueden permanecer activos y visibles en las cartas astrales de los descendientes, incluso hasta cinco generaciones después de que ocurrieran los hechos.

LOS PLANETAS Y LA DIRECCIÓN VERTICAL Y HORIZONTAL DEL ÁRBOL

En toda familia hay siempre dos direcciones genealógicas, una vertical y otra horizontal.

Pensemos, para la vertical, en la imagen de una cascada. El agua, en su fluir, desciende de arriba abajo. Lo mismo ocurre en un árbol: en la cima están los antepasados más lejanos, aquellos que nunca conocimos y de los que tal vez ya no tengamos ningún recuerdo; si descendemos más, nos encontramos con los bisabuelos, luego con los abuelos y nuestros padres, y al final estamos nosotros. La vertical es una dirección importante, que da estructura y seguridad a todo el sistema familiar y fija los roles del cuidado, garantizando que los que han nacido primero cuiden de los nacidos después. Expresa la rotación normal de generaciones dentro de una familia.

También tenemos una dirección horizontal, compartida por los que pertenecen a la misma generación (hermanos, hermanas, primos y todos los nacidos más o menos en los mismos años). Podemos pensar que nuestra cascada tiene varios niveles, y que, de vez en cuando, se forman charcos de agua.

Los planetas, sobre todo los personales, tienen una profunda afinidad con estas direcciones genealógicas. Mercurio representa la horizontalidad que se desencadena en las relaciones que unen a quienes pertenecen a una misma generación. Venus y Marte también tienen una relación horizontal e igualitaria, que es la de la pareja. Saturno, en cambio, expresa la verticalidad, representando la estructura jerárquica del sistema, la autoridad de quienes definen las leyes y las normas. Todos aquellos que, por haber vivido más o haber vivido antes, tienen en su interior sabiduría y experiencia para transmitir a sus descendientes.

La Luna y el Sol, en su simbolismo parental, también tienen una dirección vertical, jerárquica. Es la de la relación adulto/niño, que debe mantenerse siempre. Es una verticalidad saludable, que hace que los niños se sientan seguros y que evita la confusión de los papeles familiares al definir una clara distinción entre las necesidades de los adultos y las de los niños. Si hay demasiada horizontalidad en la relación parental, podemos encontrarnos con padres inmaduros o frágiles. La dirección de la mirada debe ir siempre de los padres a los hijos y nunca al revés. Por ejemplo, tenemos un caso de inversión cuando el arquetipo paterno está marcado por el arquetipo de Zeus (quizá con aspectos Sol/Júpiter o Sol/Neptuno). Se trata de padres que, al igual que Zeus (Júpiter), están siempre en movimiento, en el mundo, empeñados en sus aventuras. Sin embargo, al hacerlo, pierden de vista a sus hijos y sus necesidades. Los niños esperan con paciencia su regreso (como Juno, en la pareja). A menudo los quieren profundamente, los idealizan, pero al final se ven obligados a lidiar con una figura paterna distante y distraída. Son padres a los que a menudo persiguen y buscan a lo largo de su vida, en distintas esferas de la existencia. «Mi padre nunca estaba en casa. Volvía muy tarde por la noche, cuando mi hermana y yo ya estábamos dormidas. Incluso cuando estaba allí, parecía que las hijas éramos transparentes. Creo que me he pasado la vida buscando su mirada dentro de otra persona, pero a día de hoy aún no la he encontrado». Marilena, Sol conjunción con Quirón, cuadratura en Neptuno.

¿LOS PLANETAS TIENEN GÉNERO SEXUAL?

Los planetas no tienen un género sexual predefinido. Todas las funciones que simbolizan, así como los acontecimientos y papeles familiares que describen, pueden ser desempeñados por varias personas de la familia, más allá de su sexo biológico. Cuando estudiamos un planeta, estudiamos quién dio voz a ese arquetipo, a esa dinámica, sea hombre o mujer.

No olvidemos que cada hombre tiene a la Luna y a Venus en su carta astral, así como toda mujer tiene al Sol y a Marte. Cada ser humano, como tal, experimenta en sí mismo todas las funciones psíquicas expresadas por cada uno de los planetas.

En el pasado, la astrología se inscribía en una sociedad patriarcal en la que los papeles familiares y sociales se asignaban siempre en función del sexo de la persona. Toda la realidad se concebía de esta manera y, en consecuencia, la astrología también se vio influida durante milenios. Hoy en día, el concepto de familia necesita ampliarse y renovarse, y lo mismo debe hacerse con respecto a los símbolos astrológicos. En nuestra sociedad hay familias extensas, heterosexuales y homosexuales, familias monoparentales. La astrogenealogía trabaja con cada una de ellas. Por ejemplo, la Luna siempre nos habla del arquetipo materno. También nos habla de las madres biológicas del árbol, pero la Luna en sí, como símbolo astrológico, va más allá de esta lectura. Es aquella que, en la familia, desempeña un papel de cuidado y crianza, proporcionando seguridad emocional y afectiva. El arquetipo materno puede coincidir, por supuesto, con la madre biológica, pero también puede ostentarlo una abuela, un hermano mayor, el padre o la pareja del padre. La Luna es amor y sensación de seguridad y cualquier persona puede transmitirlo de la forma adecuada a un niño.

LOS PLANETAS PERSONALES

En astrogenealogía distinguimos entre planetas personales, sociales y transgeneracionales. También definimos el Sol (una estrella) y la Luna (nuestro satélite) como planetas y los situamos en la categoría de planetas personales, que, además de las dos luminarias, incluye también a Mercurio, Venus y Marte. Se llaman personales porque en una carta astral cada uno está colocado en una posición única, diferente de un individuo a otro. Por eso son muy biográficos y nos hablan de la relación de la persona individual con su árbol. Representan a personas reales de la ascendencia, modelos de conducta y arquetipos familiares que pueden remontarse al simbolismo del propio planeta.

Sol. Es uno de los indicadores de la línea masculina de la familia (con Marte). Representa el arquetipo paterno, los padres del sistema, la identidad general del clan (entra mucho, por tanto, en la formación del mito familiar). Señala los objetivos de la familia. Habla de la creatividad y los talentos heredados por el clan. Indica la reputación y la imagen de la familia en el mundo. Simboliza, además de a los padres, a todas las personas del clan (hombres y mujeres) que definen los objetivos del grupo, la dirección a seguir o que ejercen el liderazgo a nivel familiar.

Luna. Es uno de los indicadores de la línea femenina de la familia (con Venus). Nos habla del arquetipo materno y de las madres en el sistema. Indica cómo se viven la maternidad y la infancia en el árbol. Describe la sensación de seguridad psicológica y emocional de la familia, desde el punto de vista del descendiente. La Luna despierta antiguos recuerdos familiares, a menudo inconscientes. Indica las lealtades familiares a las madres del sistema y las repeticiones inherentes a su simbolismo. También nos habla de las raíces, de la patria y del recuerdo evocador de la infancia. Es inestimable para estudiar la historia de las casas familiares.

Mercurio. Representa las generaciones horizontales del árbol y las relaciones de hermandad. Describe cómo se intercambia la información en el sistema, cómo se habla en la familia, con quién se hace. Por ejemplo, un trígono o sextil entre la Luna y Mercurio indica un buen diálogo entre hijos y madres o con las figuras maternas del árbol.

Mercurio es un indicador potencial de tabúes y secretos familiares. Describe la sociabilidad del grupo, su inteligencia, la vida intelectual, la relación con el estudio. Especifica cómo se utiliza el lenguaje en la familia. Se ocupa de las historias de amistad.

Venus. Indica las mujeres del clan, la línea femenina de la familia, los papeles asignados a las mujeres en el árbol y las opiniones sobre las mujeres que se transmiten en el clan. Indica cómo se expresa la afectividad. Es crucial para establecer el grado de autoestima de un individuo y de su clan. También es uno de los indicadores del mandato de pareja, y revela las repeticiones familiares o los programas genealógicos activos en este ámbito. Se ocupa de las historias de amor y pasión del árbol.

Marte. Describe a los hombres del clan, la opinión de la familia sobre los hombres, la capacidad del clan (hombres y mujeres) para reaccionar ante acontecimientos inesperados. Muestra la capacidad para afrontar problemas, contratiempos, derrotas. Nos cuenta cómo se expresa la ira, la competencia, la tensión en una familia. Historias de lucha, guerra, violencia (sufrida o perpetrada) de los antepasados. Es un indicador de conflicto tanto dentro de la familia (en aspecto con lo personal) como con el mundo exterior (en aspecto con lo social).

LOS PLANETAS SOCIALES

Los planetas sociales actúan como puente entre la familia y la realidad que la rodea. Describen, por lo tanto, el mundo exterior y el contexto social en el que está inserto el clan.

Júpiter. Describe los valores morales y religiosos de la familia (no la espiritualidad, asignada a Neptuno). Indica el sentimiento de confianza que se siente y se transmite en el árbol. Simboliza los maestros, las figuras educativas, los más generosos y protectores del clan (amigos de la familia, madrinas y padrinos…). El sentido de la verdad y la honestidad en la familia. El nivel de confianza y optimismo heredado. A veces puede indicar exceso de indulgencia. El planeta expande todo aquello con lo que entra en contacto en la carta, es neutro, no necesariamente benefactor.

Saturno. Indica la relación de la familia con la autoridad y la ley. Simboliza a quienes establecen y hacen cumplir las normas en el sistema. Describe los mandatos genealógicos, los vínculos, quién ejerce la función de juez interno en el clan. Representa a los ancianos de la familia, los patriarcas, pero también a los austeros, estrictos, rígidos. Cuenta historias de sacrificio, resistencia, superación y ambición; el sentido del deber y la responsabilidad familiar. Trae temas de privación, ya sea económica o emocional. Saturno aporta realidad a todo aquello con lo que entra en contacto.

LOS PLANETAS TRANSGENERACIONALES

Urano, Neptuno y Plutón, en aspecto con los planetas personales, nos cuentan las historias más importantes del árbol genealógico. Gracias a ellos emergen en una carta los grandes dramas vividos por una familia. Muertes trágicas, abandonos, desilusiones, problemas económicos, enfermedades, pero también talentos, creatividad, rebeliones. También nos hablan de vivencias de clanes muy antiguos y lejanos. Los estudiamos sobre todo por casa y aspectos; su signo nos interesa menos, al ser compartido por todas las personas nacidas en el mismo período.

Urano. Indica dinámicas familiares o personas del sistema que, en el árbol, han comportado apertura, nuevas visiones, crecimiento a través de la rebelión, renovación de modelos pasados (con la Luna, patrones maternales; con Marte, formas asertivas; con Venus, modelos de pareja...). Activa el cuestionamiento del sistema, puede llevar a la desconexión o a la exclusión. Representa situaciones imprevistas y desestabilizadoras que han cambiado la historia familiar. Simboliza los acontecimientos que marcan un antes y un después, las ovejas negras y los reformadores del árbol, los excluidos por ser diferentes. Los renegados y rebeldes. Los que se anticipan a los tiempos. Los que rompen con la tradición familiar. Los que renuevan del mito familiar. Los que promueven la libertad más allá de la censura.

Neptuno. Tiene la función de disolver, de fundir. Es un símbolo de espiritualidad, sensibilidad y creatividad en el árbol, de recuerdos antiguos, ahora vagos y olvidados. Señala, en un árbol, a las víctimas, a los excluidos por fragilidad, a los olvidados, a los invisibles en el sistema. Indica acontecimientos confusos, inciertos, misteriosos en la historia familiar. Muestra ensoñación, abandono, olvido, vaguedad, alejamiento de lo real, de lo intangible. Manifiesta los grandes sueños de la familia y a aquellos individuos que han ido tan lejos que han acabado perdiéndose (ilusiones, trastornos psíquicos, adicciones, alienación).

Plutón. Representa todo lo que en la familia es oscuro, alejado, secreto porque es doloroso o innombrable para el sistema. Tiene la función de transformar los esquemas familiares con los que entra en contacto, lo cual es más visible en sus aspectos con los planetas personales. Plutón activa la sombra familiar, el cambio doloroso o desestabilizador para la familia. El planeta simboliza el inconsciente familiar, los duelos, los abandonos, todo lo que permanece inexplorado para la conciencia; también el sentido de la muerte en el clan, los secretos de familia (más perjudiciales que protectores), los tabúes, el destino fatal, el poder y sus luchas, la manipulación y los manipuladores, el carisma; la sexualidad censurada y no concedida o abusada; los arrepentimientos, los conflictos relacionados con el dinero o la herencia, con el dinero que da poder. Plutón puede alcanzar una latitud muy amplia con respecto a la eclíptica y esto debe tenerse siempre en cuenta a la hora de analizar los aspectos que el planeta aborda en una carta.

Los planetas unidos a un ángulo de la carta, llamados angulares, adquieren una fuerza especial. Siempre nos dicen algo importante sobre la historia familiar a la que está vinculado el descendiente. Deben analizarse siempre con especial cuidado y atención.

Un planeta retrógrado, en cambio, describe algo a lo que, a nivel genealógico, hay que volver para darle una nueva lectura con respecto al pasado.

También es importante comprobar si un planeta está en un signo en el que se siente sobre todo cómodo (signo de domicilio o exaltación), si está en un signo menos afín (signo de exilio o caída) o si está en un signo neutro.

Como siempre, para realizar un análisis astrológico en profundidad es necesario observar la carta en su conjunto, nunca es posible analizar un solo planeta aislado del resto de la carta en la que se encuentra. La hora de nacimiento debe ser exacta, de lo contrario la carta no podrá interpretarse en profundidad.

QUIRÓN, LILITH Y ERIS

El asteroide *Quirón* nos habla de las heridas más profundas del árbol, aquellas que no pueden olvidarse ni aliviarse. Donde está Quirón, hay dolor antiguo y vulnerabilidad profunda. La primera herida quirónica es la del rechazo y el abandono de los padres. En un árbol, nos habla de aquellos que, en el Ascendente, se han sentido distintos, marginados, burlados, sin tener culpa de ello. Cuando entra en el aspecto personal, señala memorias de dolor aún activas, a las que estamos ligados de manera íntima como descendientes. Comprobamos qué figuras del árbol están más afectadas (con aspectos del Sol, los padres del sistema). Quirón nos habla de la transformación del dolor en toma de conciencia y comprensión profunda de los acontecimientos familiares. Con el tiempo, puede otorgar sabiduría y crecimiento espiritual. Debido a la peculiaridad de su órbita, el planeta no atraviesa los doce signos de manera homogénea, sino que lo hace en diferentes momentos y esto debe tenerse en cuenta en el análisis astrológico. Lo mismo ocurre con la oposición a Urano, que, debido a sus órbitas, se produce con frecuencia. Por lo tanto, tiene un significado generacional, a menos que se trate de un planeta personal.

Lilith, en cambio, nos habla de aquellos que han sido rechazados por el sistema familiar o por la sociedad, por ser rebeldes, diferentes, indisciplinados, ajenos a las reglas. Aquellos que, para ser ellos mismos, han tenido que desobedecer, y a veces aceptar el dolor del exilio, del alejamiento (físico o psicológico). Nos habla de aquellos que en el sistema entran en conflicto con la autoridad.

Es un punto astrológico importante que comprender si, en una carta, la desobediencia es necesaria para renovar las reglas familiares y los roles en el sistema. Puede indicar figuras del árbol que renuevan el mito familiar, incluso entrando en conflicto con quienes temen y se oponen al cambio. Indica una feminidad emancipada, independiente y libre. En este libro, siempre se hace referencia a Lilith como el apogeo lunar, en su movimiento medio y no en el real.

El asteroide *Eris* representa el arquetipo del conflicto y el caos. El mito cuenta cómo Eris, diosa de la discordia, se enfureció al no ser invitada a la boda de Peleo y Tetis (de la que nacería Aquiles). Todos los dioses del Olimpo habían sido invitados a la boda excepto ella. En venganza, en el banquete de bodas hizo rodar una manzana de oro por el suelo, diciendo que era para la más bella de los presentes. Aquello creó mucha discordia entre las diosas, que se pelearon entre ellas para conseguirla (en especial Hera, Atenea y Afrodita). Es un factor astrológico que, en el sistema familiar, puede señalar desequilibrio, caos y fuertes tensiones. Eris es una herramienta valiosa si estamos estudiando una familia especialmente conflictiva.

7

EL SOL

POR MAURO MALFA

EL SOL EN LA ASTROGENEALOGÍA

El Sol es uno de los indicadores de la línea masculina del árbol y, en general, señala el arquetipo paterno y el papel de los padres en la familia. El Sol en un árbol nos muestra quién fija los objetivos del clan, quién lo guía, quién expresa mejor su creatividad. Si está lastimado, puede indicar frustraciones o problemas no resueltos relacionados con estos temas.

El Sol tiene en sí mismo, de un modo potencial, la transmisión de la energía más propulsora y vital de los miembros del grupo. El sistema familiar está siempre comprometido en diferentes frentes genealógicos, y esto explica que incluso dentro de una misma generación, o entre hermanos y hermanas, existan profundas diferencias en el proyecto y el papel familiar, que el Sol expresa a través de su posición y sus aspectos. El árbol elige, de alguna manera, entre sus miembros, las líneas de lealtad que se desarrollan entre padres e hijos, entre los antepasados y sus descendientes. Con el Sol, nos hablarán de identidad, objetivos y expectativas. Cada miembro del clan tendrá, por lo tanto, su propia tarea, camino y retos que afrontar.

El Sol también indica la calidad de las relaciones con los padres en el sistema y cómo son capaces o no de desempeñar este importante papel de guía. Un árbol con padres afectivos y presentes será muy diferente de una familia en la que los padres sean frágiles, estén ausentes o hayan abandonado a los suyos.

Siguiendo el concepto de cronología familiar, también debe tenerse en cuenta la edad a la que uno se convierte en padre en el árbol: ser un padre joven o más maduro puede cambiar la actitud y las expectativas hacia los hijos.

El recorrido aparente del Sol alrededor de la Tierra, es decir, su trayectoria sobre la eclíptica, define los doce signos del zodíaco, cada uno de los cuales representa una modalidad energética que puede aportar una cantidad considerable de información sobre los arquetipos activos en el sistema familiar.

Si tenemos en el árbol una prevalencia del Sol en signos de Fuego (Aries, Leo y Sagitario), tenderemos a estar en presencia de individualidades apasionadas, dispuestas a luchar por un objetivo, y que sufren una gran frustración si no lo consiguen. El Sol en signos de Tierra (Tauro, Virgo y Capricornio) da una fuerte tendencia a expresarse de un modo concreto, y a apoyar a la familia sobre todo desde el punto de vista material o en los cuidados. El Sol en Aire (Géminis, Libra y Acuario) aporta la manera de socializar, el bagaje cultural e intelectual, la capacidad de afirmarse a través de oficios o actividades relacionadas con la comunicación. Por último, para el clan con predominio de la luminaria en Agua, existe una fuerte aptitud para crear conexiones emocionales con los demás.

El punto de vista astrológico es siempre geocéntrico y no heliocéntrico. El Sol es, sin embargo, el centro energético del sistema solar, fuente de luz y calor. Por analogía, el Sol representa, en la astrología humanística, el proyecto de individuación personal y simboliza el camino del Héroe, que cada persona está llamada a completar en su vida.

Sin embargo, a menudo se hace demasiado hincapié en la centralidad del Sol en la carta astral, cuando en realidad tiene el mismo valor que la Luna. Además, la cultura patriarcal ha acentuado esta distinción entre las dos luminarias, como si la Luna tuviera menos relevancia. Pero desde la perspectiva astrológica y astrogenealógica no es así y existe una paridad total entre ambas. De ahí que comprendamos cómo las funciones de las luminarias están muy condicionadas por la sociedad y sus valores (deportivos, roles familiares, expectativas laborales...). Fuera de la cultura occidental moderna, encontramos una llamativa representación de mitos de otras épocas y culturas, en las que se habla de heroínas femeninas solares y héroes masculinos lunares.

La relación que se establece en el seno de la familia y las pautas que se transmiten conforman el ego de cada uno de los descendientes. La relación entre el Sol y los demás planetas en la carta astral muestra retos en áreas específicas de la vida, siempre siguiendo las lealtades y las «reglas del juego» aprendidas del clan.

El verdadero reto no es rebelarse contra el papel heredado, sino afrontarlo de la manera que mejor se adapte a la personalidad y vocación de cada uno.

Todos los aspectos que los planetas forman en la carta, incluidos los del Sol, nos hablan de las relaciones con los miembros de la familia, con las figuras que gravitan en torno al clan (profesores, amigos de la familia, suegros) y con el resto del mundo. Las cuadraturas y las oposiciones pueden indicar relaciones más ásperas, tensas o conflictivas, mientras que los trígonos y los sextiles nos hablan de relaciones más armoniosas y relajadas. Las conjunciones, en cambio, siempre deben evaluarse caso por caso.

En la astrogenealogía moderna siempre es importante no asignar de forma arbitraria roles de género a las dos luminarias. El Sol y la Luna, como cualquier otro planeta, no tienen un género sexual predefinido y, en una carta astral, indican quién ocupó el rol y desempeñó las funciones en el árbol.

El enfoque astrogenealógico representa una extraordinaria posibilidad de liberación de los estereotipos de género, que puede permitirnos por fin ver a los individuos como lo que realmente son: seres únicos y originales.

Uno es fruto del reparto familiar y de la herencia, pero las formas en que vivimos y actuamos siguen siendo absolutamente personales.

EL SOL Y LA FAMILIA DE ORIGEN

El Sol habla del sentido de identidad de la familia y puede indicar la expresión coral del grupo, la capacidad de proyectarse al exterior, el deseo de mostrarse al mundo.

Los dos principios, el lunar y el solar, van siempre de la mano. El primero garantiza el amor incondicional, los cuidados, la sensación de seguridad, la profundidad emocional y la intimidad que uno aprende a alcanzar en la vida.

El principio solar, en cambio, otorga el amor condicional, el principio de separación e identidad, el deseo de consagrar la propia singularidad.

La función de expansión, confianza y amor lunar se contrapone al concepto de guía, de autoridad solar. Las figuras de los padres son símbolos portadores de la historia materna y paterna del árbol y, en el mejor de los casos, continuadores de su epopeya. El Sol cuenta cómo se transmite la fuerza vital en la familia y cómo se desarrolla la personalidad en armonía con los valores del grupo.

LOS ASPECTOS ENTRE LAS LUMINARIAS

El Sol y la Luna representan el arquetipo del matrimonio interior, entre *anima* y *animus*, la boda sagrada y la unión alquímica que da plenitud al individuo.

Los aspectos entre el Sol y la Luna también pueden ofrecernos indicaciones sobre cómo era la relación entre los dos progenitores. Si las dos luminarias están unidas por un trígono, la relación entre los padres se habrá percibido como serena y sin fricciones particulares. Un trígono, de hecho, es un aspecto armonioso, que une planetas del mismo elemento, que pueden comunicarse fácilmente entre sí. Un sextil también puede darnos indicaciones de este tipo. Si el Sol y la Luna están en oposición, podemos tener diferencias fundamentales entre los dos padres, que se percibirán como opuestos y distantes en sus creencias. Esto puede indicar una pareja muy cómplice en su diversidad o, en el extremo opuesto, una pareja que se aleja y se enfría. Un Sol opuesto a la Luna puede indicar una personalidad dividida entre los deseos que provienen de la esfera lunar y los que surgen del lado solar.

La cuadratura, por el contrario, indica un aumento de la tensión, que a veces puede desembocar en conflictos o señalar un clima familiar incómodo o agotador.

LOS ASPECTOS CON LOS DEMÁS PLANETAS

En la astrología clásica, se concedía gran importancia a los aspectos principales que los planetas formaban entre sí. Entre ellos, se consideraban positivos o armoniosos los trígonos, los sextiles y, a veces, las conjunciones. En cambio, los aspectos negativos o dinámicos se indicaban mediante las cuadraturas y las oposiciones.

En la astrología moderna, esta clara distinción ya no se considera válida. Se razona en términos de flujo de energía y comunicación, donde un aspecto dinámico se ve como un bloqueo y un aspecto armonioso como un flujo de energía entre dos planetas. En la interpretación de la carta radix, se puede encontrar, por ejemplo, que un aspecto dinámico es tan útil como uno armonioso.

Si hay muchos aspectos dinámicos en la carta astral, las energías no están disponibles de inmediato, porque están bloqueadas, pero también representan un potencial energético y evolutivo muy elevado. Por este motivo, en los párrafos siguientes se enumerarán los aspectos y su significado general. Sólo un análisis más profundo de la carta astral podrá revelar, caso por caso, el potencial de desarrollo individual.

LOS ASPECTOS SOL/MARTE: ALCANZAR OBJETIVOS

Los aspectos entre el Sol y Marte representan las actitudes que nos han sido transmitidas desde el árbol relacionadas con la competitividad, el deseo de afirmación, la capacidad de defensa –personal y del clan– y la capacidad de reacción ante la adversidad.

El Sol nos habla de los objetivos del clan, Marte de su capacidad para alcanzarlos y lograr afirmarlos. Los aspectos entre estos dos planetas nos hablarán, por lo tanto, de las posibilidades de éxito de esta acción (si triunfa o fracasa, y si genera frustración o inseguridad).

Los aspectos Sol/Marte también nos hablan de las personas de la familia que tuvieron que luchar, esforzarse y reaccionar. Esto puede ser un ejemplo extraordinario para los descendientes y también influye mucho en el mito familiar y en la definición de la identidad del grupo.

UNA FAMILIA MARCIAL

Relatamos el caso de una familia en la que el abuelo, cuyo nombre ficticio es Ignazio, había servido como suboficial en un cuerpo de policía.

Ignazio tenía en su carta un aspecto de Sol en cuadratura en Marte, una energía muy afirmativa y poderosa que era muy útil en su trabajo, pero que se desataba, sin mucho autocontrol, incluso en los momentos de convivencia familiar. Así, Ignazio podía volverse autoritario, marcial y extremadamente competitivo y agresivo. La imagen de impecable eficacia que mostraba en el exterior, en sociedad, se transformaba en el ámbito doméstico en una especie de *dominus* que dejaba poco espacio a la expresión de sentimientos y gestos afectivos.

Su hijo mayor, al que se le habían confiado todas las expectativas para la continuación de la tradición militar de su padre, interpuso distancia con el modelo paterno y, aunque ejercía la misma profesión, había logrado seguir un camino personal diferente. Cosimo, éste es su nombre, cuyo Sol estaba opuesto a Marte, aceptó el desafío de su padre y se alistó como voluntario en el ejército. Dio inicio a una carrera militar que le llevaría, en pocos años, a acumular mucha experiencia, en especial en misiones de mantenimiento de la paz en Oriente Medio. Consiguió avanzar en su carrera y alcanzo el grado de subteniente. Como vivía principalmente en el extranjero, Cosimo no tenía tiempo de crear su propia familia estable. De una relación nació una hija, Anna. Fue ella quien, poco después de cumplir la treintena, solicitó una consulta astrogenealógica para saber más sobre las dinámicas de su familia. Anna habló de la relación con su padre, una relación demasiado esporádica y fragmentada. Le habría gustado verle más a menudo, aunque durante sus escasos encuentros con él experimentó a un padre que, no obstante, siempre se mostró afectuoso e interesado por su vida.

Un Marte, el de Cosimo, actuaba muy externamente, proyectado en el trabajo, hacia el enemigo potencial, lo que le permitió aprender –y, con él, también el árbol genealógico– a gestionar mejor este aspecto tan competitivo, sin llevarlo nunca a los excesos en su vida personal. Anna, como sello del trabajo realizado por su padre, presentaba en su carta astral un Sol trígono en Marte, aspecto favorable que le permitía contar con una gran reserva de energía y optimismo y un sano deseo de afirmación personal. Este armonioso aspecto era el resultado del trabajo realizado por Cosimo, que había aprendido mucho de los errores de su padre. La agresividad se convirtió en afirmación profesional, lo que lo llevó a viajar por el mundo. Al hacerlo, se conoció mejor a sí mismo y logró dar a su hija un talento que le permitió expresar el aspecto Sol/Marte de una manera completamente diferente. Anna, de hecho, ha estado muy implicada en el deporte, en las artes marciales, que la han llevado a importantes logros competitivos a nivel nacional, algo que la familia siempre ha apreciado.

Los temas de este aspecto también pueden expresarse con la presencia de un Sol en Aries o en la primera casa.

LOS ASPECTOS SOL/JÚPITER: LA EXPANSIÓN DE LOS LÍMITES

Nos encontramos en un aspecto entre un planeta personal, el Sol, y un planeta social, Júpiter. La identidad y los objetivos del clan se relacionan con los valores morales de la realidad en la que vive la familia. Júpiter representa la mirada más allá del horizonte, el deseo de ampliar los propios límites, apoyado por una inagotable fascinación por la aventura y un irrefrenable optimismo y confianza en los propios medios, a veces rayana en la sobreestimación.

Esto puede llevar al Sol a cometer errores o a dar pasos en falso debido a un exceso de confianza en sus propios medios.

Las personas de la familia con aspectos Sol/Júpiter pueden indicar figuras que asumen un papel de maestría o liderazgo para el clan. Pueden ser figuras religiosas o con valores morales muy elevados. El aspecto puede indicar miembros de la familia que sienten que tienen una misión importante que cumplir, imbuidos de altos ideales y perseguidos por una audacia que a veces raya, como se ha visto, en el exceso de confianza en sus propias capacidades. Esto puede conducir a contratiempos financieros o a asumir riesgos innecesarios. El sentido de la aventura puede llevar a los padres tan lejos en sus hazañas como para activar el arquetipo de Zeus, en el que son altamente idealizados, imposibles de emular, amados por su magnificencia; también admirados por la elevada carga ideal que expresan. Estos padres olímpicos, sin embargo, tienen la mirada siempre desviada y pueden ser padres distraídos, ausentes y faltos de atención para sus allegados, para sus hijos. Esto puede convertirlos en figuras perseguidas durante toda la vida. Con los aspectos discordantes Sol/Júpiter, si la carta confirma esta tendencia también con otros factores, podemos encontrarnos con ludópatas, jugadores que dilapidan la fortuna familiar o que caen la adicción, calculando mal sus límites físicos o su capacidad de autocontrol.

Los temas descritos también pueden ser recogidos por la presencia de un Sol en Sagitario o en la novena casa.

LOS ASPECTOS SOL/SATURNO: EL SENTIDO DEL DEBER

Con los aspectos Sol/Saturno, el arquetipo paterno se encuentra con el planeta de la responsabilidad. Estos aspectos están relacionados con los principios de determinación, autoridad y control. Saturno es el planeta que representa el mandato familiar, por lo que siempre ejerce una atracción hacia las cuestiones relacionadas con el sentido del deber.

El principio de autoridad puede reforzar la identidad del sistema o endurecerla en exceso, según los aspectos.

Cuando un tema Sol/Saturno es dominante en la línea familiar, puede representar el sello distintivo de una familia patriarcal, o muy estructurada, en la que se impone la autoridad. Los valores saturninos se convierten en las costumbres y tradiciones del clan, a menudo austero y frugal. Esto es así hasta la aparición de un uraniano, un reformador o una oveja negra que los desafiará con fuerza.

La familia puede experimentar un enfriamiento de las relaciones personales con los padres del sistema y desarrollar una fuerte ambición. Esto puede hablar de un mito familiar muy apegado al trabajo duro, que incluso les lleva a ignorar los propios límites físicos y emocionales.

Los valores familiares son conservadores, estrictos, a menudo orientados hacia lo material. Se desaconseja la ostentación de logros, así como dejar volar la fantasía.

Este aspecto crea lazos familiares fuertes y resistentes. Cuando se desencadena un patrón Sol/Saturno, se repetirá en generaciones sucesivas y sólo un gran esfuerzo de concienciación puede romper su poder coercitivo.

El peligro, para la familia saturnina, es alejarse de los sentimientos y las emociones. Con estos aspectos, a menudo debe fomentarse la expresión de las emociones entre los miembros de la familia.

LA HISTORIA DE BARBARA: NO BASTA UN OCÉANO DE POR MEDIO

Un ejemplo de mandato familiar coercitivo en extremo procede de una consultante que se queja de problemas de relación con su madre y con su pareja.

Barbara, ahora en la cincuentena, dejó Milán a los veinticuatro años para trasladarse a una isla española, popular destino turístico en el Atlántico, donde montó un negocio. Impulsada por un Sol en Capricornio que reclama autonomía –pero lastrada, como hija única, por la carga de expectativas que su familia había depositado en ella–, sintió la necesidad de establecer su independencia poniendo la mayor distancia posible entre ella y sus padres.

También es destacable la presencia de Saturno en la octava casa. El mandato familiar está relacionado con la gestión de la herencia del clan y con la toma de conciencia de lo que se oculta en la cripta familiar. Barbara debe sacar a la luz los contenidos más difíciles que han afectado a las generaciones precedentes y que, por ello, han sido removidos y se han deslizado entre las sombras familiares.

La revelación de los hechos es el principio de la sanación del árbol, que debe comenzar necesariamente, en el caso de Barbara, por un trabajo astrogenealógico sobre su propio rol familiar. Sobre lo que se le pide que haga, es decir, que asuma la carga de ser la «guardiana de la cripta» que no niega ni descarta el problema, sino que busca comprender su origen y superarlo. Para ello, ha decidido apoyarse en una vía astrogenealógica.

Los padres siempre han tenido una relación tensa y conflictiva entre ellos. El padre, Pietro, tiene el Sol y Saturno en conjunción en su carta astral. De hecho, aunque Barbara lo consideraba la figura más protectora de la pareja parental, nunca expresó ningún gesto de ternura o afecto hacia ella. «Mi padre», dice, «es reservado, silencioso, siempre parece enfadado». Sin embargo, añade: «Siempre me ha demostrado su afecto y su cariño con gestos prácticos y regalos materiales, por ejemplo, obsequiándome con monedas de oro en los cumpleaños u ofreciéndome una importante ayuda económica para comprar una casa». La manera en que Barbara recibió el afecto de su padre es típica del progenitor saturnino. En su carta astral encontramos un Sol en Capricornio, en cuadratura con Saturno en Aries. Es evidente que existe un modelo familiar, que se transmite de generación en generación, que favorece una concepción demasiado material y sobria de la vida, y que pretende concentrarse en cuestiones no afectivas, sino más relacionadas con el dinero y la consecución de éxitos económicos. La cuadratura indica cómo, sin embargo, esto también genera rigidez y dificultades en las relaciones familiares.

La relación de Barbara con su madre siempre ha sido muy conflictiva y esto es, sobre todo, lo que la llevó a mudarse tan lejos de casa.

La madre, Cecilia, tiene un quincuncio de Sol en Saturno en su carta astral, aspecto indicativo de un bloqueo energético y emocional que viene de lejos, relacionado con su árbol genealógico. Es un aspecto que a menudo provoca frustración e inquietud.

El deseo de reafirmarse y demostrar a sus padres que era independiente y capaz de construir una vida por sí misma acabó llevando también a Barbara a concentrarse tanto en su trabajo que sacrificó la búsqueda de una pareja con la que pudiera construir una relación estable o una familia.

Es probable también que el modelo de relación tan conflictiva que vivieron sus padres la hiciera algo «alérgica» a las relaciones matrimoniales.

A los cuarenta y cuatro años, Barbara sintió un fuerte deseo de ser madre, pero, al no tener una relación estable, decidió recurrir a la inseminación artificial y, tras dos intentos fallidos, consiguió quedarse embarazada.

El esperma fue donada por su socio y antiguo amor. A pesar de ello, Barbara claro que ya no vivirán juntos como pareja, aunque compartan la misma casa para dar a su hija la sensación de una familia «unida». La convivencia se convirtió de inmediato en una fuente de peleas constantes entre ella y Tony. Elena, la hija, fue testigo y experimentó ese conflicto a diario. Hay, pues, una evidente repetición familiar entre lo que Barbara vivió en su infancia y lo que afrontaba su hija.

Barbara no estaba satisfecha con su vida y empezó a sufrir trastornos psicosomáticos bastante debilitantes. Para encontrar una salida, recurrió a la astrogenealogía. Durante la consulta resultó que su pareja también mostraba una cuadratura del Sol en Saturno en su carta radix. Por tanto, de alguna manera había llegado a esta familia para volver a representar el mismo patrón parental.

Elena, la hija de Barbara, que en el momento de la consulta sólo tenía nueve años, también tenía un aspecto de cuadratura de Sol en Saturno, además de otra cuadratura entre Sol y Luna, que mostraba un conflicto entre los padres. Se trataba de repeticiones que parecían estadísticamente increíbles, pero que quienes se dedican a la genealogía encuentran con frecuencia.

El modelo Sol/Saturno confiere al sistema una resistencia extraordinaria, pero también rigidez e incomunicación, con conflictos continuos y agotadores para todos. Sólo con un profundo trabajo de excavación y sanación de la experiencia transgeneracional puede llevar a trazar el camino de las enrevesadas y persistentes dinámicas psicológicas familiares y desactivarlas.

Los temas descritos anteriormente también pueden ser retomados por la presencia de un Sol en Capricornio o en la décima casa.

LOS ASPECTOS SOL/URANO: CREATIVIDAD Y PENSAMIENTO LIBRE

Los aspectos entre el Sol y Urano activan modelos de familias ampliadas, nuevas, en movimiento, en las que la identidad de grupo permite a los individuos expresar su individualidad o inconformismo, aunque ello implique no siempre respetar las tradiciones y costumbres del sistema de origen. Se anima a las personas, desde una edad temprana, a ser independientes y libres en su manera de pensar, hasta el punto de que a menudo se alienta y fomenta el abandono del propio grupo familiar. Sólo en el caso de aspectos discordantes puede manifestarse un cierto cansancio del sistema hacia estos miembros tan libres y, por ello, sentidos como desestabilizadores e incontrolables. En estos casos, puede desencadenarse el juicio o la exclusión.

El arquetipo paterno, con este aspecto, puede renovar de forma profunda los modelos asociados a este papel que se han heredado del pasado.

La figura paterna puede ser muy alternativa, libre, rebelde a las normas e inconformista. Con aspectos armónicos, estos padres pueden enseñar y transmitir el amor a la libertad y desempeñar profesiones innovadoras y creativas que activan energías nuevas y estimulantes.

Con aspectos discordantes, en cambio, podemos tener padres poco tranquilizadores, discontinuamente presentes o distantes o alejados en el plano emocional. En estos casos, la familia puede tener dificultades para compartir emociones y sentimientos. La impresión es la de estar en un puerto de mar, donde cada miembro atraca para «repostar» e intercambiar anécdotas e historias curiosas y creativas que contar antes de emprender nuevas aventuras.

La energía de este aspecto favorece la libre expresión de los pensamientos en todos los ámbitos de la vida, desde el trabajo hasta las relaciones.

Dentro del grupo, las cualidades más valoradas son la creatividad, el pensamiento inconformista y el activismo político o social. La imagen que se da al exterior es muy dinámica: a veces, es bien recibida por el mundo circundante; otras, sin embargo, puede generar cierta cerrazón o desconfianza.

Los temas descritos anteriormente también pueden ser retomados por la presencia de un Sol en Acuario o en la undécima casa.

LA HISTORIA DE MARCO

Marco, un hombre de cincuenta y cinco años, solicita una consulta astrogenealógica tras descubrir un dato importante sobre la vida de su padre, Davide.

La historia había comenzado unos años antes, cuando de repente se había extendido el rumor de un secreto que el padre de Marco había ocultado a su familia durante toda su vida. Marco se había sentido intrigado e incluso un poco preocupado, pero nunca había querido averiguar su veracidad. Todo se lo había tomado como un cuento de fantasía.

Su padre era un arquitecto urbanista consagrado que, por su profesión, viajaba mucho y se desplazaba a menudo al extranjero, incluso durante largas temporadas. Con este trabajo, garantizaba a la familia una cierta holgura económica.

La personalidad sensible de Marco, un Sol en Cáncer, se resintió por estas largas ausencias y, con el paso de los años, el niño desarrolló un profundo sentimiento de soledad (también era hijo único). Sin embargo, su Sol también estaba en sextil a Urano, sensible, capaz de captar la necesidad de libertad de su padre. De hecho, siempre le habría gustado seguir a su progenitor en sus viajes, algo que nunca había sucedido.

El Sol de Davide en Sagitario, en la novena casa, trigonal a Urano, estaba predispuesto por naturaleza a viajar y encontró una expresión perfecta en su trabajo, que también llevó a cabo en países extranjeros. Era un Sol dinámico y abierto, también muy inconformista en su pensamiento. Saturno en conjunción con Venus en Acuario, en la undécima casa, complementaba su talento profesional con una gran vena creativa, pero desde el punto de vista emocional lo anquilosaba y lo convertía en alguien seco a la hora de expresar sus emociones. Marco había crecido con un padre que volvía a casa unos dos fines de semana al mes, dejándolo, el resto del tiempo, con su madre, con la que tenía menos intereses en común. A Marco le encantaba estar con su padre: le gustaba su carácter, sus testimonios siempre nuevos y estimulantes, sus historias relacionadas con el trabajo. Esa afinidad está indicada en la carta astral de Marco por el Sol en la quinta casa, en conjunción con Mercurio.

Siguiendo los pasos de su padre, y repitiendo profesión, Marco también había elegido ser arquitecto, también ayudado por su Ascendente en Acuario. La profesión se adaptaba a su signo en Cáncer y, con el tiempo, le había llevado a especializarse como diseñador de interiores.

Cuando Davide se jubiló, siguió viajando con frecuencia y regularidad a Francia, el país donde se habían producido la mayoría de sus viajes de negocios en años anteriores. Davide justificaba sus constantes viajes por el hecho de que la empresa, a pesar de su jubilación, seguía necesitando su ayuda. Esta fuerte dedicación al trabajo parecía algo exagerada a los ojos de Marco, aunque en el fondo nunca le había dado especial importancia. Cuando Davide murió, todos los rumores que habían circulado durante años sobre él encontraron por fin una explicación. De hecho, tras la muerte de su padre, Marco supo, gracias a los relatos de algunos familiares, que su padre había tenido otra pareja en Francia durante muchos años. Todavía no sabe si de esta larga unión nacieron también hermanos o hermanas. Su hermoso Sol en sextil a Urano sin duda les daría la bienvenida. El sentido de familia extensa siempre está presente en las personas con aspectos Sol/Urano, como en el caso de este padre y su hijo.

ASPECTOS SOL/NEPTUNO: EL SACRIFICIO DEL PADRE

Los padres de sistema con estos aspectos pueden ir en distintas direcciones. Por un lado, pueden hablarnos de modelos familiares muy cohesionados, unidos de manera afectiva y espiritual (sobre todo con aspectos armónicos). Los padres pueden ser quienes transmitan la emotividad del grupo, quienes mantengan a todos cerca y creen un vínculo sentimental profundo y compartido. El tono emocional de la familia, en estos casos, siempre es alto y las decisiones siempre se evalúan también en función de su impacto en todo el grupo, emocional y psicológicamente.

Con Neptuno, a veces, el arquetipo paterno también puede haber estado ausente, distante, sintiéndose los hijos invisibles y no vistos a ojos del progenitor que, por lo tanto, no les ayudó a definir su identidad. Son situaciones que, en el árbol, también pueden haber causado un profundo dolor y sufrimiento. También puede haber en la familia padres abandonados o frágiles y enfermos.

La identidad de clan siempre tiene una nota creativa y poética, pero también mística, metafísica y trascendente. En algunos casos podemos tener padres muy visionarios, empáticos y creativos. Ante el dolor, la familia se une. Es un Sol que sabe captar y acoger el sufrimiento y no le tiene miedo.

Para encontrar la propia identidad, con estos aspectos, a veces es necesario poner un cierto distanciamiento emocional entre uno mismo y el clan. El riesgo, en caso contrario, es el de la aniquilación. A menudo, el rescate viene de fuera, con el injerto, a través de relaciones sentimentales o de amistad, de personajes muy sólidos y concretos, quizá con fuertes valores terrestres en su temática.

MASSIMO Y EL PADRE AUSENTE

Éste es el caso de un hombre de unos cincuenta años, cuya carta astral muestra el Sol y Neptuno conjuntos en el signo de Escorpio. Massimo se queja de una grave y profunda crisis personal, debida a la convicción de que no ha hecho nada bien en su vida. «No tengo familia, ni una posición social decente, ni un trabajo que me satisfaga», confiesa en la reunión.

Su padre, Franco, siempre sufrió arrebatos violentos hacia su mujer y sus dos hijos, sobre todo cuando bebía. Sus sueños de ser cantante (tenía una hermosa voz de tenor) se vieron frustrados por la necesidad de mantener a la familia. «Era el único capaz de llevar un sueldo a casa», señala Massimo.

La madre, María, también tuvo un padre con tendencia alcohólica, que le pegaba cada vez que llegaba borracho a casa. Ella también tenía Sol y Neptuno conjuntos en Libra, y procedía de una herencia familiar llena de sacrificios y frustraciones. Inconscientemente, María puso en práctica una repetición del patrón que ella experimentó, transmitiéndoselo a su hijo, tanto de una manera astrológica como a modo de ejemplo paterno.

Tras algunas investigaciones, Massimo descubre que su abuelo paterno, Giuseppe, se había llevado consigo a Venezuela a uno de sus tres hijos, el pequeño Giovanni, separándose de su mujer y de sus otros dos hijos. Entre ellos estaba Franco que, en aquel momento, sólo tenía siete años (el momento de crecimiento que ve la primera cuadratura de Saturno a sí mismo). Franco también muestra en su carta un Sol en Capricornio, trigonal a Neptuno. Este aspecto nos habla de un padre ausente, idealizado, que ha decidido romper su familia y marcharse, dejando a los demás hijos huérfanos de padre.

Franco, al no haber tenido una figura paterna de referencia, creció sobreprotegido por una madre fuerte y normativa y, cuando se vio en la necesidad de ser padre él mismo, se derrumbó, eclipsándose en un mundo propio. Un mundo lleno de rabia por haber sido abandonado por su padre, de frustración por haberse visto obligado a no seguir su propia vocación artística, y de incapacidad porque nadie le había enseñado a ser padre. En este clan se hizo difícil tanto definir su propia identidad como afirmarse en su profesión. Franco experimentó emociones fuertes y negativas, que le llevaron a un aislamiento cada vez más profundo. La sensación de impotencia y rabia se anestesiaba en la adicción al alcohol.

Otras investigaciones genealógicas mostraron que el padre de María, Alcide, también tenía una cuadratura del Sol a Neptuno, y quedó huérfano de padre a los cinco años. Confirmando así la herencia ancestral de ambas familias hacia la pérdida del padre, con la consiguiente incapacidad de tener un modelo masculino. Todo ello condujo al abuso de los anestésicos más fáciles de conseguir en aquella época: el alcohol y el tabaco. El lento y laborioso trabajo de recuperación, combinado con las técnicas de sanación de las que hablaremos en el último capítulo, está ayudando a Massimo a redescubrir e integrar la parte paterna, masculina y vacante de su genograma. Los temas descritos anteriormente también pueden ser retomados por la presencia de un Sol en Piscis o en la decimosegunda casa.

LOS ASPECTOS SOL/PLUTÓN: LA VOLUNTAD DE PODER

En este caso, el arquetipo paterno está envuelto en tonos más oscuros o inquietos, lo que puede conectar a algunos padres del sistema con la sombra familiar o con partes de la historia familiar ocultas. También puede haber partes de la vida de los padres que no se conozcan o a las que no se pueda acceder. A veces, la impresión puede ser la de vivir con figuras parentales con emociones muy intensas, que de manera consciente o inconsciente ocultan sentimientos censurados o secretos inconfesables. Todo ello puede referirse a situaciones reales o expresarse en ámbitos psíquicos o emocionales. En el árbol, algunos padres del sistema también pueden haber ejercido una fuerte capacidad manipuladora (sobre todo con aspectos discordantes).

En la historia de los padres también podemos encontrar grandes traumas familiares, como duelos no tramitados, abandonos, situaciones trágicas o muy dolorosas. Sin embargo, cuando el árbol genealógico llega a expresar descendientes con aspectos Sol/Plutón, o con fuertes valores en Escorpio o en la octava casa, también puede significar que el sistema necesita someterse a una profunda transformación. Existe la necesidad de procesar y superar cuestiones no resueltas del pasado o de revelar aquellos secretos que han socavado los cimientos del clan, sofocando la energía creativa y solar de sus miembros. También es posible que haya que transformar de un modo radical los propios modelos asociados a la paternidad. La propia identidad del clan se ve afectada.

La llegada de descendientes con aspectos Sol/Plutón indica que el clan necesita volver a ser fértil y capaz de generar nueva energía y savia para el árbol; en algunos casos, como respuesta a bloqueos psicológicos a veces tan importantes que también afectan a la esfera sexual.

Con este aspecto, existe una conexión entre el inconsciente personal y el inconsciente familiar que es extremadamente poderosa, subliminal, y puede transmitir los «esqueletos del armario» de generación en generación, incluso sin que se hable de ello de forma clara y abierta.

Será la naturaleza del aspecto, armonioso o dinámico, la que indique el tipo de papel que desempeñará el recién llegado. Con conjunciones, trígonos y sextiles habrá descendientes capaces de gestionar sus fuertes energías y carisma para disolver tabúes, superar experiencias dramáticas y liberar al clan de los fantasmas del pasado. Figuras que también pueden convertirse en catalizadores o portavoces del sistema familiar.

Los aspectos dinámicos, como las cuadraturas y las oposiciones, por el contrario, nos hablarán de individuos que quizá permanezcan más enredados en temas de poder y manipulación, mientras mantienen intacta la cripta familiar, con todos los secretos bien guardados que contiene. Las profesiones relacionadas con este aspecto son la investigación, la psicología y la terapéutica.

LOS ASPECTOS SOL/QUIRÓN: CICATRIZAR LAS HERIDAS

El Sol entra en contacto directo con el arquetipo del dolor y las heridas irremediables, con las que sólo se puede aprender a convivir, sacando fuerza y conocimiento. Es «el sanador que no puede curar». La figura paterna transmite aquí una herencia valiosa y desafiante, que consiste en asumir la herida transgeneracional del grupo para sanarla. Se trata de una tarea que sólo unos pocos individuos del clan están capacitados para llevar a cabo; para poder hacerlo debe existir una sensibilidad especial hacia el dolor ajeno. Saber reconocerlo y compartirlo, y luego intentar sanarlo o aligerarlo junto con el antepasado herido.

Hay profundas habilidades de sanación y comprensión del dolor ajeno que provienen de este aspecto. Un talento que tiene el potencial de profundizarse sobre todo cuando se cultiva y desarrolla a través del estudio, el conocimiento y la práctica.

En el mito, Quirón tiene dos heridas profundas en su interior. La primera, la más grave, le es infligida cuando, al nacer, sufre el abandono paterno, un acontecimiento muy traumático. Es rechazado por su aspecto, tanto por su padre, el dios Saturno/Kronos, como por su madre, la ninfa Filira. La segunda herida la sufre en la edad adulta, cuando es atravesado en la rodilla, por error, por Heracles/Hércules, con una flecha mojada en el terrible veneno de la Hidra. A partir de entonces, Quirón sufre dolores atroces, que no puede curar a pesar de toda la ciencia médica que había aprendido. Al ser inmortal (era hijo de un dios) su dolor está destinado a no terminar nunca.

Por lo tanto, Quirón simboliza tanto una herida del alma como una herida del cuerpo, y ambas son muy pesadas y muy difíciles de soportar. Por eso, los aspectos Sol-Quirón también pueden hablarnos de familiares extremadamente fuertes y resistentes al dolor. Un dolor heredado, sufrido, compartido.

Al final, Quirón encontrará una solución, cambiando su inmortalidad por la mortalidad de Prometeo. Así, por fin tendrá derecho a morir y poner fin a su sufrimiento.

Entre los muchos significados que pueden extraerse de este episodio, el más importante es que, a pesar de todos los conocimientos que uno posea, en un determinado momento de su existencia puede ser necesario iniciar un trabajo transmutativo, de transformación total, en completa discontinuidad con el pasado.

La muerte de Quirón borra las heridas, regenera del todo el alma y la libera del dolor. Un dolor que no puede superarse sólo con el ejercicio del conocimiento científico, sino que debe pasar también por un camino espiritual.

LOS ASPECTOS SOL/LILITH: DESOBEDIENCIA Y LIBERTAD

El arquetipo paterno encuentra en estos aspectos el de la revuelta y la libertad más irreverente. Los aspectos armónicos pueden hablarnos de un sistema familiar autónomo, independiente en su pensamiento, capaz de desobedecer y renunciar a la aprobación del mundo si lo considera necesario. Los padres pueden haber sido ejemplos y modelos de esta actitud libre y a veces incluso molesta a los ojos del mundo (padres inconformistas, rebeldes, muy independientes). Dan a su descendencia un importante ejemplo de libertad personal e intelectual.

Con aspectos disonantes, el encuentro entre el Sol y Lilith puede indicar un diálogo menos fácil, en el que los padres del sistema quizá se sintieron juzgados, rechazados y esto pesó de manera negativa sobre la identidad del sistema familiar. Por lo tanto, puede señalar heridas en el clan vinculadas a situaciones de exilio, alejamiento o exclusión.

Lilith actúa como principio femenino, tanto en la mujer como en el hombre, y representa aquellas partes del inconsciente, oscuras y rebeldes, que deben ser reconocidas, integradas y gestionadas para no perder el control sobre ellas y transformarlas en potencial constructivo. Tienen en su interior una inmensa riqueza que, bien expresada, puede hablarnos de talentos y capacidades que no siempre se les ha permitido mostrar o desarrollar.

Lilith representa el máximo poder femenino y, por esta razón, en el pasado ha sido demonizada y cargada de miedos, resentimientos y experiencias angustiosas vividas por los hombres en su relación con las mujeres (sobre todo si son libres y emancipadas). Lilith, en cambio, en temas masculinos y femeninos, es la afirmación del propio ser, tanto desde un punto de vista creativo y erótico, como de conexión con la dimensión mágica y chamánica de la existencia. Una dimensión sin limitaciones ni tabúes, que supera las reglas sociales impuestas por el patriarcado y libera su potencial creativo.

Lilith en aspecto con el Sol, a veces nos habla de un proyecto de individuación que, para expresarse, ha tenido que rebelarse y distanciarse de la familia, poniendo en riesgo su sujeción y provocando o infligiendo profundas heridas emocionales (indicadas sobre todo en el caso de cuadraturas y oposiciones). El acto de rebelión pasa siempre, necesariamente, por una crítica profunda de las reglas establecidas del sistema familiar y de las reglas sociales en general. Lilith también puede hablarnos de transgresión o de una mayor libertad sexual.

8

LA LUNA

POR ELENA LONDERO

SIMBOLISMO LUNAR ENTRE MATRIARCADO Y PATRIARCADO

La Luna es el símbolo más complejo que podemos encontrar en nuestros estudios. Algo universal, arraigado de manera profunda en la psique de todo ser humano.

El mito de la Luna hunde sus raíces en la Antigüedad, cuando el sentido de lo sagrado se unía al de la fertilidad, al de la naturaleza y se expresaba mediante la imagen de la Gran Madre. Un espléndido testimonio de ello son las pequeñas figuras esteatopigias halladas por los arqueólogos en diversas partes del mundo. De pequeño tamaño, llamadas Venus, todas ellas destacan los atributos femeninos: pechos, caderas, genitales. En muchas culturas antiguas, lo divino era femenino y tenía en su interior el inmenso poder de la procreación. Era una divinidad benevolente y generosa, vinculada a sociedades matriarcales pacíficas, en su mayoría agrícolas, en las que la figura femenina era un referente central.

Hace unos cinco mil años, como consecuencia de migraciones e invasiones, las sociedades matriarcales se vieron desbordadas por un nuevo motivo cultural más agresivo y conquistador.

Era una cultura muy diferente, que centralizaba todo el poder en manos exclusivamente masculinas.

Aquí comenzó la concepción patriarcal de la sociedad, que ha sobrevivido hasta nuestros días. Lo sagrado femenino fue sustituido poco a poco por lo divino masculino y se cambiaron todos los valores de la sociedad.

Con el advenimiento progresivo del patriarcado, era, de hecho, inconcebible conservar una divinidad de tipo femenino y lunar. Había llegado la época de los cultos solares, precursores del dios único y masculino que sería la base de las grandes religiones monoteístas: judaísmo, cristianismo e islamismo. Una expresión de estos cambios es la clara polarización que se creó entre los conceptos de luz y oscuridad, que también se irradió a la simbología religiosa. La luz del Sol se enfatizó y se asoció con lo divino. Una luz regular y fiable, frente a la luz lunar, que cambia noche tras noche. El prejuicio de lo femenino inestable, inconstante y voluble hunde aquí sus raíces. Se genera, de hecho, la idea de «lunático».[1]

Como ocurre siempre a lo largo de la historia, también en la transición entre matriarcado y patriarcado se salvó y reintegró algo de la cultura anterior. Se trata de formas normales de sincretismo cultural, en las que se recuperan tradiciones y valores anteriores en la medida en que se percibe que aún son compartibles. Todo lo que podía ser desestabilizador o amenazador para el nuevo orden político y social tuvo un destino diferente.

La Diosa Madre, de todo esto, emergió del todo mutilada. Partes de ella, las más inofensivas, se mantuvieron y reintegraron en la sociedad. Muchas otras, sin embargo, consideradas peligrosas, pasaron por un proceso de demonización. Es lo femenino aterrador que podemos llamar Lilith, Medea, Hécate, Circe, Isis… Sobre ellas se activaron imágenes arquetípicas poderosas, que se arraigaron profundamente en la psique colectiva. Sin embargo, todo lo que ha sido desmembrado siempre puede ser reintegrado, y la astrogenealogía debe ocuparse de ello. De hecho, se trata de discursos muy actuales que forman parte de la nueva evolución y concepción de la familia que se está produciendo en la época contemporánea. Venimos de milenios en los que la cultura patriarcal asignaba a cada ser humano su papel, en la familia y en la sociedad, sólo en función de su sexo biológico, lo que penalizaba mucho tanto a las mujeres como a los hombres en el pasado. Hoy algo está cambiando por fin.

La relación entre la Luna y Lilith es un excelente punto de partida para aprender a recorrer este camino de reintegración. Lilith es una de las partes de la Diosa demonizada por ser el emblema de lo femenino fuerte e independiente. En el Génesis, fue la primera esposa de Adán la que propuso a su

---

1. Treccani: lunático, adj. del latín tardío *lunaticus* (de Luna), «que sufre ataques recurrentes de locura con las fases de la Luna; epiléptico». - 1. Dícese de una persona cuyo carácter es extraño, caprichoso, inconstante, de humor inestable y fácil de alterar: «¡Aquel hombre!, al envejecer, se volvió un lunático».

compañero el intercambio de posiciones sexuales, exigiendo de forma indirecta no sólo la igualdad sexual, sino también la de los roles sociales entre hombres y mujeres. Adán quedó desconcertado ante esta petición, inconcebible para él. La compañera daba voz a lo femenino libre e incontrolable, dispuesto a experimentar la exclusión para no someterse. Era algo que podía desafiar toda la concepción patriarcal de la familia y la sociedad. Y esto era intolerable. Lilith, una vez que abandonó a Adán, encontró refugio en el Mar Rojo, el lugar más inhóspito de la Tierra donde, como es lógico, residían todos los demonios. A Adán se le unió entonces una nueva compañera, Eva. Incluso con esta segunda unión no fue demasiado afortunado. Lo femenino seguía desobedeciendo y escapando al estricto control masculino. No es casualidad que en muchas miniaturas medievales se represente a Eva junto al árbol del pecado original, en el que también aparece Lilith bajo la apariencia de un lagarto o un monstruo tentador.

La Luna, separada de Lilith, también está separada de esa sexualidad que, en el pasado, era una experiencia profunda y espiritual. Una sexualidad sagrada, que podemos remontar a otro simbolismo muy extendido de Lilith, el que la ve bajo la apariencia de la doncella de confianza de Inanna, una divinidad mesopotámica inicialmente benevolente, definida como la Dama de la Luz. Por tanto, aún no está oscurecida ni demonizada. También lo será en los siglos venideros. Baste decir que su imagen alada se reproduce hoy en miles de barajas de tarot, para reproducir los arcanos mayores del Diablo. Las imágenes arquetípicas parecen perseguirse a lo largo de los siglos y de los milenios.

Con Lilith, lo femenino se convierte, por tanto, en antilunar, ya no maternal y portador de vida, sino capaz de provocar muerte y destrucción. La sexualidad femenina más libre y emancipada debe «ensuciarse» para ser considerada inadmisible y socialmente inmoral. Tormentas, abortos, enfermedades, problemas de esterilidad, eyaculación precoz serán así achacados a Lilith. Los hombres llevaban amuletos especiales para protegerse de sus ataques nocturnos.

La polarización entre la Luna, la madre sagrada, y Lilith, la hembra pecadora, se amplifica cada vez más, y da lugar a lo largo de los siglos a la propia imagen de la bruja, sobre la que las proyecciones colectivas misóginas serán tan fuertes que conducirán, con el tiempo, a la persecución de miles y miles de mujeres.

La Luna, después de todo eso, sólo podía albergar en sí misma la única sexualidad permitida por la sociedad patriarcal, la estrictamente procreadora, vivida de un modo rígido dentro del vínculo matrimonial. Es la única que garantiza al hombre la certeza de la paternidad de sus hijos. Esta concepción de la sexualidad ha permanecido inalterada hasta nuestros días.

Venimos de una cultura que, durante siglos, ignoró el placer sexual femenino, convirtió en tabú la sangre menstrual (algo sagrado y poderoso en tiempos del matriarcado) y enfatizó el concepto de virginidad y pureza. La idealización de lo femenino siempre acogedor, tranquilizador y fiable tiene su clímax en la figura católica de María. Con ella, lo maternal vuelve a ser sagrado, pero es una maternidad que ahora está del todo separada de la sexualidad. Su figura, de hecho, ya ni siquiera contempla la procreación. María permanece pura e inmaculada incluso después de la concepción y el nacimiento de un hijo. Es una figura profundamente espiritual, pero también la expresión de un poder religioso que decidió de manera pragmática qué modelo femenino proponer (e imponer) a la sociedad. El culto a María se extendió a partir del siglo III, mientras que en los primeros siglos del cristianismo su figura era totalmente marginal. La Iglesia católica siempre ha sido rígidamente patriarcal, e incluso hoy el Papa es elegido por un concilio sólo masculino, las más altas esferas eclesiásticas son todas masculinas, y las mujeres no pueden celebrar misa ni ser elegidas papa.

LA LUNA EN LA ASTROGENEALOGÍA

La Luna es uno de los indicadores de la línea femenina de la familia y, de forma más general, representa a las madres del sistema, no sólo en el sentido biológico. Las madres del sistema son, de hecho, todas aquellas que en un árbol cubren el arquetipo materno, y que desempeñan funciones de protección, crianza y ayuda al crecimiento. La Luna, como cualquier otro planeta, no tiene un género sexual predefinido, sino que siempre puede actuar cualquiera que cubra sus funciones (una abuela, una tía, un hermano, un padre, una niñera...). Por otra parte, los simbolismos de la Luna que nos hablan de embarazo, parto, lactancia, son precisamente femeninos.

Los arquetipos materno y paterno están presentes en la psique de todo ser humano, más allá de la época y el lugar en que viva. Cada individuo los personalizará entonces de forma única e irrepetible, a través de las experiencias de su árbol (consciente familiar) y las de su propia vida (inconsciente individual). La Luna y el Sol desempeñan dos funciones psíquicas fundamentales y que se complementan de manera mutua. El arquetipo materno simboliza ese amor incondicional que nos hace sentir queridos, aceptados, seguros, sobre el que construimos nuestro sentimiento de seguridad psicológica y emocional. El arquetipo paterno, en cambio, expresa el amor condicional. La mirada solar y paterna es, de hecho, una mirada orientadora y definitoria, fundamental para construir nuestra identidad, para hacernos comprender quiénes somos y hacia dónde queremos ir. Es una mirada necesariamente crítica, pero basada en una crítica constructiva y benéfica. El padre tiene el papel esencial de vernos y, al hacerlo, definirnos. Por eso, la ausencia o la excesiva rigidez de esta mirada pueden ser a veces muy complicadas (pensemos en los aspectos disonantes Sol/Neptuno o Sol/Saturno).

La Luna, en una carta, sintetiza el sentimiento de seguridad familiar percibido a nivel emocional y afectivo por un descendiente individual. Sentirse protegido es una percepción psíquica fundamental, que se aprende de niño y se arrastra durante toda la vida. En la Luna, así como en la cuarta casa, hay recuerdos antiguos, ancestrales, que impregnan profundamente el sentimiento de seguridad de la familia. A veces la refuerzan, a veces la desestabilizan o la hacen tambalear. La presencia de un planeta transpersonal en esta casa o en relación con la Luna también nos habla de todo eso.

La Luna también representa la infancia y el clima familiar percibido por un descendiente en el período fetal y los primeros años de vida. Los niños en estas fases son como esponjas, capaces de absorber todo lo que les rodea, incluidas las tensiones, los problemas, los conflictos.

La Luna también representa todo lo que es nuestro hogar. Un lugar físico, una persona, una situación, cualquier cosa que nos aporte una sensación de calidez e intimidad. Sentirse en casa significa sentirse seguro y estar en el lugar adecuado. Por eso, en un árbol con historias de migración, la Luna siempre es fundamental. Se convierte en un símbolo del país dejado atrás, del sonido de su lengua, de los olores de su tierra. Puede velarse en la melancolía, pero también convertirse en un recuerdo rico y valioso, que uno lleva consigo hacia nuevos comienzos.

CÓMO ESTUDIAR EL PAPEL DE LAS MADRES EN LA HISTORIA FAMILIAR

Como hemos visto, cada descendiente está más conectado a unas experiencias de su árbol que a otras. Son hilos individuales, historias individuales de nuestra ascendencia a las que estamos conectados, llevamos la memoria, aunque sea de manera inconsciente. Para comprenderlas, tratemos primero de reflexionar sobre estas preguntas, que sirven para entender mejor el arquetipo materno activo en nuestro árbol:

— ¿La maternidad tiende a ser una experiencia pacífica en tu familia? ¿Escogida conscientemente?
— ¿Ha coincidido alguna vez el embarazo con un gran duelo o períodos de graves preocupaciones, económicas o de otro tipo?
— ¿Hay padres que han tenido que criar solos a sus hijos?
— ¿Ha habido embarazos inesperados? Si es así, ¿afectaron a los estudios de alguien? ¿Llevaron a uniones que, en otras mentes, no se habrían formado?
— En las últimas generaciones, ¿hay mujeres que hayan muerto al dar a luz?
— En tu árbol ¿hay que tener hijos?
— ¿Hay padres abandonados o muy frágiles en la familia?
— ¿Las mujeres consiguen conciliar la maternidad y el trabajo?
— ¿Las madres del sistema son mujeres realizadas?

Observa tu Luna ahora con todas estas preguntas en mente. Observa tu signo, casa, aspectos, incluso comprueba si la Luna es punto medio entre otros planetas. ¿Qué, de todo esto, te resulta duro y qué, en cambio, te hace sentir cómodo y te apoya bien? ¿Y cómo puedes relacionar el dato astrológico con los acontecimientos personales tuyos y de tu familia?

Durante milenios, el parto fue un acontecimiento temprano en la vida de las mujeres y, a menudo, peligroso. Desde la posguerra, afortunadamente, muchas cosas han cambiado. La mortalidad infantil casi ha desaparecido, las mujeres han empezado a trabajar y las parejas a tener acceso a los anticonceptivos. Todo ello ha permitido elegir con libertad el mejor momento para concebir un hijo. Sin embargo, aún hoy, nuestra forma de vivir la paternidad esconde profundos recuerdos genealógicos, heredados de nuestra ascendencia, que pueden activar en nosotros necesidades, repeticiones, mandatos familiares. Esto puede ocurrir, por ejemplo, si en la memoria del árbol los embarazos han estado asociados a situaciones de soledad, angustia o profunda inestabilidad. Son asociaciones que, al vincular la paternidad a acontecimientos dolorosos, la hipotecarán, por miedo a repetir situaciones de sufrimiento. La memoria del dolor es, como sabemos, una memoria larga y tenaz, que a menudo se transmite a lo largo de varias generaciones.

¿A QUÉ EDAD SE ES MADRE EN EL ÁRBOL?

En astrogenealogía, siempre es interesante estudiar en qué momento del árbol las personas se convirtieron en madres. Elaboramos una lista de las edades a las que, en las tres últimas generaciones, las mujeres de nuestro sistema se convirtieron en madres. Prestamos especial atención a la edad del primer embarazo. ¿Hay edades recurrentes o situaciones biográficas particulares que se repiten? Observamos los tránsitos activos en la gestación. Un tránsito de Urano, por ejemplo, nos hablará a menudo de maternidades imprevistas, o vividas de una manera nueva con respecto al pasado, o que han impuesto fuertes cambios. Un tránsito de Saturno, por el contrario, puede hablarnos de dificultades vividas durante ese período, o señalar embarazos conscientes y la llegada de un hijo que estructura la familia. Comprobamos también en qué parte de su ciclo progresa la Luna. Por último, observamos si la edad a la que se es madre coincide con momentos concretos de los ciclos planetarios. Por ejemplo:

Aproximadamente a los 22 años: todo el mundo en esta época tiene a Saturno y Urano en cuadratura. El embarazo puede no haber llegado en el momento adecuado, por diversas razones que habrá que investigar. Podemos tener hijos no deseados o hijos que desestabilicen la vida de una madre todavía joven. Es un momento de tensiones potenciales, puede haber exigencias mutuamente irreconciliables que impongan elecciones difíciles, o conflictos en la pareja o con la familia de origen inherente al embarazo.

Entre los 24 y 36: el segundo y tercer ciclo de Júpiter llegan a su fin. Cuando los nacimientos en un árbol se producen en estas fechas, suelen ser muy deseados y traen alegría y felicidad. A menudo nacen niños muy queridos, que se convierten en el centro de atención de la familia.

Entre los 28 y 29 años: primer retorno de Saturno. El Saturno de la madre estará en conjunción con el del hijo. Algo que no se ha resuelto o concluido se entrega a la siguiente generación para que lo complete. El signo de Saturno y sus aspectos aclararán los detalles. A esta edad, la Luna progresiva también regresa a su posición natal, concluyendo su primer ciclo. Son momentos importantes, de equilibrio y verificación, pero también de crecimiento en la madurez personal. Un niño nacido en esta época dará estabilidad a la pareja, una fuerte motivación personal, la necesidad de ser constructivos.

Entre los 40 y 42 años: Urano en oposición y Neptuno en cuadratura consigo mismo. Puede ser el hijo de la redención, que debe salvar un matrimonio, dar sentido a una existencia, compensar frustraciones o decepciones. A menudo hay grandes expectativas puestas en el niño por nacer.

Annalisa, una consultante mía, se quedó embarazada de un modo inesperado en su tercer año de universidad, a la que asistía con su novio. Decidieron tener el bebé y, con la ayuda de sus familias, no interrumpieron sus estudios. Ambos se licenciaron y, en los años siguientes, tuvieron, por decisión propia, un segundo hijo. Esta señora tiene una hermosa Luna en Leo, trígono a Urano y sextil a Lilith y Quirón conjuntos en Géminis (el polo es trígono con Venus en Libra, en domicilio). La maternidad es un acontecimiento potencialmente imprevisto, pero positivo y capaz de alumbrar una pareja estable. Algo que no siempre ocurre en los embarazos adolescentes. Es también una repetición genealógica. Un patrón que ya ha funcionado en el pasado y que, de forma inconsciente, se ha repetido. De hecho, la madre de mi consultante también había vivido lo mismo veinte años antes. Ella también se había quedado embarazada durante sus años universitarios, sin interrumpir sus estudios. En este árbol, el embarazo no planificado no dejó ningún recuerdo de inestabilidad o dificultades.

LA MADRE EN DUELO Y EL DOLOR POR LA PÉRDIDA DE UN HIJO

La pérdida de un hijo es un duelo desgarrador, un trauma profundo en la historia de una familia. Nada puede volver a ser como antes tras la pérdida de un hijo. No sólo los padres, sino todo el árbol queda destrozado. Es atroz y anti-natural sobrevivir a la descendencia, y cuando ocurre, el dolor es tal que se imprime en la memoria y el inconsciente familiares, y permanece visible en los temas de algunos descendientes incluso durante tres o cuatro generaciones.

Que no se piense que, en el pasado, al ser un acontecimiento más frecuente, era menos doloroso. En mi estudio, he escuchado testimonios conmovedores que recordaban niños perdidos en la familia incluso cien años atrás. La Luna se impregna de estos recuerdos, los encierra en sí misma, marcando a las mujeres y a los hombres de la descendencia (quizá con aspectos entre la Luna y Plutón, Neptuno o Saturno, o con una Luna afligida en la octava casa). Hay inconsciencia, miedo profundo a que lo ocurrido vuelva a suceder. El recuerdo del dolor es, de hecho, una memoria tenaz y duradera en los árboles, capaz de desencadenar mandatos genealógicos muy vinculantes.

«¿Cómo puedo soportar tanta noche?»,[2] se preguntaba Ungaretti tras perder a su hijo Antonio, de nueve años, a causa de una apendicitis mal curada. Cuando la vida impone sufrimientos de este tipo, en algunos casos el duelo puede incluso atascarse y quedar en suspenso, convirtiéndose con el tiempo en una cuestión genealógica no resuelta de la que alguien de la descendencia se ocupará más adelante (tal vez convirtiéndose en psicólogo especializado en duelo, oncólogo, enfermero). Cuando, por el contrario, se elabora el duelo, el recuerdo de lo sucedido también puede perderse en las generaciones venideras, o convertirse en una memoria benevolente, consoladora, que mira con cariño a los que ya no están. La palabra «luto» deriva del verbo latino *lugere*, «llorar». La madre de luto es, por tanto, la madre que llora y que, en su dolor, cambia para siempre. Si vuelve a ser madre, inevitablemente será una madre diferente a la de antes. Tras el nacimiento de un hijo, podemos tener tres situaciones diferentes relacionadas con la Luna, que tendremos que evaluar en el análisis astrogenealógico.

- El hijo perdido era el primogénito. En este caso, todos los niños que nazcan después de su muerte tendrán una madre de luto y el análisis de su Luna deberá tenerlo en cuenta. Ningún hijo tendrá el recuerdo de la madre tal y como era antes del duelo. La pareja parental tampoco será ya la misma. Uno llega al nacimiento del primer hijo lleno de expectativas e ilusión. Perder todo esto puede ser muy difícil para la pareja. Los padres pueden sentirse despojados de su antigua serenidad, que nunca podrá volver sin su hijo. El futuro parece de repente hipotecado. El duelo también transforma de manera inevitable las relaciones dentro de la pareja. A menudo, el duelo se vive y se procesa de maneras y en momentos diferentes, lo que puede crear distancias a veces difíciles de superar.

- Si, por el contrario, el hijo perdido es intermedio, la hermandad se dividirá en dos. Tendremos a los nacidos antes del duelo, en un sistema familiar todavía normal, y a los nacidos después, en una familia ya marcada por el dolor de lo ocurrido. Los recuerdos mismos de la fraternidad serán diferentes. El duelo es siempre un punto de inflexión. La distinción también afecta a la relación con el hijo fallecido. Los que ya habían nacido han experi-

---

2. Giuseppe Ungaretti, *Il dolore*, Mondadori, 2000.

mentado la grave pérdida de un hermano o hermana. Los que llegan más tarde, en cambio, pueden sentirse como el sustituto del que se perdió.

- A continuación, tenemos el tercer caso, en el que el duelo afecta al último nacido. Ninguno de los hijos habrá tenido una madre en duelo hasta ese momento, pero cada uno de ellos tendrá que enfrentarse a la difícil experiencia del duelo en la infancia o la adolescencia.

En todos estos casos, además de la Luna, hay que estudiar con atención Mercurio y la tercera casa, cosignificantes de la fraternidad. También para los niños se trata de duelos inmensos, que cambian para siempre su infancia, a sus padres, el clima familiar. En el duelo, a veces, los padres pueden volverse más rígidos, sobreprotectores, en un intento de contener el miedo mediante un control excesivo (posibles indicadores: Sol/Luna en Virgo o en Capricornio, aspectos Luna/Saturno...). Otras veces, sin embargo, tras el nacimiento de un hijo, puede desencadenarse una inhibición del apego, una forma extrema de autodefensa frente a la experimentación de un nuevo dolor, que censura los sentimientos normales de apego que se desarrollan hacia la descendencia. Uno se «enfría» afectivamente por miedo a sufrir de nuevo.

Después de tales duelos en el árbol, siempre puede desencadenarse un síndrome de aniversario.

En el caso de la pérdida de un hijo, la fecha en la que murió, o la edad que tenía cuando dejó la vida, se memorizará, a nivel consciente e inconsciente, y se transmitirá a los descendientes como una fecha/edad sensible, convirtiéndose en un punto de fragilidad y vulnerabilidad en el sistema familiar. Cada vez que se acerca esa fecha, o cuando un miembro de la familia está a punto de cumplir la misma edad, es como si el árbol contuviera la respiración. El recuerdo de lo ocurrido, aunque sea de forma inconsciente, resurge y se reactiva. Un descendiente puede asumirlo, vivir un momento de fragilidad personal o desencadenar una repetición, aunque sea menos grave que el primer suceso. A veces es el momento en que, en la vida de las personas, se desencadenan por primera vez miedos desconocidos hasta entonces. El miedo a volar, a permanecer en espacios cerrados o el miedo a la oscuridad. Si no hay nada biográfico que los justifique, podemos encontrar su origen precisamente en la memoria del árbol, asociada a acontecimientos del pasado familiar que, a cierta edad, resurgen.

LOS HIJOS DE SUSTITUCIÓN.
LA DIFÍCIL TAREA DE NACER TRAS UN DUELO

Los hijos de sustitución son niños que nacen tras la muerte de una hermana o de un hermano pequeño. Si estudiamos los árboles genealógicos, veremos con claridad que, tras la pérdida de un hijo, los padres, si aún están en edad fértil, casi siempre conciben otro hijo, y suelen hacerlo enseguida. Deberíamos tener una posibilidad entre dos de que el recién nacido sea de sexo diferente al del hijo fallecido. Sin embargo, en mi archivo, en más del setenta y cinco por ciento de los casos nace un niño del mismo sexo. Y no sólo eso, la mayoría de estos niños son varones y no mujeres (la astrogenealogía es, sin embargo, una disciplina aún joven, por lo que estos datos tendrán que confirmarse con el tiempo).

Los hijos de sustitución son, como cabe imaginar, concebidos por padres desconsolados, postrados por un profundo y desgarrador dolor por lo ocurrido. Puede parecer difícil entender el deseo de tener otro hijo de inmediato. Sin embargo, es lo que ocurre, según las estadísticas. Es como si, en el momento tan difícil en que se pierde a un hijo, el instinto de procrear se reactivara de un modo muy intenso, con una llamada a la vida a la que no se puede escapar. La sexualidad, por supuesto, entra en un terreno delicado, que puede ser muy consolador, pero también desesperante.

A veces, el recién llegado recibe el mismo nombre que el niño perdido. El nombre suele ser algo del todo personal, que no compartimos con nadie. Puede estar destinado a ser el mismo que el de alguien que nos precedió, alguien que entonces tenía el mismo papel que nosotros en la familia (como hijo, nieto, hermano). Esto puede reforzar la sensación de que somos meros sustitutos de los que ya no están. El nombre da identidad y aquí la identidad es pesada y lúgubre. Pensemos, por ejemplo, en dos famosos niños sustitutos, Vincent Van Gogh y Salvador Dalí, nacidos exactamente nueve meses después de la muerte de sus hermanos homónimos. Vincent y Salvador iban regularmente con sus madres al cementerio a visitar la tumba de su hermano pequeño y, cada vez, leían su propio nombre grabado en la lápida. Esto no ayuda a definir la propia identidad. Nunca se debe dar a los niños nombres asociados en la familia a antepasados con un destino muy difícil o trágico. Los nombres siempre conllevan una historia, incluso inconsciente, que crea identidades, proyecciones, condicionamientos. Es diferente recibir el nombre de un miembro de la familia con una vida larga y feliz, o el de un niño que murió de manera prematura. Por eso, a veces, los niños de reemplazo cuando son adultos sienten la necesidad de cambiar de nombre o sustituirlo siempre por un apodo, diferenciándose de sus predecesores.

Los niños de sustitución son distintos de los demás, son niños delicados que han conocido el dolor ya en el vientre materno y han sido inevitablemente impregnados por él. El vínculo con sus padres puede ser muy fuerte y desencadenar lealtades invisibles muy vinculantes. Son figuras del árbol nacidas para llenar un vacío, calmar un dolor, apoyar a alguien herido, sustituir a alguien perdido. Su papel familiar es complejo e incómodo, puede robar la identidad y crear dificultades para vivir la propia vida de forma libre e independiente.

Es habitual que los padres idealicen, como es comprensible, a su hijo perdido. Tal vez pronunciando frases como «Tu hermanita era tan hermosa como un ángel, por eso Dios siempre la quiso a su lado». O «Tu hermanito era tan bueno que Jesús lo llamó al cielo para que se convirtiera en ángel». Estas idealizaciones, aunque pronunciadas con amor, y que tratan de calmar un inmenso dolor, pueden hacer que el niño se sienta muy inadecuado. Es el que no fue elegido por Dios, el ser imperfecto que los padres tuvieron que conservar, debiendo renunciar a quien, en cambio, era perfecto y, como tal, había encontrado un lugar en la luz. Cuanto más se idealiza a un hermano fallecido, más difícil resulta para los nacidos después encontrar el equilibrio, la serenidad y la seguridad interior. Un niño puede quedarse atrapado con facilidad en estas complejas dinámicas familiares.

LA HISTORIA DE GIULIO DESPUÉS DE GIULIO

Estamos en Florencia, a principios de los años sesenta. Matteo y Francesca —él médico, ella maestra— se casan y de su matrimonio nacen primero la pequeña Chiara y, dos años más tarde, Giulio. La familia lleva una vida tranquila y apacible hasta que Giulio, a los nueve años, empieza a sentirse mal. Tiene fiebre constante, sudores nocturnos, dolores óseos y cansancio. Tras algunas pruebas, el pediatra recomienda su hospitalización inmediata. Por desgracia, le diagnostican una forma agresiva de leucemia infantil. La situación es muy grave y, de hecho, el niño muere en pocos meses. Los padres, los abuelos y la hermana pequeña están desolados.

Sólo unas semanas después, en un momento aún de inmenso dolor, Matteo y Francesca conciben otro hijo. Nueve meses después nace un precioso niño, al que llaman Giulio, en memoria de su hermano.

Giulio que, sin embargo, no es Giulio, aunque herede su nombre, su habitación, su lugar en la mesa y en la familia. Un hijo de sustitución sabe instintivamente que tiene detrás a alguien que, al marcharse, ha dejado tras de sí un inmenso vacío, que a él le corresponde llenar. Es algo abrumador, que altera el equilibrio familiar y la propia forma en que los padres ven a este nuevo hijo. Sin quererlo, sin siquiera darse cuenta, buscan en él la mirada, la voz, el temperamento de alguien que ya no está y que falta tanto. Giulio está perpetuamente rodeado por el recuerdo de su hermano. Nunca lo conoció y, sin embargo, es quien más ha influido en su vida. Mi consultante, la hija mayor de la pareja, que tenía once años en el momento de la muerte de Giulio, siente que el trauma de la muerte de su hermano sigue vivo. Me cuenta que aquel duelo fue el acontecimiento que marcó un antes y un después en la historia de su familia. «Antes, en casa, vivíamos en un mundo a todo color y después», me dice, «en un mundo en blanco y negro». Los padres se desconectaron. Giulio, el segundo, sufrió mucho y siempre tuvo una vida difícil y solitaria. Nunca ha conseguido realizarse, ni en lo profesional ni en lo económico. Sus padres siempre le han ayudado, pero depender del dinero familiar sólo le ha hecho sentirse aún más inepto e inadecuado. Giulio nació con el Ascendente en Piscis, un signo de Agua que agudiza su sensibilidad y lo predispone a conectar con el dolor familiar, a asumirlo. El Sol, también en Piscis, está en la decimosegunda casa, en cuadratura con Neptuno. Giulio se siente ninguneado por su padre, que le parece distante, inalcanzable, atado aún al recuerdo de aquel primer hijo amado y perdido para siempre.

Aunque su padre nunca se lo ha dicho, Giulio sabe muy bien lo que piensa: que el primer Giulio habría crecido y se habría convertido en un hombre sólido y brillante, como él. Giulio, en cambio, es una persona frágil e insegura, a la que su padre le cuesta comprender (y reconocer como su propio hijo).

También Mercurio, la hermandad, está en Piscis, en duodécima y comparte cuadratura con el Sol en Neptuno. El clima en casa está bien descrito por su Luna en Escorpio, en conjunción con Urano y en cuadratura con Saturno en Leo. La Luna describe todo el dolor materno, pero también el clima familiar marcado por lo sucedido. La sensación de seguridad del árbol se tambaleó y todo se desequilibró. El pobre Giulio, aplastado por todo eso, nunca encontró su camino, ni probablemente a sí mismo.

LOS NIÑOS DE REPARACIÓN

Los hijos de reparación son también niños que nacen justo después del duelo ligado a la muerte de un hermanito o hermanita. Su papel en la familia, sin embargo, es muy diferente del de los (más frecuentes) hijos de sustitución. Los hijos de reparación son como rayos de Sol, capaces de devolver la vida a su árbol tras el grave duelo que lo ha asolado. Tras su nacimiento, el clima en la familia cambia, se tranquiliza y los padres reciben la ayuda del recién llegado para elaborar su duelo. Recuerdan con infinito amor a los que ya no están, al tiempo que vuelven a la vida.

Los niños reparadores, a diferencia de los niños sustitutos, tienen una identidad fuerte y bien definida que no se siente aplastada ni en competencia con la de sus predecesores. ¿Cómo reconocer a los niños reparadores? Su tema de nacimiento habla por sí mismo. A menudo tienen un Ascendente de Fuego, dinámico, sensible, optimista. O mucho Fuego en la carta. O Júpiter en contacto con las luminarias, o en conjunción con el Fondo del Cielo, o con el propio Ascendente. Puede haber un aspecto Sol/Saturno, pero será armonioso, de apoyo, capaz de dar estructura al árbol. Por lo general, las luminarias estarán bien aspectadas y el sentimiento de seguridad e identidad, representado por las propias luminarias, no aparecerá comprometido.

LA LUNA EN LOS CUATRO ELEMENTOS

El elemento Fuego nos habla de madres fuertes, a menudo por necesidad, mujeres dinámicas cuyo papel es guiar y enseñar a sus hijos a luchar y sobre- vivir. En el pasado, las madres del árbol pueden haber vivido situaciones conflictivas o difíciles en las que tuvieron que aprender a valerse por sí mis- mas. Son madres que proyectan a sus hijos hacia el futuro con optimismo, animándolos a construirlo por sí mismos. Los niños pronto se vuelven au- tónomos, independientes. A veces, les cuesta comprender y aceptar las fra- gilidades de sus hijos. Una Luna de Tierra, en cambio, señala a madres estables, concretas, que cuidan y dan seguridad a sus hijos, demostrándoles su amor a través del cuidado y la crianza. Esta necesidad de concreción suele tener recuerdos de dificultades pasadas. Las madres del sistema pueden haber vivido situaciones de pobreza y sacrificio. En el caso de una Luna en un signo de Aire, tendremos madres que transmiten valores intelectuales a sus hijos, que dan importancia a las relaciones, al estudio, al diálogo. Son madres con las que se puede hablar. El vínculo –aunque fuerte y profundo– no las retiene. Una Luna en Aire siempre dice a sus hijos que salgan al mundo. Suele describir a madres intelectualmente vivas. La Luna de Agua, en cambio, indica madres muy afectivas, emocionales, que transmiten a sus hijos recuerdos antiguos de amor y vínculos profundos, pero a veces también de dolor o pérdida y abandono. Son lunas viscerales y fusionales, que pueden retener a sus hijos, crear vínculos estrechos, que a veces son difíciles de aflojar.

LA LUNA Y SATURNO.
LA REALIDAD QUE OCULTA LA INFANCIA

La Luna es emocional, intuitiva, empática, fusional. Saturno, en cambio, es racional, lúcido, poco emocional. Lo que tienen en común, sin embargo, es la búsqueda de una sensación de seguridad y estabilidad, aunque entendida de manera diferentes. La relación entre la Luna y Saturno siempre es importante en una carta astral, sobre todo cuando se expresa mediante un aspecto disonante. Saturno puede representar, en la historia familiar, todas aquellas situaciones en las que la realidad ha tensado la experiencia de la maternidad, cargándola de dificultades, a menudo económicas. El arquetipo materno se ha impregnado de preocupaciones y ha dejado menos espacio para la afectividad. Cuando Saturno impone su presencia en los territorios lunares, la realidad se impone y la sensación de seguridad afectiva puede verse comprometida para todos. Los niños son siempre sismógrafos de su sistema familiar, interceptan sus tensiones y problemas y, al hacerlo, los absorben (a veces los somatizan). Los aspectos entre la Luna y Saturno nos hablan de un clima familiar a veces agotador, frío o incluso muy rígido.

EL ARQUETIPO DEL HUÉRFANO

La relación entre la Luna y Saturno, sobre todo si es disonante, puede indicar un tema en el que esté activo el arquetipo del huérfano. Es un arquetipo que se encuentra cuando un niño, por las más variadas razones biográficas, debe aprender tempranamente a valerse por sí mismo, asumiendo cargas de responsabilidad anormales para su edad. A menudo esto va acompañado de un profundo sentimiento de soledad. El arquetipo del huérfano, a pesar de su nombre, rara vez se activa tras la muerte de un progenitor. Perder a un padre o a una madre es, por supuesto, un acontecimiento enorme en la vida de un niño. Sin embargo, si la persona que fallece era antes una figura parental querida y tranquilizadora que cumplía bien su papel, el arquetipo de la orfandad no se activará. Al contrario, el progenitor seguirá siendo una figura sólida y positiva, que el niño interiorizará y llevará consigo durante toda la vida, con una beneficiosa función de guía y apoyo. Detrás del arquetipo del huérfano, en cambio, suele haber sobre todo padres abandonados, frágiles, ausentes. Es en estos casos cuando el niño se siente huérfano, no visto, y se ve obligado a valerse por sí mismo. Los padres, en algunos casos, también están presentes de manera física, pero son incapaces de cumplir su papel adecuadamente, o se desinteresan. Los niños siempre sienten una profunda lealtad familiar hacia sus padres. Esto les lleva a compensar las carencias de los demás y a apoyar situaciones familiares complejas, que no rehúyen, a pesar de los sacrificios que exigen.

Por lo general, los niños que tienen activo este arquetipo son juiciosos, siempre responsables y no crean problemas. Saben dar mucho, y piden poco o nada a cambio. Sus necesidades parecen desaparecer. En la vida adulta suelen mantener activo el modelo aprendido en la infancia. En sus relaciones saben dar, pero no recibir, lo que les lleva a vivir relaciones muy desequilibradas.

En algunos casos, los aspectos Luna/Saturno también pueden hablar de parentalización. Este término designa la situación en la que se pide a un niño o joven que asuma un papel de cuidador de sus hermanos o hermanas menores, que correspondería a los padres cumplir. Impone un exceso de responsabilidad en relación con la edad y, por ello, se considera maltrato infantil. Quienes son parentalizados pierden despreocupación, relación con sus iguales, libertad. Son niños y jóvenes a los que no se cuida, sino que cuidan. A menudo, este papel es necesario cuando uno de los padres se encuentra en una situación desesperada o se queda solo en la crianza de los hijos, tras un duelo, una separación o un abandono. O cuando los padres están presentes, pero son tan frágiles que no pueden cuidar de sus hijos. El hijo o la hija, casi siempre el mayor, tomará el relevo de ellos.

Además de los valores Luna/Saturno, o Mercurio/Saturno, estos niños pueden tener en su carta mucha Tierra, fuertes valores Virgo o Capricornio (gran sentido de la responsabilidad y de la concreción), pero también la tercera o sexta casa acentuada. Saturno puede estar en conjunción con el Fondo del Cielo, o estar en la tercera o cuarta casa.

La parentalización es una situación que crea un profundo desequilibrio en el árbol, lo que conduce a un verdadero desorden a nivel sistémico y de la contabilidad familiar. Incluso en la fraternidad, el concepto de igualdad salta por los aires, y crea una situación en la que alguien da más y alguien recibe más. En la vida adulta, estos niños pueden llegar a somatizar la situación, expresando su dolor y sus emociones a través del cuerpo. A través de enfermedades, adicciones, problemas de alimentación o sueño, depresiones... El hecho de haber desempeñado ya un papel parental en la infancia o adolescencia, con la hermandad, puede influir también en su paternidad y en la relación con sus hijos, de los que pueden llegar a apartarse a cierto nivel emocional.

LA LUNA Y URANO. ROMPER CON LAS TRADICIONES

La Luna busca estabilidad, seguridad, intimidad. Tiene una mirada ligada al pasado, lo que hace que lleve consigo recuerdos antiguos y ancestrales. Urano se mueve en direcciones que parecen opuestas. Está volcado hacia el futuro y no busca la seguridad y la estabilidad (que a menudo siente como limitantes). Activa los cambios y las situaciones nuevas e inexploradas. Todo esto puede desestabilizar de manera profunda a la Luna, sobre todo si es de Tierra o de Agua o se encuentra en un signo fijo.

Urano no es ni tranquilizador ni particularmente emocional y, si lo considera necesario, no duda en cuestionar los modelos familiares del pasado. En contacto con la Luna, lo hace en relación con el arquetipo materno y la forma en que se actúa y se concibe en la familia. Los aspectos entre la Luna y Urano pueden describir a madres del sistema que eran independientes, inconformistas o que vivían su rol parental de forma diferente o irregular a los estándares de la época.

Esto puede haber sido bien asimilado por el sistema familiar, o puede haber dado lugar a juicios, exclusión o aislamiento. Todo ello puede cuestionar el mito familiar sobre el papel de las madres en el árbol. Siempre es necesario acompañar el estudio de Lilith.

La maternidad, en la dinámica uraniana, suele abrirse a los ideales colectivos, y se los transmite a sus hijos, dándoles enseñanzas de libertad intelectual e independencia de pensamiento.

Con los aspectos armoniosos, esta dialéctica podrá conciliar el sentido uraniano de libertad y autenticidad con el de seguridad emocional lunar. Los esquemas familiares podrán renovarse, pero sin desestabilizarse en el plano emocional. Con aspectos discordantes esto puede parecer más difícil. Es posible que se reciban sentimientos de precariedad, de inseguridad emocional y que las madres del sistema no se hayan sentido como apoyos seguros.

Los que nacen con este aspecto también pueden venir al mundo en un momento inestable de la historia familiar, o tras acontecimientos repentinos y desestabilizadores que han obligado a realizar cambios agotadores en el árbol. La inestabilidad también puede haber afectado al patrimonio familiar.

LA LUNA Y NEPTUNO. MADRES FRÁGILES

La Luna y Neptuno tienen profundas afinidades, ambos son planetas con domicilio en Agua, vinculados a las memorias antiguas y ancestrales del árbol. Se alejan de lo real, para moverse en direcciones más intuitivas, íntimas y emocionales. Estamos en los lugares del alma y del espíritu del árbol. Esto aporta profundidad, fusión, a veces incluso pérdida o aniquilación.

Con estos aspectos, la maternidad puede ser una experiencia profunda, casi espiritual, a veces incluso idealizada, y esto puede llevar a una especie de desilusión cuando uno se enfrenta luego al plano de la realidad. En algunos casos, el arquetipo materno puede parecer distante, inalcanzable o esquivo en algún plano. Puede señalar viejos recuerdos vinculados a la pérdida de hijos o a la de madres frágiles que, sin tener culpa de ello, no pudieron ofrecer un apego seguro a sus hijos y aparecieron ante ellos como figuras evanescentes, intangibles, distantes.

Aquí, el arquetipo materno también puede encontrarse con el arquetipo de la víctima. Cuando uno se identifica con un arquetipo de sacrificio, a veces es difícil desconectarse de él, con el miedo casi a desaparecer, a dejar de ser alguien sin su enfermedad, su fragilidad. Esto también puede condicionar ciertos mitos familiares que ahora han creado una identidad sobre estas dinámicas.

En aspecto armonioso, la Luna y Neptuno pueden indicar madres tranquilizadoras, pero muy espirituales del sistema, o conectadas de manera beneficiosa con el dolor del árbol. Aquí la creatividad entra en los territorios lunares y los enriquece.

LA LUNA Y PLUTÓN.
EL ARQUETIPO MATERNO SE DESLIZA
HACIA LAS SOMBRAS

Es uno de los aspectos más profundos que podemos encontrar. Son contactos que unen de manera directa el arquetípico materno con la sombra familiar, simbolizada por Plutón. Estamos en territorios inconscientes, no accesibles a la conciencia, y que están genealógicamente ligados a recuerdos del árbol lunar que nos hablan de pérdida y dolor, de situaciones alejadas de la conciencia familiar (secretos de familia, tabúes, duelos o traumas no resueltos). La Luna las siente, las absorbe, se implica de manera emocional. La Luna emerge transformada y, al hacerlo, puede perder su sentido de la seguridad y volverse inquieta o poco tranquilizadora. Se trata de aspectos astrológicos que nos retrotraen al mito de Deméter, de quien Plutón sustrae a su hija Perséfone, que, tras su rapto, es conducida al mundo de ultratumba. Es una dura sustracción, que hace añicos el sentido de fusión lunar que unía de forma simbiótica a madre e hija. La madre parece enloquecer de dolor. Es un desgarro lacerante para ambas, que genera una profunda sensación de impotencia. Perséfone, sin embargo, cambia en su encuentro con Plutón. En su descenso al Hades, un descenso simbólico al inconsciente, descubre nuevas partes de sí misma que antes le eran inaccesibles. Verlas la cambia para siempre. De hecho, Plutón transforma de manera permanente todo aquello con lo que entra en contacto.

Plutón también nos habla de poder, por lo que también puede traer al ámbito lunar la manipulación, el chantaje psicológico, las dinámicas víctima/victimario, los secretos familiares relacionados con la maternidad (hijos ilegítimos, abortos, abandonos). El arquetipo materno puede no ser tan tranquilizador. La relación Luna/Plutón implica una maternidad compleja, a menudo inquieta.

MADRES MANIPULADORAS

Las relaciones entre la Luna y Plutón pueden revelar figuras maternas complejas, capaces de ejercer un fuerte poder sobre sus hijos. A veces los retienen o impiden su independencia normal. A menudo son mujeres solitarias, poco realizadas o fatigadas por los acontecimientos de la vida. Podemos oírlas pronunciar frases que encierran un fuerte chantaje emocional:

—«¡Si te vas, me muero!».

—«¿Qué será de mí?», (si aceptas ese trabajo, si te mudas a otra ciudad, si te casas…).

—«Después de todo lo que he hecho por ti…».

—«Sólo soy feliz cuando estás aquí conmigo».

—«¡Eres la única alegría de mi vida!».

Uno puede quedar ligado de por vida a pactos de lealtad hechos con la madre durante la infancia, quizá en tiempos de especiales dificultades familiares. Puede tratarse de madres que se han quedado sin ayuda tras un divorcio, la viudedad, o que han tenido que criar a su prole solas, con mucho sacrificio. Para los hijos, en estos casos, puede ser difícil desprenderse de ellas, sobre todo si han asumido el papel de hijos bastón o consorte; es decir, en papeles, por tanto, no sólo de apoyo, sino de sustitución real de la pareja, con un reparto total de las decisiones familiares. Es evidente que estamos en situaciones en las que salta la verticalidad de la relación padres/hijos y los adultos se apoyan demasiado en sus vástagos. Se trata de relaciones simbióticas en las que uno sigue siendo ante todo hijo, de por vida. A veces, esto pone en peligro la vida amorosa o la capacidad de ser padres (¿cómo cuidar de un hijo cuando todavía hay un padre tan necesitado de nuestros cuidados y atención?). Todo esto puede estar señalado por relaciones Luna/Plutón o por ciertas Lunas en Escorpio, pero para confirmarlo o desmentirlo es necesario revisar toda la carta. Una cuadratura simultánea de Urano, por ejemplo, puede ser suficiente para ofrecer a los hijos una excelente vía de escape.

EL ABORTO EN LA HISTORIA DE LOS ÁRBOLES

El aborto voluntario está legalizado en Italia desde hace sólo unas décadas. Aún hoy sigue siendo un tema delicado, que puede provocar sentimientos y opiniones diferentes, que siempre hay que respetar. Como astrogenealogista que colecciona historias de árboles todos los días, sólo puedo señalar que el aborto voluntario siempre ha existido en la historia de las familias. En cada país, en cada pueblo, hubo quien se ocupó de ello. El aborto, antes de su legalización, era clandestino y se practicaba de forma insegura, poniendo en peligro la salud de las mujeres, que a menudo sufrían infecciones, septicemias o graves complicaciones en embarazos posteriores.

Siempre era algo innombrable, se abortaba en secreto y, después, lo sucedido se ocultaba de inmediato, por miedo a incurrir en un juicio social o religioso. Se convertía en una sombra apartada, en un secreto de familia. Algo tan pesado que a menudo se hacía visible en los temas de la descendencia, al mismo nivel que el duelo no elaborado o la historia familiar no resuelta. A menudo, las que abortaban eran chicas muy jóvenes o mujeres con varios hijos ya o en graves dificultades económicas. El aborto era también la consecuencia inevitable de la falta de anticonceptivos en las parejas. En esto, históricamente, la Iglesia católica tiene una amplia responsabilidad. Negar a las familias esta posibilidad les privaba de la libertad de elegir de manera consciente el mejor momento para concebir un hijo. En los árboles, el aborto voluntario es bastante frecuente. Si uno mira hacia atrás en las tres o cuatro últimas generaciones de su familia y no encuentra rastro de ello, suele significar que ha sido segregado y eliminado. Los abortos más difíciles son los forzados o los que han puesto en peligro la vida de las mujeres implicadas. Los niños perdidos de esta forma suelen convertirse en tabú y quedan excluidos del sistema, perdiendo su pertenencia.

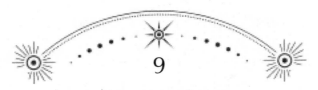

9

MERCURIO EN LA ASTROGENEALOGÍA

POR ELENA LONDERO

MERCURIO Y LAS GENERACIONES HORIZONTALES DEL ÁRBOL

Mercurio, en astrogenealogía, simboliza la fraternidad y, de forma más general, las generaciones horizontales del árbol, que incluyen a todas las personas nacidas en la familia en los mismos años. A ellos hay que añadir siempre los hijos no nacidos (por abortos o muertes gestacionales) o perdidos poco después de su nacimiento. El alma del árbol los recuerda, los acoge y, por ello, nunca deben excluirse de la memoria familiar. Al elaborar un genosociograma, por ejemplo, intentaremos darles pertenencia, los insertaremos y los recordaremos.

Cada niño nace en un momento preciso de la historia de su árbol y de la vida de sus padres. Una pareja puede tener varios hijos, pero cada uno de ellos expresará sus arquetipos paterno (Sol) y materno (Luna) de forma única y específica. Los hermanos, aun compartiendo los mismos padres biológicos, tendrán luminarias diferentes en sus cartas natales, lo que sumergirá al descendiente individual en su propia red personal de lealtades y relaciones familiares.

Desde un punto de vista estrictamente estadístico, una generación tiene una duración de veinticinco años. Veinticinco años, sin embargo, es mucho tiempo y, en astrogenealogía, al trabajar con Mercurio nos encontramos a menudo con que debemos estrechar ese lapso de tiempo. De hecho, es demasiado amplio cuando estudiamos una hermandad en detalle. Personalmente, entre hermanos, restrinjo el concepto de horizontalidad a una diferencia de

113

edad máxima de siete a ocho años (el tiempo de la primera cuadratura del ciclo de Saturno, para entendernos). Si hay diferencias mayores dentro de la hermandad, el vínculo de la hermandad en sí obviamente no cambia, pero se salta el vínculo de la horizontalidad pura, que aporta igualdad incluso en haber compartido las mismas etapas de crecimiento. Tener un hermano mayor de tres años es completamente diferente a tener un hermano mayor de quince. En este último caso, por supuesto, el vínculo afectivo seguirá siendo fuerte e inalterado, pero se saltará el vínculo de compartir y comunicarse entre iguales. Esto puede estar señalado, por ejemplo, por una relación Mercurio/Saturno o por Saturno en la tercera casa. Saturno tiene una dirección vertical que dinamita la horizontalidad mercuriana.

Las relaciones en fraternidad crean nuestro primer modelo de relación. Se convertirá en un modelo que pondremos en práctica muchas veces en nuestra vida, con nuestros amigos, en el trabajo, pero también con la pareja. Mercurio es el planeta que nos enseña a comunicarnos con el otro por primera vez, haciéndonos ver cómo, fuera de nosotros, existen sentimientos y opiniones diferentes a los nuestros, con los que debemos aprender a lidiar.

Mercurio también nos dice cuál es la imagen interiorizada de ser hermanos en la historia del árbol. Cómo se vive y se concibe este vínculo, cómo entra en el mito familiar y qué tipo de recuerdos desencadena en los descendientes. A veces serán de profunda cercanía y solidaridad, otras veces, quizá, tendrán la marca del conflicto, la distancia o la rivalidad. Situaciones que pueden ser descritas por Marte (o Eris), Urano o Plutón en relación desarmónica con Mercurio o en la tercera casa, o en relación con su regente.

CUANDO SE SALTA EL CONCEPTO DE PARIDAD EN LA HERMANDAD

La horizontalidad mercurial y la igualdad entre hermanos pueden romperse a raíz de diversos acontecimientos de la historia familiar. He aquí algunos ejemplos:

— Cuando, como hemos visto, hay grandes diferencias de edad entre hermanos, que van más allá de los siete u ocho años. En estos casos, las etapas vitales parecen demasiado diferentes para ser compartidas de manera realista, lo que crea una distancia, no afectiva, sino generacional.

— En situaciones en las que los padres no pueden desempeñar de forma adecuada su papel y los hermanos o hermanas mayores se ven obligados a sustituirlos en el cuidado y la crianza de los niños más pequeños (parentalización). Puede producirse cuando uno de los progenitores enferma, está delicado de salud, ha abandonado a la familia o apenas está presente en el hogar. La parentalización obliga al niño a desempeñar un papel en su hermandad que no le corresponde y que le otorga un poder excesivo. Tal situación puede ser señalada por Saturno en la tercera casa o por su relación con Mercurio o el regente de la tercera. También puede ocurrir con un Saturno en aspecto con la Luna. En estos casos, por supuesto, la paridad salta porque, en la hermandad, hay alguien que cuida y alguien que es cuidado. La dirección es, por lo tanto, vertical y no horizontal.

— También podemos tener un desequilibrio cuando, por parte de la familia, hay diferencias evidentes en el trato a los hermanos. En las familias del pasado, esto ocurría a menudo con los hijos varones, que recibían un trato diferente al de sus hermanas. Hermanos y hermanas compartían las mismas etapas de la vida, pero no las mismas experiencias. Los hermanos varones tenían más libertad y mayor acceso a la educación. No olvidemos que, históricamente, en la cultura patriarcal, existía el mito del hijo varón, que llevaría el apellido paterno, asegurando su supervivencia. Numerosos proverbios o refranes así lo atestiguan, como el famoso «Mis mejores deseos e hijos varones»,[1] pronunciado, brindando, en miles y miles de bodas o fiestas de compromiso.

— En algunos casos, la igualdad se rompe si no se comparte a los padres en hermandad.[2] Por ejemplo, mi consultante Silvia tiene, con su hermana Chiara, el mismo padre, pero distintas madres. Silvia, que es la mayor, vivió una infancia lastrada por la difícil separación entre sus padres. Su padre se volvió a casar tras el divorcio y de esta nueva unión nació Chiara. El segundo matrimonio fue mucho más feliz que el primero y Chiara, a diferencia de su hermana, tuvo una infancia tranquila con dos padres muy unidos. Eso hirió profundamente a Silvia, que se sintió obligada a permanecer cerca de su madre, como si tuviera que defenderla de la nueva

---

1. El proverbio *Auguri e figli masculi* tiene origen siciliano. Fue acuñado por el barón Francesco Bonanno, quien, a mediados del siglo XIX, acabó en la ruina tras haber garantizado una dote a la última de sus tres hijas. También siciliano es otro dicho de este tipo, que reza *I figli masculi sunnu meli, i figli fimmini sunnu feli*, o «Los hijos son como la miel, las hijas son como la hiel».

2. Se consideran hermanos plenos los que comparten ambos progenitores, mientras que se consideran hermanos unilaterales los que sólo tienen uno en común.

felicidad de su padre. Por eso pasaba el menor tiempo posible con su padre y, en consecuencia, con su hermana pequeña. Él había intentado durante años implicarla, pero ella siempre se había mostrado reacia para no disgustar a su madre. Todo esto había creado una distancia entre las hermanas que, incluso cuando crecieron, nunca se solucionó.

— Por último, la igualdad puede faltar si algunos hermanos han sufrido acontecimientos familiares sobre todo traumáticos (como un duelo, una enfermedad o un trastorno económico) más que otros.

¿INFLUYE EL ORDEN DE NACIMIENTO EN EL PAPEL DE LA FAMILIA?

En astrogenealogía, siempre es importante tener en cuenta el orden de naci-miento entre hermanos, ya que a menudo también influye en las funciones y los papeles dentro de la familia. Se trata siempre de tendencias, no de reglas fijas y vinculantes. Sólo el estudio de la carta astral nos las confirmará o no. Nuestro rango en la hermandad también nos emparenta con todos aquellos que en el árbol, a nivel de ascendencia y descendencia, comparten la misma posición con nosotros. Si, por ejemplo, somos primogénitos, tendremos mayor cercanía, y posible lealtad familiar, con aquellos de la familia que sean, como nosotros, primogénitos. Siempre comprobamos, por ejemplo, la posición de padres y abuelos dentro de su hermandad.

Es importante recordar que, en el orden de nacimiento, también se cuen-tan los hijos no nacidos o perdidos de manera prematura. Si, por ejemplo, vengo al mundo después de que mis padres hayan sufrido dos abortos espon-táneos, no seré su primogénito, sino su tercer hijo. Sin embargo, como soy el primer hijo en nacer, es probable que actúe como primogénito, ocupan-do el lugar y asumiendo el papel de aquel no pudo.

EL PRIMOGÉNITO Y EL ARQUETIPO DE LA RESPONSABILIDAD

El primogénito es el único hijo de la hermandad que, durante un tiempo, también es hijo único. Si los hermanos siguientes nacen más de siete años después (es decir, al mismo tiempo o después de su primera cuadratura de Saturno) a nivel psicológico, se sentirá, en muchos aspectos, hijo único para siempre. Los años más formativos de su personalidad se forjarán, de hecho, en esta condición.

Es el hijo con el que la pareja experimenta por primera vez el embarazo, el parto y su propia paternidad. Por eso, el primogénito suele ser un niño sobre el que recae una atención especial, pero también muchas expectativas. Los padres pueden proyectar en él, incluso de un modo inconsciente, sus frustraciones o sus necesidades de venganza y redención. Suele ser el niño que más compensa las frustraciones de los padres. Al ser el más limitado, deja a los nacidos más tarde un mayor margen de acción y libertad. Es un papel que puede vincularse al arquetipo saturnino de la responsabilidad. El primogénito tiende, de hecho, a ser un hijo fiable con un fuerte sentido del deber. Sin embargo, como ya se ha dicho, se trata siempre de predisposiciones. Si, entonces, su carta astral nos habla de rebelión o de renovación de los modelos familiares, tendremos un primogénito distinto, que actuará su papel en estas direcciones.

En el caso de embarazos imprevistos, el primogénito es el hijo que, con su llegada inesperada, ha provocado la estabilización de la pareja parental (en el pasado, eran frecuentes los matrimonios «reparadores», que obligaban a formalizar la unión en caso de embarazo). Sobre el niño, en estos casos, recae, de forma inconsciente, la responsabilidad de la felicidad o infelicidad paterna. En el caso de éxito (la pareja funciona) la identidad se verá reforzada, en el caso de fracaso (la pareja es infeliz, está estancada, sólo se formó porque hubo un embarazo) puede desencadenarse un sentimiento de culpa, sobrecompensación y responsabilidad hacia los padres. El primogénito suele tener una buena relación con la autoridad.

EL HIJO MEDIO, EL NEGOCIADOR DE LA FAMILIA

El hijo medio está acostumbrado a vivir en una posición intermedia, lo que le lleva a desarrollar una buena capacidad de negociación y de compromiso. Con frecuencia es él quien, en el hogar, se interpone entre las partes en conflicto (ya sean los padres o los hermanos). Precisamente por desempeñar ese papel, puede ser el niño más implicado en las disputas entre los padres o, en caso de separación o divorcio, el que intente reconciliar a las partes. Es autónomo, independiente, nunca se ha sentido el hijo único de la familia y siempre ha compartido sus necesidades con los demás. Es evidente que, incluso en este caso, el análisis de la carta es siempre indispensable, con el fin de confirmar o desmentir estas tendencias básicas. Observaremos sobre todo Venus, los valores Libra de la carta, la séptima casa.

EL HIJO MENOR.
¿EXPLORADOR LIBRE O HIJO DE BASTÓN?

El hijo menor nace en una familia en la que ya hay otros niños. El ambiente en casa está, a estas alturas, menos cargado de aprensión y la pareja parental está bien establecida. Por eso, los niños más pequeños suelen tener más libertad y autonomía que el rey de la hermandad, y se convierten en personas independientes, verdaderos exploradores capaces, de diversas maneras, de descubrir nuevos mundos o formas de vida. A veces pueden desempeñar papeles rebeldes contra el sistema. En un contexto patriarcal, esta libertad suele afectar más a los hijos que a las hijas. Podemos observar a Urano y los valores de Acuario en su carta.

En algunos casos, el hijo menor es un hijo bastón, sobre todo si ha nacido de padres que ahora ya no son tan jóvenes y tienen una gran diferencia de edad con el resto de la hermandad. El nombre ya lo dice todo. Es un hijo que, de manera consciente o inconsciente, ha sido concebido con la idea de que permanecerá con sus padres, que los cuidará en su vejez. Son hijos que, en comparación con otros hermanos, tienen más responsabilidad hacia sus padres y están más vinculados a ellos. Esto les llevará a roles de sacrificio o renuncia personal. Vivirán siempre cerca de sus padres, en algunos casos incluso junto a ellos, y esto puede dificultar la formación de una familia, o su convivencia pacífica. El cuidado de los padres ancianos en estos casos no se reparte de un modo equitativo con el resto de la hermandad, que se ve aliviada de esta tarea.

Ésta es una situación frecuente en las familias, que suele crear tensiones y conflictos en la hermandad. Es evidente que el hijo bastón tiene un papel familiar opuesto al del explorador, que en cambio aporta libertad e independencia.

EL HIJO ÚNICO

El hijo único tiene muchas características en común con el primogénito. Es el centro de atención de la familia, pero también pesan sobre él todas las expectativas del sistema. Suele tener una relación muy estrecha con sus padres. No experimenta la competencia habitual con la hermandad. Por lo tanto, la relación con sus primos o compañeros se convierte en el centro de su socialización. En sus primeros años de vida puede vivir sobre todo en contacto con adultos. Suelen ser niños responsables y autónomos, que a veces se esfuerzan por mediar entre sus propias posiciones y las de los demás.

En el caso de hijos únicos, puede ser útil comprobar si:

— En el pasado familiar murieron hijos con un rango diferente al del primero, inconscientemente existe una asociación de supervivencia ligada sólo al primer hijo.

— En generaciones anteriores había profundos conflictos entre hermanos que sacudían y dividían el árbol. En la mayoría de las ocasiones el hijo único evita que se repita esta dinámica.

— En el pasado, el elevado número de niños ha creado pobreza o quitado oportunidades a todo el mundo.

— El hijo único es un hijo no planeado que ha dado lugar a una pareja que de otro modo nunca se habría formado (matrimonios obligados y situaciones similares).

— Es una costumbre frecuente en el árbol tener un solo hijo por pareja (una fórmula probada que se considera exitosa en varios sentidos y, por tanto, se repite).

Todas estas situaciones pueden empujar de manera inconsciente hacia la elección del hijo único. Desde el punto de vista genealógico, esta elección es la más arriesgada porque, si le ocurre algo, todo el linaje puede perderse en un instante. Por eso, en el pasado, cuando la mortalidad infantil era elevada, era una elección poco frecuente.

MERCURIO Y EL PAPEL DEL ESTUDIO DE LOS ÁRBOLES

El nivel de educación presente en un árbol es siempre un indicador importante de analizar. En efecto, de forma indirecta nos da información sobre la historia de una familia, sus posibilidades económicas y el contexto sociocultural en el que está inserta. El nivel de estudios define en gran medida la identidad del grupo, entrando también en la formación del mito familiar. Puede aportar bienestar y seguridad intelectual a los descendientes o, por el contrario, transmitir recuerdos de frustraciones, renuncias o dificultades en este ámbito (por ejemplo, Mercurio en aspecto disonante con Saturno o Quirón...).

Italia, en el pasado, tenía un tejido social sobre todo agrícola en el que pocos privilegiados tenían acceso a la educación. En el campo, hasta la generación de nuestros bisabuelos o abuelos, seguía habiendo un analfabetismo generalizado. Personalmente, cuando estudio un árbol, siempre pregunto en qué generación llegó el primer bachiller o universitario. Quien desempeña este importante papel suele convertirse después en una figura fundamental en la familia. Cuando aumenta el nivel de estudios en un árbol, toda la familia se beneficia, tanto culturalmente como, a menudo, en los ámbitos económico y social. Cuando se produce este salto, no suele haber vuelta atrás. El paso ya está dado y el nuevo nivel de estudios se convierte en norma también para la descendencia. Por eso, si en un árbol nos encontramos con hijos que han estudiado menos que sus padres, debemos analizar la situación con detenimiento. ¿Se ha convertido el estudio en el territorio en el que se expresa una oveja negra? ¿Ha habido imposiciones relacionadas con el estudio que se han rehuido? ¿Existen conflictos en la familia sobre este tema? ¿Aparecen seguridades personales en este territorio? ¿Autosabotaje? ¿Atracción de mentalidades devaluadoras? ¿O la familia ha tenido problemas tan graves que el acceso de los hijos a la educación se ha visto comprometido? La carta astral siempre es explicativa en este sentido.

También es importante saber en qué generación llegó la primera mujer de la familia con un buen acceso a la educación. Se trata de hitos en la historia familiar que nos dicen mucho sobre el nivel de emancipación femenina en la familia.

Tengo una consultante cuya abuela materna se casó en 1921 en un pueblecito del Piamonte. Ella tenía dieciocho años, él veinte. El matrimonio había sido concertado entre las familias, y los novios, como era habitual en la época, sólo se habían visto en muy pocas ocasiones veces antes de casarse. Sólo en el altar, al firmar los registros, se dio cuenta de que su futuro marido había firmado con una equis, como era costumbre en los analfabetos. Para ella, que había llegado orgullosa hasta quinto de primaria, descubrirlo fue un *shock*. ¿Cómo habían podido elegir para ella a un hombre que ni siquiera sabía escribir su propio nombre? Nadie se lo había dicho y enterarse tan de sopetón fue tan traumático para ella que aquello comprometió el matrimonio para siempre, y decretó su fin al mismo tiempo que su comienzo. Nació en ella una frialdad absoluta hacia él que nunca amainó. Él murió durante la

Segunda Guerra Mundial y ella volvió a casarse unos años más tarde con un profesor. Fue un matrimonio feliz y amoroso, compensatorio a varios niveles. Ella tenía un orgulloso Mercurio en Aries, sextil a Venus en Géminis en la séptima casa (el estudio como factor de placer y crecimiento de la autoestima). Su segundo marido colocó su hermoso Sol en Tauro, en conjunción con Júpiter, en el punto medio entre estos dos factores astrológicos. Aportaba luz, apoyo y expansión.

Las profundas heridas de reconocimiento, ligadas a Mercurio y al estudio, serán a menudo compensadas por los descendientes a través de su profesión. Se convertirán en profesores, traductores, libreros, periodistas, bibliotecarios… La profesión es siempre una vía privilegiada a través de la cual los árboles sanan sus heridas.

MERCURIO, ¿DE QUÉ SE PUEDE HABLAR Y DE QUÉ NO EN LA FAMILIA?

Otro simbolismo importante de Mercurio está relacionado con el nivel de comunicación dentro de un árbol. En cada familia, de hecho, las personas hablan (o no hablan…), de una manera única y personal. Suelen ser patrones estables y bien interiorizados, que entran en el mito familiar y se transmiten a los descendientes. De hecho, se aprenden desde la infancia. Los niños siempre saben reconocer, desde pequeños, los discursos que deben evitarse en el hogar, porque generan tensión, conflicto y tristeza en los adultos. Hay familias en las que no se puede hablar de duelo, ni de muerte, ni de personas de la familia que han causado vergüenza, pudor, sufrimiento (tal vez convirtiéndose en parias u ovejas negras). De vez en cuando vendrá al mundo alguien con la función de romper estas reglas, de renovarlas. Tal vez, en su carta, tendrá Mercurio en el Ascendente, en Géminis, o en Acuario, o en relación con Urano. Mercurio en Escorpio, o en la octava casa, puede, por otra parte, mostrarnos quién se atreve a hablar de lo que se considera innombrable, ligado a la sombra y a lo oculto de la familia.

MIGRACIÓN, ¿ELECCIÓN LIBRE O FORZADA?

Las migraciones son siempre acontecimientos importantes en la historia de una familia que pueden separar y dividir un árbol de manera definitiva.

Mercurio es esencial para estudiar cómo vive la familia el cambio lingüístico que supone la migración a un país extranjero. Para quienes abandonan su país, la lengua de origen puede cargarse de nostalgia, pesar y convertirse en un hilo invisible que los une al pasado y a todo un mundo que, con el tiempo, puede que ya no encuentren intacto.

La lengua del nuevo país, en cambio, se convierte en un *pasaporte* para la integración o en una barrera superable entre uno mismo y los demás. El discurso lingüístico se vuelve aquí delicado, la lengua es también portadora de identidad, cultura, pertenencia, elementos todos que la migración puede poner en entredicho.

Las migraciones, recordémoslo, son básicamente de dos tipos: elegidas con libertad o impuestas. Abandonar el país por amor, o para ejercer una profesión que uno ama, es diferente de tener que dejarlo por fragilidad económica, falta de perspectivas o, peor aún, por guerra o persecución política. Si la migración no es elegida, sino impuesta por acontecimientos externos, perder la lengua materna será como sufrir una amputación. Uno puede incluso volverse hostil a la nueva lengua, sintiéndola fría y distante. Cuando, por el contrario, la migración es libre y consciente, todo cambia. La lengua materna siempre seguirá siendo querida, pero también lo será la nueva. Las personas saldrán enriquecidas de esta doble vía lingüística, que es, por supuesto, también una doble vía cultural. La lengua adoptada servirá para integrarse mejor, para ampliar horizontes, para encajar en la nueva sociedad.

Los hijos de inmigrantes también expresan siempre, a través de Mercurio, esta doble cara de la migración. Si son hijos de personas bien integradas, podrán estudiar y crecer bilingües con serenidad. Todo será más difícil, en cambio, para los hijos de migrantes forzados que, en casa, respirarán frustración y una profunda y continua nostalgia por el país que tuvieron que abandonar. Es en estos casos cuando pueden desencadenarse esos dolorosos conflictos de lealtad que experimentan los hijos de migrantes, al sentirse desgarrados entre el mundo representado por sus padres y el vivido en la escuela o con los amigos.

10

VENUS Y EL MANDATO DE LA PAREJA

POR ELENA LONDERO

VENUS Y SENTIRSE DIGNO DE SER AMADO

Si Venus aparece muy acentuado en una carta astral, puede hablarnos de un clan que tiende a buscar la armonía, la relación, la cooperación, y todo ello puede entrar también en la formación de su mito familiar.

Venus, como símbolo astrológico, lleva en sí el recuerdo de las mujeres del árbol y de las madres del sistema, vistas como mujeres. En términos más generales, Venus nos dice cuál es la imagen de lo femenino interiorizada en el seno de una familia. El planeta también describe cómo se expresa la afectividad en el árbol, cómo circula el amor. Hay familias en las que es normal abrazarse, cogerse de la mano, tocarse. En otras, en cambio, las relaciones físicas son más raras, reservadas o conciernen sobre todo a los niños. Son hábitos que se transmiten de generación en generación y tienen un origen tanto cultural como estrictamente familiar.

Venus también es una herramienta valiosa para comprender el nivel de autoestima de una persona y de su clan. Si la Luna simboliza nuestro sentimiento de seguridad interior, Venus nos dice cómo —desde la infancia— nos hemos sentido deseables, valiosos, especiales. Habernos sentido dignos de amor al principio de la vida nos libera para recibir la misma mirada también en nuestras relaciones adultas, y no sólo en las sentimentales. Los territorios venusinos amplían los lunares, más íntimos y familiares, para permitirnos el encuentro con el Otro. La confianza en uno mismo es algo que irradia y que los demás perciben. Un Venus bello hará más brillante a un Sol, más audaz a un Marte, más animoso a un Mercurio. Lo mismo ocurre, a la inversa, con la inseguridad. Las heridas relacionadas con la autoestima, o la desvalorización de los modelos familiares, pueden afectar a nuestro nivel de autoestima y, en consecuencia, a la calidad de las relaciones que encontramos a lo largo de la vida.

Sin embargo, el simbolismo más conocido de Venus es, sin duda, el relacionado con la vida sentimental. En astrogenealogía estudiaremos los modelos que nuestra familia nos ha transmitido en este ámbito, para comprender cómo nos influyen. Incluso en el amor, de hecho, experimentamos algo que es nuestro, pero que nunca es sólo nuestro. En algunos árboles, por ejemplo, amamos con la intensidad de quienes sitúan el amor en la cima de todas sus aspiraciones. Todo parece girar en torno a este sentimiento e incluso el mito familiar se enriquece y se impregna de él. Esto puede llevar a los descendientes a tener expectativas muy altas en este ámbito. O hacer que se sientan obligados a recorrer, en el amor, caminos predefinidos exigidos por las convenciones y tradiciones familiares. En otras familias, sin embargo, el sentimiento amoroso está impregnado de recuerdos de dolor y sacrificio. Las uniones no han sido felices y, de hecho, han tensado la existencia de las personas. En estos casos, el amor se convierte en un territorio traicionero, en el que no es fácil aventurarse.

Por lo tanto, es importante comprender si, en general, las parejas de nuestro árbol nos parecen mayoritariamente felices o infelices y, en este último caso, si tienden a romperse o a permanecer juntas de todos modos. Intentemos también comprender el papel que, en las parejas del árbol, se concede a lo físico y a la pasión, pero también a la traición o a los celos. Preguntémonos si el amor se ha entrelazado alguna vez con un sufrimiento profundo, quizá por la muerte de un ser querido, o por un abandono o una traición que sobre todo han generado mucho dolor.

Sea cual sea el modelo familiar que heredemos, es algo sobre lo que también actuaremos, de manera consciente o inconsciente, en nuestras relaciones. Si es positivo, es probable que intentemos reproducirlo para vivirlo a nuestra manera. Si es infeliz, es probable que lo repitamos en un intento inconsciente de repararlo y sanarlo. Schützenberger escribe: «Repetir los mismos hechos que componían la narrativa familiar es para nosotros una manera de ser fieles a nuestros antepasados, una forma de continuar la tradición familiar».[1]

Los mandatos familiares saturninos también pueden descender sobre nuestra vida amorosa, «órdenes» genealógicas que nos exigen vivir algo muy

---

1. Anne Ancelin Schützenberger, *op. cit.*

concreto. Así, podemos sentirnos obligados a casarnos, a tener hijos o a mantener un matrimonio, aunque haya llegado a su fin. No hacerlo puede desencadenar el juicio del clan y generar en nosotros sentimientos de culpa o sentimientos de angustia y malestar. Se trata de dinámicas conscientes, de las que actuamos sin ser conscientes. Boszormenyi Nagy, el psiquiatra húngaro que teorizó el tema de las lealtades familiares, escribe: «Entre cada persona y el sistema familiar al que pertenece hay un constante toma y daca de expectativas. Oscilamos de un modo incesante entre aferrarnos a nuestras obligaciones y eludirlas».[2] La mejor solución es muy venusina y sugiere buscar un buen equilibrio entre lo que el árbol nos exige y lo que creemos que nos conviene.

Es obvio que cada individuo tendrá interiorizado su propio patrón de pareja, en el que confluirán unos recuerdos familiares más que otros. La conciencia genealógica puede ayudarnos a verlos y a hacer que comprendamos por qué vivimos el amor de una determinada manera o por qué tendemos a encontrarnos siempre con un patrón de pareja o de situación concreto.

Siempre es aconsejable observar también, en una carta astral, el arquetipo del matrimonio parental, formado por la pareja de las dos luminarias, el Sol y la Luna. Se trata de una pareja simbólica y arquetípica, en la que encajan no sólo nuestros padres biológicos, sino también muchas otras madres y padres del árbol. Son uniones básicas presentes en el inconsciente familiar, modelos compartidos que son transmitidos a la descendencia, capaces de activar un escenario predefinido de relaciones parentales y de pareja.

Para estudiar nuestros patrones relacionales, intentamos hacer una lista de fechas relacionadas con citas, matrimonios, divorcios, partos u otros. Se trata de ver si hay fechas que repiten tono o conectan con otros acontecimientos familiares. Esto podría revelar repeticiones o hilos comunes, vinculados a acontecimientos familiares relacionados.

¿POR QUÉ NUNCA ENCUENTRO A LA PERSONA ADECUADA?

Es una pregunta que me hacen a menudo en mis consultantes. Por supuesto, es una pregunta moderna, propia de nuestra sociedad occidental. A nuestros abuelos o bisabuelos nunca se les habría ocurrido planteársela. Antes, la gen-

---

2. Ivan Boszormenyi Nagy & G. M. Spark, *Lealtades invisibles,* Amorrortu, 2013.

te se casaba pronto y el matrimonio era una elección definitiva, fuera cual fuera. Hoy, por supuesto, todo es diferente. Tenemos una libertad que les habría parecido increíble a nuestros antepasados. Podemos cambiar de pareja, divorciarnos, permanecer felizmente solteros, amar a personas del mismo sexo, formar una familia extensa. Sobre el papel, podemos vivir como queramos. Sin embargo, no siempre somos más felices y nos sentimos más realizados. Y es aquí, en mi opinión, donde surge el estrecho vínculo entre genealogía y afectividad.

Hay dinámicas familiares que se repiten a lo largo de varias generaciones y resurgen en la vida sentimental de los descendientes. Siempre es el inconsciente el que elige a nuestra pareja y lo hace en función de nuestra historia personal y familiar y de las imágenes y modelos que hemos interiorizado sobre el amor.

LAS REPETICIONES
EN LA VIDA AMOROSA

La astrogenealogía nos permite conocer los patrones de relación de nuestro árbol con los que estamos más conectados. Si se refieren a experiencias dolorosas, vividas en el pasado por algunos de nuestros antepasados, es posible que volvamos a repetirlas de manera inconsciente, con el fin de sanar sus heridas. La repetición es un mecanismo genealógico frecuente y eficaz que, con el paso del tiempo, conduce a una solución. Algo se repite hasta que se supera el problema. A veces, sin embargo, se necesitan varias generaciones para que esto ocurra. Aquí, pues, aparecen en varias cartas de una familia las mismas relaciones de Venus con Saturno, o con un planeta transgeneracional. En este caso, será importante comprender si se produce una transición de aspectos discordantes a otros más armoniosos (la repetición conduce a una solución o a una disminución de la tensión) o si, en cambio, ocurre todo lo contrario o se confirman los aspectos tensos (la situación sigue sin encontrar la manera de llegar a una solución).

La repetición puede referirse a características precisas de la pareja o a situaciones vividas por la pareja. Por ejemplo, una de mis consultantes se casó con un hombre que la engañó varias veces a lo largo de los años. Lo mismo le había ocurrido a su madre y a su abuela paterna. De joven, al ver a su madre sufrir por ello, se juró a sí misma que a ella nunca le pasaría. Y en los primeros años de matrimonio, en efecto, no le había pasado. Pero luego la relación se había roto y había habido varias traiciones. Y eso se repitió. Después de unos años muy dolorosos, ella decidió pedir la separación. Lo hizo sobre todo por su hija, porque tenía muy claro que quería ofrecerle otro modelo de mujer. Sin embargo, en la actualidad todavía no está serena y se siente culpable de la decisión que tomó. Su madre siempre ha desaprobado su elección, por lo que carece de apoyo. Al separarse, rompió una regla básica de su sistema familiar, que consistía en soportar la traición masculina para mantener unida a la familia a toda costa. Un patrón frecuente. La hija, que está muy unida tanto a su madre como a su abuela, tendrá que enfrentarse un día a un conflicto de lealtades por esta cuestión. Se enfrenta a dos figuras femeninas muy queridas que, sin embargo, le ofrecen modelos diferentes. Y sólo se entenderá con ella si la repetición sigue activa. La niña tiene a Venus en Acuario, en la quinta casa, y en sextil a Lilith en Tauro. Esto nos hace imaginar que la madre, al separarse, ha iniciado un proceso de sanación y que la hija, con su hermoso Venus, lo concluirá por completo, eliminando también la culpa. Será ella quien supere, incluso por desobediencia, los modelos familiares más tradicionalistas y conservadores (Lilith en Tauro). Conseguirá renovarlos mediante la aportación a la pareja de más libertad, independencia y nuevos valores (Venus en Acuario).

Schützenberger escribe: «Podemos recuperar nuestra libertad y liberarnos de la repetición comprendiendo lo que ocurre, captando estos hilos en su contexto. De este modo, podemos vivir nuestra propia vida y no la de nuestros padres o abuelos».[3] La astrogenealogía ayuda a tomar conciencia de las repeticiones familiares, convirtiéndolas en un acto creativo que a menudo resulta esclarecedor o reparador. ¿Cómo saber si una repetición familiar ha conducido finalmente a una reparación? Nuestro estado de ánimo siempre es un excelente indicador. Sentirse sereno, realizado, con la sensación de estar en el lugar adecuado, son siempre buenos indicios de que estamos en el buen camino.

¿POR QUÉ DEBO TERMINAR LO QUE QUEDA SIN RESOLVER EN MI ÁRBOL?

Hemos visto cómo el mecanismo de la repetición tiene la finalidad de intentar sanar una familia no resuelta, por lo general activada en las tres últimas

---

3. Anne Ancelin Schützenberger, *Esercizi pratici di psicogenealogia*, Di Renzo Editore, 2012.

generaciones. Algo que, por tanto, sigue activo y en busca de solución. Pero ¿por qué sentimos esta fuerte necesidad de acabar con algo que, en nuestra ascendencia, ha quedado sin resolver? ¿Por qué no nos olvidamos de ello?

Quien nos da una respuesta es la psicóloga lituana Bluma Zeigarnik (1901-1988), que realizó importantes estudios sobre el fenómeno de la mayor memorización de una tarea si aún no se ha completado. Al quedar en suspenso, permanece psíquicamente activa y esto desencadena tensión y una fuerte motivación para completarla lo antes posible. El efecto Zeigarnik, bien conocido en psicología, también parece fundamental en psicogenealogía. Explica por qué los descendientes tienden a ocuparse, aunque sea de manera inconsciente, de los asuntos pendientes de su árbol, ya sean duelos no procesados, conflictos no resueltos o situaciones que siguen creando problemas. Los descendientes sienten la tensión de lo no resuelto y se ven impulsados a concluirlo.

El efecto Zeigarnik no sólo actúa a nivel genealógico, sino también en nuestra vida cotidiana. Piensa en el fastidio de irte a dormir sin haber conseguido terminar un trabajo que empezaste, o en las ganas de terminar de leer una novela policíaca para averiguar quién es el asesino.

LOS BLOQUEOS GENEALÓGICOS

La repetición tiene movimiento, mientras que el bloqueo genealógico es estacionario y tiende a inmovilizar a un solo descendiente en un ámbito de su vida. Imaginamos un bloqueo genealógico como una luz roja que el árbol pone en nuestro camino.

La vemos y, de un modo consciente o inconsciente, nos detenemos. Por ese camino ya no nos es dada la posibilidad de avanzar.

Podemos suponer que está activa en nuestro mandato como pareja cuando nunca conseguimos iniciar una relación, o si nuestra vida amorosa permanece estancada, haciendo que sólo nos encontremos con personas que no corresponden a nuestros sentimientos o con situaciones que nunca llevan a ninguna parte.

¿Qué puede desencadenar esta luz roja? Normalmente, detrás de un bloqueo genealógico se esconden acontecimientos graves y dolorosos que ha vivido algún antepasado con el que estamos muy conectados. Los heredamos como recuerdos sensibles, ligados a sucesos de naturaleza traumática, que evitaremos para no sufrir a nuestra vez. Esto puede ocurrir si en el pasado, por ejemplo, nuestra vida amorosa estuvo asociada al duelo o al abandono. La violencia, los malos tratos o los abusos también pueden dejar activos profundos recuerdos familiares.

Evitar a toda costa el amor puede, por tanto, tener como objetivo escaparse del dolor que puede surgir de él. El bloqueo genealógico es una forma extrema de protección, pero también impide experimentar el amor. Es necesario distinguir estas situaciones de los períodos normales de dificultad que todos podemos afrontar en nuestra vida. El bloqueo genealógico es algo más fuerte e incisivo.

Elisa, una de mis consultantes, es una joven de treinta y cinco años de edad en cuyo árbol genealógico han perdido de manera dramática a sus seres queridos hasta tres familiares en las últimas generaciones. Los duelos incluyeron a un joven que cayó en el frente de guerra, una esposa muy querida que murió de cáncer, con hijos aún muy pequeños, y, por último, un prometido que falleció en un accidente de coche, sólo un mes antes de la fecha de su boda. Los tres fueron amores intensos que causaron un sufrimiento lacerante, del que estas personas nunca se recuperaron del todo. Ninguna de ellas, de hecho, consiguió rehacer su vida amorosa después de lo sucedido.

En Elisa se desencadenó una fuerte lealtad hacia sus antepasados. Lleva dentro el recuerdo vívido de su dolor. De forma inconsciente, teme que, si se permitiera amar a alguien profundamente, podrían correr una suerte trágica. Ha tenido pocas relaciones en su vida y ninguna ha durado más de unos pocos meses. En su carta hay una Cuadratura en T en signos fijos (lo que no facilita la superación). Plutón en Escorpio, en la quinta casa, se opone a Marte en Tauro, en la undécima casa. Ambos planetas, a su vez, cuadran en Venus, el punto focal de la configuración, situado en la octava casa, en el signo de Acuario. Por lo tanto, el mandato de la pareja está implicado por completo. Venus se sitúa en la casa de la sombra y de los grandes traumas y duelos familiares. También está en relación con Plutón, el planeta que nos devuelve a los duelos no vividos o no resueltos (un síntoma de ello es el hecho de que nadie haya reconstruido una familia después de los duelos sufridos). En la familia, el aspecto Venus/Plutón se repite varias veces entre diferentes miembros de la familia. Se trata, pues, de una memoria activa, aún por reparar y sanar.

El camino de permanecer soltera es el que, hasta la fecha, Elisa ha experimentado con mayor facilidad, aunque la cuadratura en T crea tensión en ella, volviéndola inquieta e insatisfecha.

AMARSE PARA COMPARTIR
LAS PROPIAS HERIDAS

A veces en la pareja se encuentra algo que se ha perdido durante un muy largo período de tiempo, algo de uno mismo o de la propia infancia, a veces incluso algo que no hemos perdido nosotros, sino nuestros antepasados.

De hecho, algunos amores tienen en su base el reconocimiento de heridas genealógicas comunes. Se trata de algo compartido de manera muy profunda que puede unir mucho a una pareja, aunque pueda seguir siendo un mecanismo inconsciente. La herida, al ser compartida, se alivia, recibe consuelo, es aceptada. Son relaciones muy quironianas, capaces de calmar el dolor y superar sentimientos profundos de soledad. Son amores que pueden convertirse en pactos de supervivencia para toda la vida, y que nada puede socavar.

Un ejemplo. Una consultante toscana mía sólo se enteró después de varios años de matrimonio de que la abuela de su marido, igual que la suya, también había sido violada en el pueblo por soldados de paso al final de la Segunda Guerra Mundial. De ambas violaciones había nacido hijos (su padre y su suegra). En el árbol de su marido (no en el suyo), se trataba de un asunto familiar, un tabú absoluto del que nadie hablaba. Sólo recientemente había resurgido. Por tanto, ¡ambos tenían un progenitor víctima de abusos sexuales en tiempos de guerra! Estadísticamente, ¿qué posibilidades hay de encontrar una pareja que tenga la misma historia, sobre algo tan específico y doloroso?

Es evidente que el enamoramiento también se desencadena por dinámicas de reconocimiento genealógico inmediato, dinámicas relámpago, con un reparto del inconsciente familiar que nos hace sentir de inmediato afines y muy próximos a una persona, hasta el punto de enamorarnos profundamente de ella.

¿QUÉ PAPEL JUEGA LA INFIDELIDAD
EN NUESTRO ÁRBOL?

Se trata de un tema amplio que un astrogenealogista aborda con frecuencia. En algunas familias, la infidelidad se considera siempre inadmisible. Sin embargo, hay árboles en los que la infidelidad es recurrente y a veces incluso aceptada. En la sociedad patriarcal, la infidelidad masculina estaba permitida siempre que no pusiera en peligro la estabilidad familiar, mientras que la fe-

menina siempre era juzgada de manera severa. Es obvio que ambos modelos /
podían transmitirse a la descendencia. Es importante entender, en primer
lugar, si en el árbol la infidelidad está asociada a recuerdos de dolor o a actitudes sobre todo denigrantes y que infravaloran, sufridas o infligidas, que se
repiten. Sobre todo, son muy intensos los recuerdos de infidelidades que han
tenido fuertes consecuencias y repercusiones en la historia familiar. No todas
las infidelidades tienen un origen familiar o genealógico.

Estamos en ámbitos de la vida extremadamente personales, donde no hay
fórmulas predefinidas que se apliquen a todo el mundo. Para algunos, la
infidelidad no es dramática, se puede engañar sin cuestionar a la pareja. Una
Venus en Escorpio, o en aspecto con Plutón, tendrá necesidades muy diferentes de una Venus en Libra o Virgo, o en aspecto con Saturno. Alguien
enamorado busca seguridad, otra persona segura se siente simplemente
asfixiada. No todos somos felices de la misma manera.

En una carta astral, además de Venus, siempre observaremos a Lilith, que
nos habla de una potencial desobediencia a los modelos femeninos recibidos, si se experimentan como injustos o limitantes. También combinamos el
análisis de los modelos de pareja con el estudio del asteroide Juno. El asteroide expresa una concepción tradicional y patriarcal de la sociedad, en la que
el matrimonio es el elemento básico, que nunca puede fallar. Se trata de
modelos familiares fuertes que se heredan y que hacen recaer sobre los hombros del traicionado la responsabilidad de mantener unida a la familia, a
pesar de todo. Los asteroides son valiosos indicadores astrológicos, pero
nunca tienen, por sí solos, la fuerza de los planetas. Añaden detalles a una
carta y sólo se activan cuando están en conjunción con un planeta personal
o un ángulo de la carta.

EL HIJO CONSORTE Y
LA RENUNCIA AL AMOR

El hijo consorte permanece unido a su progenitor durante toda su vida, como un fiel paladín. Esto puede tener graves repercusiones en su vida amorosa, que puede quedar en suspenso o ser siempre secundaria a la relación con
el progenitor. Es un escenario familiar que desencadena lealtades vinculantes
desde la infancia, que luego pueden permanecer activas en la vida adulta. Los
hijos sienten que tienen que compensar y mitigar la infelicidad y las dificultades que el progenitor ha tenido que afrontar a lo largo de su existencia.

Se habla pues de hijo o hija consorte cuando los hijos desempeñan en la vida de uno de los padres el papel que debería desempeñar una pareja. El progenitor comparte con ellos las opciones familiares, la gestión de la vida cotidiana, el tiempo libre. Los hijos ocupan el lugar del cónyuge, a todos los niveles excepto el sexual, convirtiéndose en puntos de referencia insustituibles. Se trata, por tanto, de un papel familiar vinculante y sacrificado, que suele activarse cuando un progenitor se queda solo, tras un divorcio, una viudedad o cuando ha sido abandonado. A veces incluso existe una pareja real, pero parece estar por completo ausente o ser sólo una fuente de problemas. Los hijos consortes pagan un alto precio por su fuerte sentido de la lealtad, y suelen perder la libertad de construir su propia vida amorosa autónoma e independiente. Lo ideal, para los hijos, es tener siempre unos padres serenos y realizados, de los que puedan distanciarse sin preocupaciones ni sentimiento de culpa. Es difícil ser autónomo en pareja si antes no se es independiente de los padres en los planos emocional y psicológico.

EL INCESTO GENEALÓGICO

En psicogenealogía, se habla de incesto genealógico cuando dos personas, unidas por una relación sentimental, actúan como si pertenecieran al mismo árbol genealógico y no, en cambio, a dos árboles diferentes. Mantienen así una relación que, por diversas razones, parece más familiar que sentimental. Esto puede ocurrir, por ejemplo, cuando una pareja convive con los padres de uno de ellos (en la misma casa, muy juntos o compartiendo comidas de forma regular). En estos casos, la relación se parecerá a la de dos hermanos que viven con sus padres. Esto puede llevar a una falta de autonomía de la pareja o a interferencias que generen tensiones. Todo esto también puede afectar al deseo sexual. Son dinámicas insidiosas, porque a menudo se esconden detrás de razones de conveniencia económica («Mientras tanto ahorras dinero», «Para no tener una hipoteca sobre los hombros»). Esto también recuerda el escenario de la fraternidad, en el que uno es mantenido por sus padres. También podemos tener formas sutiles de incesto genealógico cuando la pareja entra en la esfera del árbol genealógico de uno porque lleva el mismo nombre que uno de los padres, o tiene el mismo apellido que nosotros, o nació casi el mismo día que un pariente cercano.

EL SÍNDROME DEL GEMELO DESAPARECIDO

El síndrome del gemelo desaparecido[4] fue reconocido por los psicólogos Alfred y Bettina Austermann en 1998. Descubrieron que el trauma generado por la pérdida de un gemelo durante la vida fetal está en el origen de algunas ansiedades. Se trata de una situación más frecuente de lo que se creía, que afecta a cerca del diez por ciento de todos los embarazos y suele ocurrir en las primeras semanas de gestación. Es un acontecimiento que provoca sentimientos muy precoces de pérdida y abandono. También puede tener repercusiones en la esfera afectiva. Como pareja, uno puede tener la sensación de no encontrar nunca lo que necesita. De manera inconsciente, se busca la sensación de fusión total experimentada al principio de la vida. A menudo, la persona que sufre ha interiorizado la imagen de una relación tan perfecta e idealizada que luego es imposible de cumplir en la realidad. Esto le lleva a experimentar continuas decepciones en sus relaciones (no sólo sentimentales, sino también familiares o de amistad). Todo ello genera un profundo sentimiento de soledad e incomprensión. No todos los gemelos que nacen solos desarrollan el síndrome del gemelo desaparecido.

CÓMO ESTUDIAR VENUS Y EL MANDATO DE LA PAREJA EN ASTROGENEALOGÍA

Para analizar en clave astrogenealógica el mandato de pareja, es decir, la herencia que recibimos en este ámbito de nuestro árbol, estudiaremos a Venus, el Descendente, la casa séptima y, si está vacía, su regente. Estudiaremos a Venus a través de su signo zodiacal, la casa en la que se sitúa y, sobre todo, a través de los aspectos que forma en la carta. También observaremos si es un punto medio activo, es decir, un punto equidistante a otros dos factores astrológicos de la carta.

Hay signos zodiacales en los que Venus se encuentra sobre todo a gusto. En Tauro y Libra está en domicilio, mientras que en Piscis está en exaltación. En cambio, los signos opuestos a estas posiciones, Escorpio, Aries y Virgo, son signos de exilio o cadentes.

Echemos un vistazo rápido a las posiciones de Venus por signo:

---

4. Alfred Austermann & Bettina Austermann, *Síndrome del gemelo perdido,* Natural Ediciones, 2017.

Venus en Aries (exilio): mujeres fuertes del sistema, que han tenido que asumir papeles de liderazgo a menudo por necesidad, que viven este papel también en soledad. Relaciones de pareja intensas, a veces conflictivas. Competencia dentro de la pareja. Necesidad de dominar y definirse a través de la confrontación con la pareja.

Venus en Tauro (domicilio): aquí Venus es sensual, afectiva, estable. Necesita sentirse segura, no correr riesgos; las relaciones deben ser capaces de responder a esta profunda necesidad emocional y psicológica. Busca la seguridad económica en la relación, que garantice un buen nivel de vida para ella y para los que ama.

Venus en Géminis: su manera de expresarse es fresca, alegre, comunicativa. Indica mujeres de sistema sociable, capaces de crear una red social viva a su alrededor, intelectualmente vivaces. Aquí Venus necesita movimiento e intercambio intelectual. En la pareja debe haber presteza y vivacidad, diversión, para que no se instale el aburrimiento. La pareja puede restablecer pautas de fraternidad. A veces, se da inmadurez o dificultad para comprometerse de forma duradera.

Venus en Cáncer: afectiva, fusional, sensible, busca alimento, cuidados, seguridad emocional en la pareja. Puede tener relaciones simbióticas o compensar inseguridades emocionales vividas en la infancia. Puede haber una ecuación entre ser mujer y ser madre. Las mujeres del árbol mantienen unida a la familia.

Venus en Leo: mujeres del árbol orgullosas, fuertes, ambiciosas, capaces de destacar en el clan. Las relaciones dan identidad, objetivos vitales. En la pareja son leales y fieles, necesitan liderar, brillar. Para su autoestima necesitan un fuerte reconocimiento de los propios talentos.

Venus en Virgo (cadente): memoria de amores en los que se activó el arquetipo del sacrificio, del cuidado, que afectó a las relaciones de manera profunda. Mujeres del sistema que eran fuertes, inteligentes, pero que tuvieron que sacrificarse de un modo desinteresado, por problemas de salud o económicos de la familia. Pueden haber vivido con humildad, descuidando su feminidad, su deseo sexual, su afectividad. Los matrimonios pueden haber impuesto cuidados y dedicación.

Venus en Libra (domicilio): las relaciones son fundamentales, se busca la armonía, el equilibrio, el intercambio. En el árbol, modelos de pareja en los que uno está atento al otro, reciprocidad. El riesgo es siempre sentirse aprobado, o tener que llevarse bien. Idealización de la pareja, de su papel en la vida, posibles dependencias afectivas. Mujeres de familia bellas y elegantes.

Venus en Escorpio (exilio): Venus profundo, a veces vive las relaciones a través del dolor o de un sentimiento de pérdida, de abandono. Amores tortuosos, intensos, enfrentarse a problemas u obstáculos. Se pueden tener recuerdos genealógicos de duelos, abandonos, traiciones, secretos familiares relacionados con la vida de pareja.

Venus en Sagitario: mujeres dinámicas, en movimiento, capaces de ampliar los horizontes familiares o de pareja. Relaciones vividas con confianza, entusiasmo, a veces con cierta ingenuidad. Parejas que emigran, relaciones amorosas con personas extranjeras o diferentes a ellas por diversos motivos.

Venus en Capricornio: puede que tengamos recuerdos del árbol en el que las relaciones desempeñaban el papel de proporcionar seguridad, sacar a la gente de la pobreza, emerger en el plano social. Esto puede haber dado lugar a parejas poco sentimentales, pero muy compactas y unidas en otros frentes, a menudo duraderas. Mujeres del sistema fuertes, tenaces, concretas, dispuestas a sacrificarse para conseguir lo que el sistema familiar necesita. A veces, soledad y dificultad para soltarse emocional o sexualmente.

Venus en Acuario: necesidad de independencia y libertad en la pareja, posibles recuerdos de exclusiones, separaciones por motivos sentimentales. Nuevas formas de vivir las relaciones frente a los modelos más tradicionales transmitidos por el árbol. Mujeres emancipadas e inconformistas.

Venus en Piscis (exaltación): es una Venus altruista y empática que en las relaciones puede comprender de inmediato los sentimientos de quienes la rodean, sobre todo el dolor. Puede tener tendencia a idealizar o mantener en su interior recuerdos de amores perdidos. Puede activar el arquetipo del crucificador o salvador. Mujeres del sistema sensitivo, con espiritualidad intensa y profunda. Posibles idealizaciones relacionadas con el amor. Sensación de no encontrar lo que más se busca o se necesita.

Por último, comprobaremos también las casas regidas por la propia Venus, es decir, las que tienen cúspide en Tauro y Libra. En efecto, también en ellas el planeta ejercerá su acción.

SATURNO Y LO TRANSGENERACIONAL EN EL MANDATO DE LA PAREJA

Siempre es importante cuando Saturno y los planetas transpersonales entran en el mandato de la pareja, es decir, forman un aspecto con Venus, el Descendente o la séptima casa (ya sea por presencia en la propia casa o por aspecto con su regente).

SATURNO EN EL MANDATO DE LA PAREJA

En la historia del árbol, la vida sentimental puede haber coincidido con sacrificios, penurias o dificultades. La realidad a la que se han enfrentado algunas parejas puede haber sido tan agotadora que el aspecto sentimental y emocional se haya visto asfixiado. Los contactos Venus/Saturno son siempre delicados y pueden minar la autoestima de una persona, y hacerla sentir, en algún nivel, inadecuada e indigna de recibir amor (por tanto, insegura en el plano afectivo o en el sexual). También puede haber recuerdos similares activos a nivel del árbol. Puede haber bloqueos genealógicos en este ámbito o mandatos de la pareja que parecen más obligatorios que elegidos con total libertad.

En caso de sextil o trígono, la situación puede aligerarse de forma considerable, llevando a buscar en las relaciones sobre todo duración, seguridad y estabilidad. Si Venus desea este tipo de planificación, Saturno puede ser el mejor de los aliados. Cuando Venus busca la seguridad saturnina, puede traer consigo recuerdos familiares de sacrificio e indigencia. Los recuerdos de pobreza son siempre genealógicamente muy fuertes y, por lo tanto, difíciles de olvidar. Siempre hay que respetarlos. Recordemos que, en el pasado, el matrimonio podía ser a menudo la única oportunidad para una mujer pobre de mejorar su condición y su estatus, para sí misma y un día para sus hijos. Esto primaba sobre la afectividad. La seguridad económica aportada a la relación suele traducirse también en seguridad psicológica, sobre todo si se procede de una familia que, en el pasado, experimentó graves problemas económicos.

URANO EN EL MANDATO DE LA PAREJA

El arquetipo del amor se encuentra con el de la renovación y el cambio. También aquí hay que evaluar con cuidado y detenimiento el signo de Venus o del Descendente. En efecto, puede vivir bien las tensiones uranianas (Acuario, Géminis, Aries, Sagitario) o sentirse fatigado por ellas porque minan el sentimiento de seguridad y estabilidad (Tauro, Virgo, Libra, Capricornio).

Urano activa las lealtades con los antepasados que han vivido sus relaciones de manera irregular o diferente a los hábitos del pasado, cuestionando quizá el mito familiar en este sector. A veces, con aspectos no armoniosos, inestabilidad sentimental prolongada, alejamientos, separaciones o exclusiones debidas a elecciones sentimentales sin apoyo. Uniones con personas diferentes a las del entorno, no siempre aceptadas por la familia. La vida afectiva está teñida por la renovación del mandato de la pareja. Nos habla de mujeres del sistema que pueden haber abandonado su papel tradicional de esposas o madres, y que lo han renovado desde los cimientos. Posible indicador de ovejas negras o reformistas relacionadas con la vida amorosa o el divorcio genealógico.

NEPTUNO EN EL MANDATO DE LA PAREJA

Es un mandato de la pareja en el que entran la idealización, la ensoñación, la necesidad de pureza y perfección. Con aspectos que socaban la armonía puede indicar desilusión sentimental y lealtades familiares hacia antepasados que han vivido situaciones similares (repetición). Puede conllevar dificultades para encontrar una relación a la altura de las propias expectativas. En el amor fluye un inmenso mundo interior, imaginativo, que a menudo se ha cultivado en uno mismo durante años y que conduce a la búsqueda de la fusión más perfecta y completa. Los recuerdos de los antepasados vinculados a amores perdidos, abandonados, o con personas muy queridas y luego desaparecidas, se dispersan.

Indica aquello que, del amor, no se puede realizar, no se puede retener, que se escapa y se pierde para siempre. El arquetipo del amor puede encontrarse, en el contacto Venus/Neptuno, con el arquetipo de la víctima o del crucificado, dando lugar a relaciones desequilibradas, unidireccionales o en las que, en la base de la historia, hay sobre todo una relación de ayuda.

En el lado positivo, relaciones de fusión extremadamente profundas, espirituales. Podemos tener parejas que nacen del reconocimiento, incluso inconsciente, de heridas mutuas.

PLUTÓN EN EL MANDATO DE LA PAREJA

Venus se adentra en los territorios de la sombra familiar, de lo alejado, de lo olvidado. Puede hablarnos de relaciones en el árbol que se han mantenido ocultas o que han creado dolor o vergüenza. Nos habla de relaciones ocultas o clandestinas que han desencadenado secretos familiares o fuertes tabúes.

Amores intensos, complejos, a menudo difíciles de experimentar en la vida cotidiana. El arquetipo del amor se encuentra aquí con el arquetipo de la muerte. Muerte en el sentido simbólico, que impone la transformación para renovarse y renacer bajo una nueva forma, incluso cuando ésta parece laboriosa o se produce tras fuertes momentos de crisis. Plutón impone transformaciones definitivas, ineluctables. También aporta mucha intensidad a las relaciones, pero con la sensación de no controlar nunca los acontecimientos. Uno está a merced de algo poderoso y profundo. Plutón acompaña a veces el sentido mismo del destino, de los momentos más cruciales de la vida afectiva. Sus recuerdos pueden llevarnos a amores ancestrales marcados por el duelo, la pérdida, los amores censurados o prohibidos. Plutón, en su simbolismo de poder, puede traer a la pareja manipulaciones, relaciones desequilibradas, chantajes emocionales.

LILITH EN EL MANDATO DE LA PAREJA

Si un descendiente nace con Lilith en el mandato de la pareja, es probable que desobedezca los patrones de relación del pasado. Los aspectos armónicos entre Lilith y Venus indican emancipación y autonomía de lo femenino, nuevas formas de vivir las relaciones para hombres y mujeres. Si Venus y Lilith están en cuadratura entre sí, pueden en cambio haber conducido, en el árbol, a elecciones difíciles y a veces irreconciliables entre los modelos femeninos y relacionales transmitidos por la familia y la necesidad de vivir de otra manera.

EL DESCENDENTE Y LA SÉPTIMA CASA

El Descendente es el ángulo de la carta con el que comienza la séptima casa. Indica el grado zodiacal que se fija en el momento de nuestro nacimiento. En el análisis del Descendente comprobaremos si forma aspectos con otros puntos de la carta (planetas, Quirón, Lilith o algunos asteroides como Juno o Eris). Mantendremos una órbita estrecha, dentro de los cinco grados. Cada planeta conjuntado con el Descendente, y por tanto angular, será sobre todo importante para el mandato de la pareja y, por tanto, debe ser estudiado con detenimiento.

La séptima casa es la primera casa de Aire situada por encima del horizonte y nos habla de las relaciones más conscientes, aquellas que van más allá de las relaciones vividas dentro de los tranquilizadores confines de la familia, indicados por la tercera casa. Con la entrada en la séptima, uno es capaz de ver al Otro y de enfrentarse a los que son diferentes de nosotros. La séptima, por lo tanto, no sólo nos habla de parejas sentimentales.

Debemos observar si alberga o no planetas. Si es así, éstos entrarán directamente en el mandato de la pareja. Sobre estos planetas podemos verter proyecciones inconscientes. En la pareja proyectamos a menudo lo que nos parece mal, inaceptable o con lo que no podemos entrar en contacto. La proyección es como una especie de espejo. El Otro nos devuelve algo que en realidad es nuestro, aunque no lo reconozcamos como tal. Si la proyección se ve y se comprende, puede conducir a un mayor conocimiento de uno mismo y de sus relaciones. A menudo, la proyección también conlleva un contenido genealógico, vinculado a situaciones del pasado y a nuestra ascendencia que seguimos representando en la esfera sentimental. Si la séptima casa está vacía, es decir, si no alberga planetas, estudiaremos con cuidado y detenimiento su regente, es decir, el planeta que rige el signo con el que comienza la propia casa.

11

MARTE

POR MAURO MALFA

EL ARQUETIPO DE MARTE

Marte representa el arquetipo de la lucha y el valor y, en astrogenealogía, indica la capacidad del clan para hacer valer su voluntad y reaccionar de manera eficaz ante las adversidades.

Es uno de los indicadores de la línea masculina del árbol y también expresa la opinión que circula en la familia sobre los hombres.

Marte, en una carta astral, siempre nos muestra las capacidades defensivas del sistema familiar, tal y como las experimenta el descendiente individual. Marte es, de hecho, el guardián de los límites, el que debe saber protegerse de las amenazas externas. Activa las estrategias adoptadas para ampliar el perímetro y la esfera de influencia del grupo y ayuda a consolidar la acción de los planetas con los que entra en contacto. Tiene una función esencial para garantizar la supervivencia del grupo. Muestra cómo se expresa la fuerza de voluntad del clan, su capacidad para luchar por sus objetivos y la tensión energética del grupo.

También puede hablarnos del conflicto sistémico y de cómo se gestiona la ira en la familia. Si se expresa de forma sana, si se censura o, por el contrario, si se expresa de manera excesiva o destructiva.

Su posición en el sistema solar es representativa de su tarea porque, a diferencia de los demás planetas personales, tiene una órbita externa a la Tierra, ya de cara al espacio profundo. Esto lo convierte en un planeta fronterizo, que conecta con el mundo exterior mostrando primero la fuerza instintiva, la forma en que uno se protege del peligro y lucha por sobrevivir.

Un Marte importante en la carta puede indicar un clan propenso a los conflictos, la competencia y las luchas (tanto internas como externas). Todo ello puede influir también en la formación del mito familiar. Si se acentúa, sobre todo, o si se asocia con Plutón, también puede señalar situaciones de violencia que impliquen al árbol (ya sea sufrida o perpetrada).

La acción de Marte es siempre tanto centrípeta, es decir, dirigida al interior del sistema familiar y sus relaciones, como centrípeta, es decir, dirigida hacia el exterior del clan.

MARTE EN LOS ELEMENTOS

El elemento en el que se encuentra Marte sugiere cómo afronta el clan los retos, los contratiempos y la adversidad.

Una preponderancia de Marte en signos de Fuego presenta un clan caracterizado por una fuerza de voluntad inagotable, expresada a través de las acciones de personas capaces de luchar, con valentía, por sus derechos y que disponen de una gran reserva de energía para alcanzar sus objetivos. Las reacciones son rápidas e inmediatas.

En el elemento Tierra, pierde gran parte de esta «alegría» y, aunque mantiene una fuerte determinación –pensemos, por ejemplo, en un Marte exaltado en Capricornio–, registra una disminución de la intensidad emocional, que da paso a un pensamiento más racional y estratégico y a una capacidad para mantener sus objetivos a largo plazo mediante el ejercicio de la constancia y la disciplina.

En los signos de Aire, la familia tiende a utilizar la palabra más que la espada para imponerse, es decir, su inteligencia, su capacidad comunicativa y persuasiva mediante la palabra, sus aptitudes culturales e interpersonales. Aquí Marte necesita defender sus ideales y siempre está dispuesto a luchar por ellos.

El planeta, en los signos de Agua, lleva la lucha o la ira al terreno de las emociones. El terreno de la confrontación, o a veces del enfrentamiento, se vuelve entonces muy emocional y esto puede traer inestabilidad al sistema. Es un Marte que puede dedicarse a actuar mediante la manipulación psicológica y puede relacionarse con los celos, la necesidad excesiva de control o el chantaje emocional.

LA EVOLUCIÓN DE MARTE
A LO LARGO DEL TIEMPO

En la sociedad patriarcal, los hombres eran los que «poseían» a Marte, y así, el planeta de la lucha, de la afirmación, se identificaba con el hombre, la figura familiar que personificaba la fuerza, el valor y la voluntad.

Durante siglos, la astrología pareció olvidar que toda mujer también tiene este planeta en su carta astral y que ella misma lo expresa y actúa, sin necesidad de intermediarios y sin tener que proyectarlo en las figuras masculinas que están a su alrededor.

Los estudios en neurobiología han demostrado ahora que, a nivel biológico, no hay nada en la mente o el cuerpo de un hombre que le haga manejar mejor la fuerza y la fatiga. La diferencia de comportamiento y de papeles entre hombres y mujeres sólo puede remontarse a condicionamientos culturales profundos y a prejuicios y estereotipos del pasado.

Durante mucho tiempo, sólo a los chicos se les empujaba a realizar actividades relacionadas con la expresión de Marte, como la fuerza, el valor, soportar el dolor, los deportes de contacto, mientras que a las chicas se les ofrecían actividades diferentes, consideradas más acordes con los modelos del universo femenino.

Afortunadamente, la historia viene en nuestra ayuda, y nos muestra múltiples ejemplos de mujeres valientes que, a lo largo de los siglos, han superado retos aventureros a la par que sus homólogos masculinos. Mujeres que han luchado, para sobrevivir, junto a los hombres a lo largo de la historia de la humanidad.

También en tiempos de guerra o en ausencia de pareja, las mujeres siempre han sabido luchar, esforzándose por garantizar la protección y la supervivencia de la familia.

Hoy en día se hace evidente que estas asignaciones de género se han superado en gran medida. Las mujeres tienen acceso a puestos de poder o profesiones que en el pasado se consideraban por completo inaccesibles para ellas. Recientemente, hemos visto a mujeres acceder a profesiones por lo general sólo masculinas, como las que se integran en las fuerzas armadas. Recordemos que, en un país moderno como Italia, las mujeres no obtuvieron el derecho al voto hasta 1946.

MARTE, SEXUALIDAD Y RELACIONES

Otro tema que concierne al planeta rojo es el de la sexualidad, expresión de una energía *yang* y masculina, ligada sobre todo a la carga erótica que expresa, al deseo de conquista que la enciende y, en algunos casos, la hace arder de pasión y deseo. Así como Venus enseña a unir y armonizar, buscando el equilibrio, su contrario Marte divide, corta lazos y, si es necesario, desune. Marte, por tanto, puede ser un indicador de cómo uno se separa o, por ejemplo, pone fin a una relación. A menudo, esto también se ve influido por patrones familiares transmitidos desde el pasado.

La socióloga Laura Arosio, que se ocupa desde hace tiempo de las relaciones matrimoniales, define el fenómeno de la separación de la pareja como una transmisión intergeneracional del modelo de divorcio. Es decir, un modelo que se transmite de generación en generación. En sus investigaciones, afirma que la actitud hacia el divorcio es estadísticamente más frecuente si los miembros de la pareja son, a su vez, hijos de padres que se han divorciado, sobre todo con hijos aún pequeños.

No sólo las experiencias transgeneracionales pueden influir de forma poderosa en la vida de pareja, sino también lo que uno busca en el plano emocional. La pasión que surge, el juego sexual y emocional que uno establece, el tipo de pareja que uno busca están siempre ligados a las experiencias de la familia, sobre todo entre los padres.

Lo mismo ocurre con el tema de la infidelidad en la pareja, donde se pueden discernir recuerdos de antepasados infieles que introdujeron ese comportamiento, y lo convirtieron en un patrón transmitido a las generaciones sucesivas.

Un ejemplo sobre el modo de transmisión ligado a la infidelidad: Rosetta, la hija menor de Lina, inicia una relación clandestina con su cuñado, el marido de su hermana Grazia. Se trata de una relación puramente sexual, que no desencadena ningún sentimiento particular de culpabilidad en los dos. La relación entre las dos hermanas hace que Grazia se ocupe de Rosetta, con un afecto que no es particularmente recíproco.

Esta situación ya se había producido, aunque de una manera diferente, en su familia, en sus abuelos. En su generación, de hecho, había dos hermanos que se habían marchado juntos a la Segunda Guerra Mundial. El mayor estaba casado y, por desgracia, había perdido la vida en el campo de batalla durante el conflicto. El hermano menor, al volver a casa, había asumido su papel, iniciando una relación con su cuñada, que había enviudado. Lo había hecho por un profundo sentimiento de lealtad hacia su hermano muerto de forma tan prematura. No quería dejar a esta mujer sola en la vida y a los niños sin padre. Aquí, por tanto, la «traición» tenía una finalidad benevolente y protectora, mientras que la de las dos hermanas era mucho más superficial y menos prosaica. Es evidente que esa situación había dejado un recuerdo en el árbol, pero el modelo transmitido había cambiado mucho desde el punto de vista ético.

Marte, como planeta personal, es un principio arquetípico extremadamente poderoso, tan introyectado en la psique del individuo y del grupo que puede encontrarse con la misma fuerza y energía, incluso generaciones después.

Sólo en sus excesos o desequilibrios puede llegar a ser, en el sistema, divisivo y difícil de vivir en familia. En estos casos, es necesario un gran esfuerzo coral e intergeneracional para tratar de deshacer las asperezas energéticas del dios de la guerra.

MARTE EN LOS SIGNOS Y EN LAS CASAS

En cada familia, encontraremos el planeta en condiciones astrológicas diferentes, dependiendo de la carta astral individual observada (de abuelos, padres, tíos o hijos). Cada uno, de hecho, expresará Marte de manera diferente, dependiendo de las funciones individuales que el planeta esté llamado a desempeñar. Alguien, en casa, activará Marte para afirmar el clan, alguien para trabajar la ira, otro lo experimentará con acciones defensivas.

Por ejemplo, una abuela con Marte en trígono con Saturno puede convertirse en un punto de referencia importante para la familia, casi un baluarte. Puede tener la fuerza necesaria para mantener unido al clan y hacer que se reafirme y se fortalezca.

Marte también nos habla de la dinámica entre lo masculino y lo femenino, sobre todo en sus aspectos con Venus, la Luna y el Sol. Los aspectos de Marte, sobre todo cuando son disonantes, también pueden indicarnos en qué dirección se dirige el conflicto interno. Por ejemplo, los aspectos disonantes del planeta en Mercurio pueden hablarnos de desavenencias entre hermanos, mientras que, en relación con las luminarias, muestran tensiones con las figuras paternas. Los aspectos dinámicos, en cambio, entre Marte y Plutón señalan ira reprimida y destructiva, a veces difícil de controlar.

El planeta rojo, cuando está en aspecto disonante con Neptuno, puede indicar una incapacidad para actuar con eficacia, porque es difícil identificar al enemigo o formular estrategias claras y eficaces. Sin embargo, con aspectos armoniosos, Neptuno puede ofrecer a Marte creatividad e imaginación con las que afirmarse o defenderse. Marte tiene en sí mismo una afinidad con el aspecto de cuadratura, ambos pueden encontrar en la tensión la semilla de la reacción. El aspecto, de noventa grados, siempre reúne puntos astrológicos poco afines entre sí y esto recuerda la conflictividad también inherente al planeta. En sí mismo es neutro; en algunos casos puede ser fatigoso, en otros, decisivo para encontrar una solución.

Echemos un breve vistazo a Marte en los signos y en las casas, que están relacionados, pero no son equivalentes entre sí.

MARTE EN ARIES O EN LA PRIMERA CASA

Marte está en casa propia, en domicilio, de hecho, aquí expresa su máximo vigor y su energía ardiente, penetrante y eficaz. La acción es súbita y fulgurante, capaz de reaccionar enseguida contra el enemigo. Es el Marte de la supervivencia y de la lucha por la vida, necesariamente irreflexivo e instintivo.

Es un Marte combativo, que trae a menudo la energía de la competición a la familia, desencadenando a veces peleas o tensiones. Ante una amenaza externa, sabe transformarse en un gran guerrero, y defenderé sin miedo a los miembros de su familia. Son personas de familia, hombres y mujeres, muy reactivos, que miden su fuerza también a través de la competición y del desafío.

MARTE EN TAURO O EN LA SEGUNDA CASA

En esta posición, Marte está en el exilio. Al ser Tauro un signo fijo, el planeta pierde parte de su vehemencia y reactividad inmediatas. Aquí Marte permanece ligado a seguridades, sobre todo materiales, que debe defender y consolidar con su acción. Protege sus posesiones, perdiendo la «furor galo» y volviéndose más estático. La rapidez de la acción se resiente, pero los resultados pueden seguir llegando a largo plazo. En el signo, Marte está regido por Venus, que modera sus modales y lo suaviza.

MARTE EN GÉMINIS O EN LA TERCERA CASA

Aquí, Marte se activa en modo mental, utiliza su inteligencia y su excelente velocidad cerebral para afirmarse y actuar. Es comunicativo, verbal, un recurso familiar para relacionarse con el mundo exterior, socializar y afirmarse en estos ámbitos. Es capaz de crear toda una red de seguridad social en torno a su clan. Es un Marte alegre, vivaz, en constante movimiento y con una curiosidad insaciable. También estimula de manera intelectual a los demás miembros de la familia.

Tiende a ser un poco disperso en su acción.

Está gobernado por Mercurio, pero sólo con aspectos discordantes señala conflicto en la hermandad. Puede ser el hermano o la hermana quien active la acción para todos.

MARTE EN CÁNCER O EN LA CUARTA CASA

En el signo de Cáncer, Marte es cadente. A nivel personal tiene una energía implosiva y centrípeta. Utiliza la emotividad para actuar, para intentar que los demás hagan lo que él quiere. Es un Marte emocional, que a veces lucha por mostrarse, o inhibe la acción por miedo a volverse vulnerable. A nivel familiar, si es disonante, puede indicar un sistema conflictivo o dividido por peleas y tensiones, que se consumen dentro de los muros domésticos.

En el signo regido por la Luna, la herencia femenina puede haber experimentado conflictos o haber tenido que defenderse a lo largo de varias generaciones.

Es posible que en el pasado las raíces del sistema se hayan visto sacudidas por divisiones internas.

MARTE EN LEO O EN LA QUINTA CASA

Si Marte en Aries busca enemigos a los que derrotar y anular, en Leo busca súbditos a los que mandar. El clan que posea individuos con esta signatura estará seguro de que, en caso de agresión, podrá contar con excelentes dotes de defensa y valiosas alianzas. Puede ser el descendiente quien defienda el nombre de la familia con impetuosidad y vigor.

Es un Marte excelente en tiempos de guerra, menos en tiempos de paz, y su necesidad de reconocimiento en esos momentos puede quedar insatisfecha y generar frustración.

También puede indicar un líder del grupo, pero sólo el conjunto de la carta nos dirá si lo es de forma generosa y benevolente o, por el contrario, de forma impositiva o incluso despótica.

El signo está regido por el Sol, por lo que está vinculado tanto a la identidad personal como a la del árbol. Por este motivo, también puede desempeñar un papel importante en la formación de los mitos familiares.

Marte en esta casa puede inspirar creatividad en el grupo.

MARTE EN VIRGO O EN LA SEXTA CASA

El mandato como defensor del clan pasa por el uso de la planificación estratégica y el enfriamiento del alma marciana más fogosa en favor de una acción más razonada y crítica.

También actuará en esta dirección como defensor del clan. El suyo es un principio defensivo muy crítico, que busca de un modo constante los posibles puntos débiles de la acción. El signo de Virgo es el que mejor sabe evaluar, con inteligencia, los riesgos. No es casualidad que esté regido por Mercurio, que en este signo se encuentra tanto en domicilio como en exaltación, un caso único en el zodíaco.

MARTE EN LIBRA O EN LA SÉPTIMA CASA

En el signo de Libra, Marte está en el exilio, por lo que se encuentra en una situación en la que le resulta difícil distinguir, entre dos contendientes, quién tiene razón y quién no la tiene.

Pueden tener dificultades para hacerse valer, a menudo por miedo a herir o desagradar a los demás, tanto en el interior de la familia como fuera de ella. La acción marciana suele bloquearse por miedo a parecer inapropiada, desagradar a los demás o crear situaciones conflictivas o tensas.

En el lado positivo, puede indicar descendientes en la familia con vocación para la negociación y la diplomacia. En este caso son las personas que median en los conflictos internos. Es uno de los signos en los que la ira tiende a ser más censurada y, por tanto, tragada y a menudo incluso somatizada.

MARTE EN ESCORPIO O EN LA OCTAVA CASA

En su domicilio antiguo, ahora compartido con Plutón, Marte revela todo su poder y su inmensa capacidad de implementar estrategias. Mientras que en Aries es el guerrero veloz como el rayo, que actúa en primera persona, en Escorpio es el que planifica toda la batalla.

Marte conecta aquí con la sombra familiar y puede hablar de los grandes traumas y dolores, a menudo relacionados con actos de violencia que ha vivido el clan.

Es un Marte vengativo, que no olvida los agravios sufridos, ya sea por él mismo como por su familia.

En algunos casos, puede perder el control y volverse tan violento que desencadena rencillas tanto en casa como represalias hacia el exterior. Un rencor que puede llegar incluso a superar el propio instinto de conservación para eliminar al adversario.

Quienes tienen un familiar con esta posición suelen aprender a lidiar con los lados más oscuros del signo, y al final se inmunizan. Es como si el veneno de Escorpio se tomara todos los días, en pequeñas dosis, hasta que el efecto deja de sentirse.

MARTE EN SAGITARIO O EN LA NOVENA CASA

En el último signo de Fuego, Marte se encuentra a gusto porque puede expresar su voluntad con positividad y optimismo. Es un descendiente que nunca espera fracasar y esto le hace a menudo afortunado o capaz de actuar con confianza. Es algo que irradia a su clan.

A veces, puede excederse en optimismo y parecer ingenuo en sus acciones, tanto activas como defensivas. Siempre protege a su clan con fervor, e infunde esperanza y busca nuevas formas de avanzar (o de escapar...). A veces corre el riesgo de que su acción roce lo ideológico, lo religioso.

Marte en este signo es también el pionero en las migraciones, el que allana el camino a los demás en estas direcciones.

MARTE EN CAPRICORNIO O EN LA DÉCIMA CASA

Marte en el signo de Capricornio está en exaltación. El planeta es, por tanto, astrológicamente muy fuerte, decidido y capaz de esperar los resultados de su acción a lo largo del tiempo. Puede planificar su estrategia con enorme determinación y tenacidad, y no se detiene hasta haber conseguido lo que desea para sí mismo o para su clan. Puede ser extremadamente ambicioso.

Es la posición marciana más dispuesta al sacrificio y, por ello, siempre es también un excelente medio de afirmarse en el trabajo y la profesión. Puede señalar a un descendiente que sirva de modelo para todos en este sentido. Sabe defender con gran fuerza lo que ya posee. De hecho, siempre está dispuesto a luchar para preservar o reforzar el estatus social alcanzado por la familia.

MARTE EN ACUARIO O EN LA DECIMOPRIMERA CASA

La acción de Marte aquí se abre a lo colectivo, a los ideales, a las grandes causas. Es él o ella quien amplía la mirada de la familia en estas direcciones. Necesita actuar con libertad e independencia, sin enredos emocionales, actuando con independencia, incluso de su clan si es necesario. Se ofrece para desempeñar funciones de liderazgo en causas en las que cree.

En el ámbito familiar, el mandato de Marte se materializa a menudo a través de la liberación de las limitaciones que provienen de generaciones anteriores y que, quizá, ya no permiten a la familia vivir todo su potencial. Es un Marte que libera al clan de opiniones anticuadas u obsoletas y le da un respiro. Si es necesario, está dispuesto a luchar por la libertad de pensamiento y los derechos civiles.

MARTE EN PISCIS O EN LA DECIMOSEGUNDA CASA

Marte en Piscis, o en la decimosegunda casa, entra en territorios donde su acción puede verse frustrada, o en parte perdida, desorientada. El principio de afirmación del planeta puede desactivarse aquí, tanto a nivel personal como familiar. Aquí no hay límites claros y reales que defender, ni posesiones que custodiar, y esto puede confundir a Marte, haciendo que a veces actúe de manera confusa o poco clara, como inmerso en una zona empañada por la niebla. De hecho, la casa y el signo tienden a menudo a disolver la individualidad y la eficacia de la acción de Marte.

En esta casa, Marte se encuentra con el Todo. Le resulta difícil, a veces, distinguir al amigo del enemigo, porque el principio de unión universal puede impedirle, de hecho, luchar. Puede señalar a los miembros del clan excluidos por su fragilidad del sistema familiar.

MARTE EN LA FAMILIA.
LA HISTORIA DE DIANA

Siempre es fascinante ponerse en la piel del investigador y seguir la evolución y el enfrentamiento entre las dos polaridades masculina y femenina del clan, a través del estudio de Marte en la carta astral. Sobre todo, ver sus aspectos, los signos que «interpreta» y los ámbitos de la vida en los que actúa.

Con el análisis transgeneracional, se observan las tres o cuatro últimas generaciones, que abarcan aproximadamente entre cien y ciento veinte años de historia. En este lapso de tiempo se suceden las épocas históricas, cambian los usos y costumbres sociales, y es posible ver cómo el árbol genealógico se adapta a la evolución de los roles en la familia y cómo cambia la relación entre el hombre y la mujer. Esta relación está menos polarizada que antaño, cuando existía una sociedad patriarcal que hoy ha dado paso a una cultura más fluida, donde los roles arquetípicos de los dos sexos se han entrelazado y amalgamado en tareas que respetan más el temperamento y la sensibilidad del individuo.

Encontramos un claro ejemplo de la evolución de Marte en el análisis de la familia de Diana que, al atravesar un momento de profunda crisis matrimonial, solicitó una consulta astrogenealógica.

Los problemas de Diana con su marido surgieron de inmediato tras renunciar a su brillante carrera en una empresa multinacional para seguir a su marido Marco que, gracias a un ascenso, había sido llamado a trabajar en el extranjero. Ante la disyuntiva, decidió renunciar a su independencia y realización personal para dedicarse a sus hijos, que vivirían un traslado exigente, y dar todo su apoyo a Marco.

Esta decisión, que en un principio la había gratificado desde el punto de vista familiar, al permitirle criar a sus hijos en sus primeros años de vida, le fue creando poco a poco una sensación de profundo aislamiento personal. Con el tiempo, esta situación, con sus hijos creciendo, su marido prácticamente ausente porque siempre estaba ocupado trabajando, y la vida en un país extranjero, en el que no tenía sus raíces, empezó a pesarle cada vez más. El deseo de volver a ser activa se vio frustrado por las escasas oportunidades disponibles para una mujer de más de cincuenta años de edad. Una profunda sensación de vacío la había conducido lentamente hacia una depresión progresiva. Este malestar la había impulsado a recurrir a la astrogenealogía, con una pregunta muy concreta: ¿de dónde procedía esta mujer con unas capacidades y un potencial enormes, pero tan incapaz de afirmarse?

La consulta comenzó con la abuela paterna, Clara, nacida en junio de 1900, que tenía en su carta a Marte en Tauro, en el exilio, en la casa III, y que señalaba también conflictos activos entre hermanos. Júpiter, en conjunción con el Medio Cielo, apoyaría plenamente su realización profesional. Por último, una décima casa con Nodo Norte, Urano y Quirón, también habla de talentos profesionales potenciales que se realizan fuera del hogar. Sin embargo, la abuela nunca pudo utilizar este potencial en su vida. Por desgracia, el quincuncio Marte-Luna indica, en la relación con su madre, un punto crítico, una aspereza emocional. La madre de Clara nunca le dio la fuerza necesaria para imponer sus propias exigencias, siendo ella misma una víctima del sistema en el que vivía. La cuadratura con Venus y el trígono con Plutón de su radix Luna completan el cuadro de lo femenino que no puede reconocerse plenamente como mujer-eros y como madre. Debe escindir las dos esferas eligiendo vivir sólo uno de los dos lados femeninos: mujer o madre. Juntas parecen a menudo irreconciliables.

Al rastrear lo femenino, el linaje de la abuela Clara se expresa con Maria y Giovanni (padre de Diana). Maria nació en mayo de 1935 y trajo consigo, una vez más, el Sol en conjunción con el Medio Cielo, con Quirón y Mercurio en la décima casa, presagios de un excelente potencial profesional y del reconocimiento social de sus talentos, como su madre. De nuevo una mujer de talento que no puede desarrollar todo el potencial que posee.

Y he aquí una configuración planetaria bien conocida por los astrólogos por su fuerza, la cuadratura en T: dos planetas en oposición, en este caso la

Luna y Venus, están ambas en cuadratura con un tercer planeta, en este caso Marte. Esta configuración es precisamente un ejemplo «de manual» de la relación entre lo masculino y lo femenino que se vive en la familia de Diana, con un Marte que controla y divide, divide lo femenino en dos partes, la madre y la mujer, controlándola y convirtiéndose en la aguja de la balanza.

Siguiendo con Marte, el trígono con el Sol provoca una nueva actitud en Maria, la tía de Diana. Una especie de rebelión contra lo masculino con una buena capacidad de afirmación personal. Maria, como queriendo desprenderse de lo masculino, nunca se casará.

Su hermano Giovanni, en cambio, muestra a Marte desde el punto de vista masculino, en la cima de su poder.

Nacido en febrero de 1925, se presenta al mundo con un Ascendente en Libra, en quincuncio precisamente con Marte, como queriendo decir que cualquier actividad o acción que inicie estará siempre bajo la tutela del principio marciano de afirmación. La carta astral del hombre de familia, como representante responsable de la familia, se acentuaba precisamente por la oposición de Marte, como la madre en Tauro, con Saturno. La oposición siempre le dejó un profundo sentimiento de frustración. El sentido del deber inculcado por Saturno no le permitía tomar las decisiones que en realidad quería tomar.

Marte en la octava casa, en Tauro, siempre lo llamó a la defensa de la familia, a toda costa. Giovanni hizo muchos sacrificios en su vida para proporcionar un hogar a sus dos hijas y a su esposa. De temperamento imaginativo y muy sociable, amante del arte y de la cultura, siempre pensó en el sustento de su familia, descuidando las relaciones afectivas. Tuvo aventuras extramatrimoniales, incluso con mujeres del barrio, y casi nunca estaba demasiado tiempo en casa. Su infidelidad y falta de atención hacia sus dos hijas y su esposa desencadenaron una crisis nerviosa en su mujer, que con el tiempo se convirtió en un estado de profundo agotamiento. Giovanni pidió a una de sus dos hijas, Diana, la menor, que se hiciera cargo de la casa y de su madre enferma.

Diana, con sólo once años, estaba llamada a desempeñar un papel inmensamente superior a sus capacidades. En su carta astral aparecía el símbolo del «sanador que no puede curar», Quirón opuesto a Marte. Una vez más, la voluntad de lo masculino entra en escena y exige sacrificios a lo femenino en la familia. Todo ello sin tener en cuenta la gravedad de la enfermedad de su mujer, que, por el contrario, debería haber recibido un serio apoyo psicológico. El padre, frío y distante, ignora por completo las necesidades de su propia hija, del todo inadecuada para desempeñar semejante papel.

En la carta de Diana, Marte hace sextil con la Luna, aspecto que puede considerarse el primer núcleo tímido de resistencia de lo femenino que, lentamente, generación tras generación, aprende a defenderse. Sobre todo, de un masculino/paterno imprevisible y manipulador, destacado en la carta de Diana por la conjunción de Marte con Urano y Plutón.

Michela, la hermana de Diana, lleva los signos de este conflicto aún más claramente: tiene una Yod con el vértice en el Medio Cielo y los otros dos ángulos con Marte y Neptuno en Libra, en la cuarta casa, y Júpiter y Plutón en la segunda casa.

Cabe destacar la presencia de Marte en la cuarta casa, la de la familia, la del cálido ambiente doméstico, donde indica conflictos que desestabilizan las raíces del sistema. La Yod representa una instancia psicológica muy importante, da frustración, inquietud, cuyas causas no siempre se pueden identificar y por lo tanto es difícil encontrar una resolución.

Michela estaba llamada a deshacer este nudo familiar, que se había vuelto tan poderoso que arrastró a su madre al torbellino de la psicosis, precisamente haciendo lo que el árbol genealógico había estado preparando durante mucho tiempo: la realización de lo femenino en lo social, expresando por fin los talentos y deseos de afirmación que sus antepasados no habían logrado cumplir.

También gracias a condiciones externas favorables, gracias a las luchas del movimiento feminista y al aumento de las oportunidades profesionales para las mujeres en el mundo laboral, Michela pudo cambiar su destino. Se casó, tuvo una hija, pero optó por seguir trabajando, dedicándose más a su profesión que a su familia, también gracias al apoyo de un marido que la acompañó de buen grado, sin obstaculizar nunca su camino.

La Yod, de hecho, señalaba precisamente a su profesión, a su visibilidad social como profesional establecido, como el punto de fusión de esta energía atávica que había alcanzado niveles insostenibles.

Fijémonos en los varones de la última generación: los hijos de Diana, Giorgio y Giovanni.

El hijo mayor, Giorgio, lleva el mismo signo solar que su madre, Escorpio, el gran transformador, y el mismo signo, Marte/Quirón, en quincuncio entre sí.

Por lo tanto, también a él se le pide que asuma el papel de sanador en relación con la familia, y a partir de la cuadratura Marte/Luna, podemos ver que el proceso de sanación requerido por el árbol tendrá que tener lugar necesariamente a través del medio materno. Se aplicará una energía masculina más consciente y armoniosa, con Marte trigonal con el Sol y Marte trigonal con Urano, aportando nuevas formas de interacción y relación con lo femenino.

El segundo hijo, Giovanni, que lleva el nombre de su abuelo, como enseña la genealogía, hereda también muchas de sus características, en primer lugar, con precisión milimétrica, Marte quincuncio al Ascendente y Marte opuesto a Saturno. El «nuevo» Giovanni, sin embargo, añade un elemento muy significativo en la relación con lo femenino en la familia: Marte cuadrado con Venus. La energía armonizadora de lo femenino frente a la detonante energía masculina, una aspereza con la que tendrá que lidiar.

En el plano astrogenealógico, prosigue un conflicto con lo femenino del árbol que aún debe ser sanado.

12

SATURNO Y EL MANDATO FAMILIAR

POR MAURO MALFA

EL MITO DE SATURNO

El mito de Saturno (Kronos) es un mito complejo que, en cierto modo, ya nos habla de clanes disfuncionales y de roles familiares conflictivos y tensos.

Estamos en los albores de la cosmogonía griega. Gea, diosa de la Tierra, experimentó un inmenso dolor y sufrimiento porque Urano, su esposo, el dios de los cielos, arrojó a sus hijos al Tártaro cuando nacieron, para ocultarlos a la vista, por considerarlos feos y deformes. Los veía imperfectos e, incapaz de acogerlos y aceptarlos por lo que eran, los apartó de sí, los rechazó.

Un día Gea, con acero extraído de sus propias entrañas, forjó una guadaña y pidió a sus vástagos que se enfrentaran a su padre y pusieran fin a sus acciones. Sólo Saturno, el último hijo de la generación de los Titanes, aceptó la petición de ayuda de su madre, con un acto de profunda responsabilidad y sentido del deber.

El ataque se produjo una noche, cuando Urano había descendido a la Tierra para fecundar a Gea. Saturno salió de las sombras y, con un acto decisivo, castró a su padre, acabando así con su capacidad de procrear.

De la sangre de Urano que cayó sobre Gea, la Tierra, surgieron las Furias, criaturas tan violentas e iracundas como el acto que las engendró. De sus genitales, caídos en el mar Egeo, surgió Venus/Afrodita, diosa de la belleza y la armonía. Un intento, por tanto, de reconciliación potencial.

Kronos, tras derrocar a su padre, tomó posesión de todos sus reinos. Se convirtió en monarca absoluto del mundo y se casó con su hermana Rea. Sin embargo, vivía con el temor de ser destronado. De hecho, un vidente había predicho que correría la misma suerte que su padre, la de perder todo el poder a manos de su propia descendencia. Para evitarlo, cada vez que nacía un nuevo hijo, Saturno se lo tragaba, lo hacía desaparecer en sus propias entrañas para no permitirle crecer y convertirse en una amenaza. Tenemos, por tanto, una repetición del modelo paterno activa en dos generaciones diferentes, primero en la generación de Urano y después en la de Saturno.

El hijo, como suele ocurrir en las familias, acaba reactivando la misma dinámica criticada en su propio progenitor.

De los hijos de Saturno, sólo Júpiter (Zeus) consiguió escapar a su trágico destino y no fue engullido por su padre. Esto fue gracias a su madre Rea que, engañando a su marido, en el nacimiento de su hijo, entregó a Saturno piedras envueltas en una venda en lugar del recién nacido e hizo que éste se las tragara. Una vez más es lo femenino, empobrecido, lo que inicia la acción decisiva, como ya había ocurrido con Gea.

Zeus, una vez crecido, siguiendo el consejo de su madre, decidió detener a su padre, pero sin emplear la violencia contra él. Tenemos así una evolución respecto a la generación anterior, el primer intento de sanar la herida del árbol. Júpiter, en efecto, no hiere a Saturno, como éste había hecho con Urano cuando lo castró. Lo induce a rechazar a sus hermanos, pero sin el uso de la violencia y sin derramamiento de sangre. Así, siguiendo el consejo de su madre, tras derrocar a su padre decide dividir sus posesiones en tres partes. El inframundo iría a su hermano Hades, el mundo de los océanos a su hermano Poseidón, y los cielos permanecerían bajo su propio dominio. Sin embargo, queda excluido por completo de esta división del poder paterno lo femenino, representado, por ejemplo, por su hermana Hera.

Su padre, Saturno, fue exiliado a Ausonia. La profecía acabó cumpliéndose.

EL «CACHORRO DE HOMBRE» Y LA IMPORTANCIA DE LA FAMILIA

Según el mito, ni siquiera los dioses, con todo su poder, pueden escapar a la influencia de la familia de origen. El ser humano, de todas las especies del mundo, es la que necesita más tiempo dentro del grupo familiar antes de llegar a ser autónomo.

Desmond Morris, en su libro *El mono desnudo*, afirma que mientras otros animales se vuelven autosuficientes en pocos meses, el «cachorro de hombre» tarda muchos años en ser capaz de valerse por sí mismo y sobrevivir en el entorno exterior de manera independiente.

Este largo aprendizaje nos ha convertido en la especie dominante del planeta, tanto para bien como, por desgracia, para mal; gracias precisamente a nuestra capacidad para transmitir a nuestros descendientes las enseñanzas capitalizadas y transferir todos los conocimientos derivados de la experiencia de las generaciones anteriores. Se trata de pasajes y transmisiones tanto conscientes como inconscientes, y también se producen en el estrecho nivel genético.

Junto con los conocimientos básicos, la transmisión se compone principalmente de la mentalidad del grupo, su comportamiento inconsciente y sus programas. Sobre todo, los primeros cinco a siete años de vida son cruciales.

Eric Berne, psicólogo que ha dedicado su vida al estudio del árbol genealógico, observa cómo cada individuo desarrolla durante la infancia un guion vital que interioriza y que tutela su comportamiento a lo largo de toda su existencia. Son las actitudes, la conducta de los miembros de la familia, la comunicación verbal y, sobre todo, la no verbal, las que crean este código de aprendizaje que se imprime en la mente de cada «recién llegado», y lo impulsa a comportarse de una forma en su vida que siempre será coherente con lo aprendido durante el período de formación y en la infancia. Esto puede conducir tanto a la rebelión y al cuestionamiento del sistema como al respeto de sus normas. En el árbol, de hecho, siempre son necesarios ambos papeles.

SATURNO Y LOS CICLOS DE LA VIDA

Expuesta esta premisa de carácter puramente antropológico, se puede afirmar que después de las luminarias, el Sol y la Luna, el otro planeta que desempeña un papel importante en la transferencia de la forma *mentis* familiar es sin duda Saturno.

Sus ciclos marcan las transiciones importantes de las distintas fases de la vida. Su período de revolución alrededor del Sol es de unos veintinueve años, por lo que cada siete años el planeta está en aspecto con Saturno en la carta astral. Por tanto, es el planeta que, más que ningún otro, marca e influye en los ritmos de la vida de cada individuo.

A Saturno se le denomina el gran «jardinero de la vida»: su tarea es cortar las ramas muertas de la existencia y hacer limpieza, para permitir que las plantas sanas tengan más espacio y alimento, y reciban los recursos adecuados para desarrollar su potencial. Así pues, en cada uno de sus aspectos, permite establecer importantes equilibrios existenciales, que siempre conducen a un mayor conocimiento.

En la primera cuadratura de Saturno consigo mismo, a los siete años, la programación impartida por los padres está prácticamente terminada, la información se procesa y se transforma en mandatos. Es un momento crucial, en el que cualquier acontecimiento doloroso en la familia en ese momento (duelos, separaciones, abandonos) puede marcar de manera profunda la psique del niño. La etapa siguiente es muy delicada porque llega durante la adolescencia, cuando lo que se ha vivido y adquirido en la familia se pone a prueba por primera vez en la sociedad. ¿Cómo se pueden cuestionar, o evaluar, las normas o mandatos recibidos de la familia? Sólo hay una manera: comparar lo que se ha adquirido en ella con lo que se descubre fuera de ella y luego evaluar el resultado, para ver si concuerda con lo que uno quiere para sí mismo.

En otras palabras, debe haber una comparación entre las normas recibidas y lo que a uno le gustaría hacer con su vida. Esta confrontación puede dar lugar, por ejemplo, a un niño «rebelde» o «acomodaticio». No siempre es fácil desprenderse de estos modales dados, también por las fuertes lealtades familiares que suelen surgir en torno a ellos.

A alrededor de los veintiún años, Saturno forma una segunda cuadratura consigo mismo (esta vez menguante, por tanto más consciente). Empuja al individuo a asumir más responsabilidades y a ser cada vez más autónomo y dependiente. Hasta hace unas décadas, ésta era la edad en la que se alcanzaba la mayoría de edad y se podía abandonar el clan, quizá ya para fundar la propia familia.

A partir de las primeras experiencias en torno a esta edad, pueden producirse reevaluaciones sobre el mandato de la familia adquirido. Sobre todo, en lo que se refiere a las normas morales recibidas, ahora entendidas de manera más consciente. Por ejemplo, las normas relacionadas con la honradez, la moralidad, la equidad y el sentido de la responsabilidad.

Saturno define la relación que la familia, y por tanto también el descendiente individual, tiene con la autoridad, la ley, las normas que rigen la sociedad. No olvidemos que Saturno es un planeta social, que se interpone entre la familia y el mundo que se extiende a su alrededor.

Tras otros siete años de experiencia, el ciclo llega a su fin y el individuo experimenta su primer retorno de Saturno (es decir, Saturno en tránsito se conjuga con su Saturno natal). Son momentos muy constructivos, de verificación y de balance de la existencia. La realidad ya no es sólo la «explicada» por los familiares, sino también la vivida en primera persona. Uno puede tener ahora la fuerza y la conciencia para hacer una evaluación profunda del mandato familiar y de su adhesión a los principios de su personalidad. A partir de esta confrontación, se desarrolla un proyecto de vida que tendrá dos polaridades: o bien adherirse a los modelos transmitidos por la familia –lo que a menudo implica caminar por terreno seguro, ya explorado y, por tanto, menos peligroso– o, en el extremo opuesto, recortar las normas recibidas y distanciarse de los caminos ya recorridos por el clan de origen.

Entre estas dos polaridades existen, por supuesto, las infinitas gradaciones que una persona puede experimentar en su existencia.

Todos los pasajes posteriores del ciclo de Saturno serán siempre momentos de confrontación fundamentales. Esto, por supuesto, también conduce a menudo al reconocimiento lúcido y objetivo de los fracasos, de los errores cometidos y de los límites que aún no se han logrado superar. Ésta es la razón por la que ciertos tránsitos del planeta pueden parecer a veces sobre todo agotadores. No nos ocultan nada. Son momentos saludables en los que la persona tiene la oportunidad de hacer balance e intentar hacer las correcciones necesarias. Marte siempre busca retos que superar, Saturno pruebas en las que sobresalir.

Los años de vida en los que el ciclo está activo son 36-37, 44-45, 51-52, 58-59...

Lo que en apariencia es un viaje personal, en realidad también tiene efectos en todo el árbol genealógico, porque el cambio de actitud ante un mandato, la elección de dejar de seguir las normas transmitidas por los padres, por ejemplo, incluso a una edad tardía, puede dar lugar a una reordenación colectiva, a un cambio inevitable para todo el clan.

LA INFLUENCIA DE SATURNO EN EL INDIVIDUO

Saturno se considera, en astrología, el gran principio de la contracción, el sentido del límite, el deber, el respeto de las normas y la autoridad.

No obstante, siempre hay que valorar si está bien integrado o no en una carta astral (por aspectos, signo...).

Si Saturno integrado da:

— Sentido del deber y de la responsabilidad.

— Fuerza interior, concentración, solidez, equilibrio.

— Ambición y planificación perseverancia, tenacidad y concreción.

— Resistencia a las dificultades, con la capacidad de no renunciar a algo sólo porque sea difícil o difícil de conseguir.

— La paciencia, la espera no genera de inmediato frustración o ansiedad, sino que refuerza las intenciones.

— La realización de los propios objetivos mediante la perseverancia, la seriedad y la paciencia.

— Capacidad de definir los propios límites, de impedir que los demás tengan con nosotros comportamientos desequilibrados, excesivos, asfixiantes o prevaricadores.

— Capacidad para estar bien por sí mismos.

— Autonomía de juicio, independencia y libertad de pensamiento.

— Buena disciplina en el estudio y el trabajo.

Si no está integrado, Saturno, por el contrario, muestra su lado sombrío:

— Estar solo se convierte en sufrimiento y soledad.

— La estructura de la personalidad se vuelve rígida.

— La dureza se convierte en terquedad, obstinación.

— El juicio se convierte en crítica excesiva y rigidez intelectual.

— Asumir responsabilidades se convierte en aceptar lo que otros nos imponen.

— Incapacidad de dar a los demás, rigidez emocional, cerrazón.

— Falta de sensibilidad y censura hacia los arrebatos emocionales y afectivos.

— Exceso de reglas, control, normas.

LA INFLUENCIA DE SATURNO EN LA FAMILIA

Saturno, como planeta social, representa, además de lo ya visto en el plano personal, otras funciones relacionadas con la compenetración entre los miembros del clan y su interacción con el mundo exterior.

El árbol genealógico simboliza el respeto de las tradiciones y las normas, el sentido de la lealtad y la justicia, y la conservación de la memoria de los antepasados. También simboliza acontecimientos y sucesos precisos de la historia familiar, sobre todo relacionados con sacrificios, responsabilidades, momentos en los que la realidad ha puesto a prueba a la familia a través de traumas, inestabilidad y duelo.

El planeta, en la familia, también representa a los ancianos, a las figuras del sistema que, al haber vivido más tiempo, tienen más sabiduría y conocimiento. Con Saturno esto se expresa también en una mayor autoridad.

Saturno también gestiona el registro de «dar y recibir» de la estructura, es decir, el balance de lo que el grupo ha dado al individuo y viceversa. A menudo, en las familias, la cuenta no está equilibrada, sino que hay quien toma o da más que los demás, y desequilibra las relaciones internas. Cuando esto ocurre, pueden producirse desacuerdos, divisiones, luchas por la sucesión, que a veces ponen en peligro la estabilidad de todo el sistema.

Otras normas activas en el grupo están relacionadas con el derecho de pertenencia, es decir, la prerrogativa de cada miembro de la familia de ser aceptado como miembro del clan, con los mismos derechos que los demás.

En lo que respecta a las relaciones en el seno de la familia, existen reglas saturninas no escritas, pero extremadamente eficaces que estabilizan las relaciones y dan verdaderas normas de comportamiento y convivencia que hay que seguir y respetar. Todas las familias las tienen. Son reglas que pueden cambiar con el tiempo. Esto ocurrirá de manera lenta o laboriosa en los árboles más saturninos, por tanto rígidos, mientras que sucederá con mayor facilidad en los sistemas familiares más uranianos o neptunianos, por tanto elásticos y flexibles.

Por último, Saturno también puede indicar fronteras, los límites que impone al mundo exterior.

También representa el grado de ambición del árbol genealógico y la estrategia aplicada para alcanzar sus objetivos.

SATURNO Y EL MANDATO FAMILIAR

La posición de Saturno en una carta astral, analizada por aspecto, signo y casa, nos habla del mandato familiar asignado al descendiente individual. Éste es seguramente el simbolismo más importante de Saturno en astrogenealogía. Indica algo fuerte y poderoso con lo que cada persona se enfrentará a lo largo de su vida.

El mandato puede ejecutarse de manera absolutamente automática, sin una conciencia clara, quizás a través de la propia profesión, el papel en la familia o en la sociedad, o en otras esferas de la existencia. Su finalidad es cumplir los objetivos del árbol, por lo general dedicados a lograr seguridad y estabilidad.

Sobre esta base, se añaden otras informaciones, vinculadas a las experiencias del clan a lo largo de su historia. Sólo en apariencia olvidada y ya deslizada en el inconsciente familiar, en realidad sigue activa, en forma de memoria ancestral, constituida por traumas, por acontecimientos dolorosos que a menudo ni siquiera se procesan. Situaciones que se han intentado ocultar u olvidar y que, como consecuencia, se han convertido en cargas muy pesadas para todo el sistema familiar.

No todos los miembros de la familia reciben, por supuesto, el mismo mandato. Los mandatos saturninos, como cualquier otra necesidad genealógica, se distribuyen de diversas maneras por todo el sistema. Algunos tendrán que reforzar los recursos económicos, otros dar mayor solidez a las relaciones, otros superar divisiones o conflictos internos. Si estas tareas tendrán éxito o no es otra cuestión, que sólo el análisis de la carta individual revelará.

Para determinados tipos de mandatos se requiere incluso la acción coral y coordinada de varios miembros de la familia, mientras que para otras actividades basta con la acción de una sola persona. A veces son necesarias varias generaciones para llevarlas a cabo.

¿Cómo identificamos un mandato? A veces surgen algunas pistas a partir de frases que se nos dirigen desde la infancia y que, en la familia, tienen la fuerza de órdenes, prohibiciones, verdades inmutables. Se reciben a una edad en la que aún no se posee la autonomía y la capacidad crítica adecuadas y, en consecuencia, se imprimen en la psique como órdenes inquebrantables, a menudo «olvidadas» por la mente despierta, pero igualmente activas y coercitivas. Alejarse de ellas puede generar malestar, inquietud, culpabilidad, cuyo origen uno puede incluso no comprender del todo.

El análisis de Saturno debe combinarse siempre con el del Sol (identidad/metas vitales), el Ascendente (papel familiar) y el Medio Cielo (expectativas). Todo ello nos ayudará a comprender si el individuo cumple su mandato sin chistar o si, por el contrario, entra en conflicto con lo que considera que debe ser o hacer en su vida. A veces la dirección es la misma, en ocasiones lleva por caminos que parecen muy difíciles de conciliar.

El sistema familiar también puede expresar la dirección de un mandato, por ejemplo, de tipo económico, con frases como:

—«La felicidad hay que ganársela trabajando duro».

—«Todo lo que merece la pena requiere esfuerzo».

—«El que gasta poco, gasta mucho».

—«Nada es gratis en la vida, todo tiene un precio».

—«Aprende el arte y déjalo a un lado».

—«No te cases con un pobre», (aquí el mandato económico se entrelaza con el de pareja).

O frases que pueden ser indicio de mandatos relacionados con las relaciones y la manera de relacionarse con el mundo exterior:

—«Esposa y rebaño de tu propio pueblo».

—«Si pido ayuda, admito que soy un inútil».

—«Tengo que hacer que los demás se sientan bien».

—«No hables con extraños».

—«Las personas son como son y no cambian».

—«Dependo de los demás».

—«No soporto cómo se comportan los demás».

—«Nunca debo mostrar debilidad».

—«Tienes que controlar tus emociones».

—«Honor y respeto por encima de todo».

—«Confiar es bueno, no confiar es mejor».

—«El matrimonio es para siempre».

ANNAMARIA, UNA ESCAPADA PARA TODA LA VIDA

Annamaria emigra del sur al norte de Italia para escapar de una violenta disputa familiar, vinculada a los círculos del hampa, que se ha prolongado durante varias generaciones. Ha visto a su padre ir a la cárcel y a un hermano ser asesinado por la familia rival como venganza por la muerte de uno de sus parientes.

Annamaria tiene, en Escorpio, a Plutón y Mercurio en conjunción con el Fondo del Cielo y también al Sol en la cuarta casa. Marte en Libra (exilio), al final de la tercera, está a su vez en conjunción con el Fondo del Cielo, por tanto, con el propio Plutón (que también simboliza a su hermano asesinado y la violencia en general de su clan). Por último, en su carta hay un *stellium* en la quinta casa, con Saturno en conjunción con la Luna, Venus y Urano en Sagitario, opuesto a Quirón en la undécima.

El mandato familiar que ha recibido Annamaria es muy claro: en su vida tendrá que intentar crear una nueva descendencia, y sacar a sus hijos del dominio del clan de origen, demasiado enredado en la violencia y la venganza (Marte y Plutón impregnan sus raíces). Una acción también sugerida por Urano y los planetas de la quinta casa. Quirón en la undécima casa en Géminis, puede ofrecer una pista para la sanación abriéndose a la sociedad, a nuevas amistades y a un nuevo entorno.

Saturno, en conjunción con la Luna, es un aspecto poderoso que otorga a lo femenino la plena responsabilidad de sus propias elecciones a través de un gran sentido del sacrificio, la voluntad y la autonomía. Es un aspecto que también puede desarraigar, con dolor, de la propia patria. Annamaria es, por lo tanto, una mujer quizá no del todo preparada para expresar y adentrarse en el mundo emocional, pero perfectamente apta para desempeñar el papel que se le ha asignado. Hacerse cargo del árbol, sin ayuda de nadie, para devolverlo a la seguridad y poder, tal vez, escribir algún día una nueva página en la historia de su familia. El desenlace, por desgracia, no es hasta la fecha ni evidente ni seguro.

El tema de Saturno suele estar relacionado con la experiencia de la soledad, sobre todo cuando uno es el único capaz de tomar decisiones difíciles y pesadas.

Por último, los planetas de la cuarta casa refuerzan y completan el mandato de Saturno. Plutón, en su simbólico descenso a los infiernos, puede hacernos morir de una manera determinada para permitirnos renacer bajo una nueva apariencia. Para Annamaria, ésta es la oportunidad que le ofrece su Plutón en Escorpio. Una escapatoria para renacer a la vida.

LOS TRES NIVELES DE EXPERIENCIA DE SATURNO Y DEL MANDATO FAMILIAR

EL PRIMER NIVEL, SEGUIR EL MANDATO

El primer nivel de experiencia del mandato saturnino es el que se caracteriza por la total inconsciencia de su influencia sobre nosotros. A menudo, en el pasado, se ha vivido el drama y el peso de una imposición limitadora y coercitiva por parte de los miembros de la familia, a la que uno no podía oponerse ni actuar, de ninguna manera, según su propia voluntad. Puede que se hayan repetido situaciones de miedo, temor, que han llevado a la inseguridad y a la represión de los propios instintos. Y esto conduce a deseos insatisfechos, con un sentimiento de frustración o de culpabilidad, que pueden permanecer activos en la vida adulta. Se sufre un condicionamiento del pasado, cuyo origen a menudo ni siquiera se reconoce. A menudo uno puede sentirse distante y alejado de sus propias instancias y deseos más profundos, que luego serán castrados y censurados, como si no existieran.

Los que tenían la tarea de guardianes no utilizaban su papel para enseñar y guiar en un crecimiento armonioso, sino que sólo acababan aplastando y humillando a los demás. A menudo, quienes actúan así han sufrido el mismo trato en su infancia. Estamos dentro de dolorosas repeticiones de patrones familiares. El niño, por lealtad, siempre obedece órdenes, no tiene fuerzas para oponerse o frenar ese exceso de autoridad que la familia ejerce sobre él.

Por supuesto, Saturno puede ser suplantado biográficamente por distintos miembros de la familia.

El niño que crece con esta impronta tiene una personalidad que se adapta a todo lo que quieren los demás y es incapaz de oponer sus propias exigencias a las de aquellos.

Esta primera experiencia saturnina guiará también todas las siguientes. Después de los padres, o parientes imponentes, se encontrará con otras figuras de este tipo a su alrededor en su vida, como compañeros de trabajo, cónyuges, jefes de oficina. Tendrán las mismas características, como si su destino escrito fuera repetir lo que ha sufrido de las generaciones anteriores. Es como estar bajo un «hechizo» que no se puede disolver. Uno sigue ejecutando el patrón de inhibición, con los bloqueos y la posible frustración de sus deseos.

EL SEGUNDO NIVEL, LA CONCIENCIA

Cuando el principio autoritario se ejerce de un modo más respetuoso con el niño y está orientado a su educación, no habrá oposición por su parte; al contrario, comprenderá que las normas son necesarias para convivir de manera pacífica con los demás y conocer sus propios límites. Con mayor serenidad, se le enseñará cómo el hombre también está necesariamente regulado por leyes. Esto de forma sana, sin que sea menospreciado. Aquí Saturno no es castrador, sino capaz de dar fuerza y estructura a la personalidad. El sentido de los límites correctos, el respeto por los demás y el sano principio de realidad que el niño interioriza le permitirán asumir la carga y el honor de cumplir el mandato familiar sin excesivos problemas ni tensiones. En este nivel se es capaz de evaluar, tal vez pidiendo consejo al exterior, las consecuencias de las elecciones realizadas. Esto permite el desarrollo de una mente crítica, que evalúa de forma independiente lo que considera correcto para sí mismo, comparándolo de manera equilibrada con lo que desea la familia. El mandato saturnino no aplasta la personalidad, que, por el contrario, sabe mostrar su valía a los demás. Aquí, Saturno sabe luchar para superar las inhibiciones y tal vez lograr lo que los antepasados no pudieron conquistar.

Esta etapa permite ponerse en juego, utilizar el talento para enfrentarse a los miedos e intentar superarlos. El conocimiento de los propios límites también tiene el importante efecto de ampliar el horizonte de las propias posibilidades. La conciencia individual de los obstáculos que se pueden superar refuerza la autoestima, y crea las condiciones adecuadas para una posterior redefinición del propio papel y del mandato familiar.

EL TERCER NIVEL, LIBRE DE LA CARGA DE LOS MANDATOS

Es el nivel que expresa la elaboración más profunda del propio papel y mandato, tanto en la familia como en la vida personal. Hay conciencia de la propia vocación y de los propios talentos.

No se puede llegar a esta etapa si antes no se ha interiorizado a la perfección el principio de autoridad. Se comprende de un modo profundo cómo nuestra libertad termina cuando comienza la de los demás. Se desarrollan de manera plena los principios de independencia y servicio, en los que uno elige entregarse a los demás porque siente que es lo correcto, sin miedo a ser juzgado o incluso instrumentalizado.

Así, uno desarrolla su propio código moral, sólido y autónomo, al que se remite, sin dejar de respetar el de los demás miembros de la familia. Es un Saturno ya maduro y libre. Este nivel de experiencia es el de la plena realización. Básicamente, comienza cuando, en la fase anterior, los esfuerzos realizados ya han conducido al éxito deseado. Hay equilibrio, confianza en uno mismo, plena conciencia de los propios talentos y recursos. Haber encontrado el camino correcto, seguir la propia vocación, permite conducir la propia vida y ser un apoyo para otros que aún están buscando la manera de encaminar la suya.

En un determinado momento de la existencia, uno puede llegar a cuestionar y superar los mandatos familiares a los que se ha subordinado en el pasado, haciendo los ajustes necesarios para comprender y respetar también la tarea específica de desarrollo personal y no sólo la del clan.

SATURNO EN LOS SIGNOS Y EN LAS CASAS

En aras del espacio, daré una definición por signo y casa cosignificante, aunque soy consciente de que se trata de una simplificación, ya que las casas y los signos están relacionados, pero no son igualmente válidos. El signo de un planeta indica su modo de expresión, mientras que la casa en la que se sitúa es el sector de la vida en el que actúa principalmente. Además, siempre hay que tener en cuenta la casa regida por Saturno, es decir, la que tiene la cúspide en Capricornio, porque también es ahí donde actúa el planeta.

Saturno suele traer a escena a figuras familiares que tienen autoridad en el sistema y que detentan el poder de juzgar o definir las reglas que deben seguirse, y que controlan también si esto se lleva a cabo. Un Saturno en domicilio y exaltación partirá a menudo de forma directa del segundo nivel de conciencia, teniendo la fuerza para actuar ya con suficiente autonomía, al estar en un signo congenial a él.

SATURNO EN ARIES O EN LA PRIMERA CASA

Se trata de un Saturno fuerte, que impone mandatos relacionados con la individualidad, la defensa activa de los límites, la competición que, si se gana, estructura el sistema. Aquí, Saturno se convierte en un luchador, un guerrero designado por la familia para conquistar y ampliar el espacio vital del clan, mediante acciones siempre propositivas, fuertes y agresivas. La ambición se orienta hacia logros personales que luego se compartirán con los demás miembros del grupo. Detrás de todo ello, sin embargo, está el miedo a no ser nunca lo suficientemente fuerte o capaz de afrontar el reto o superarlo.

En el primer nivel de Saturno, el individuo siente mucha ira que no encuentra expresión ni dirección, cuyas razones no siempre están claras. Esto puede generar frustración. En este nivel, la persona a menudo se encuentra, dentro o fuera de la familia, con personas o situaciones agresivas y exacerbadas que le resulta difícil manejar, por lo que a menudo acaba sufriéndolas.

En el segundo nivel de Saturno, la impaciencia deja paso ahora al deseo de afirmarse y aceptar los retos que la vida impone, consciente de su valía y de las razones que motivan sus actos.

En el tercer nivel de Saturno: encontramos individuos que no tienen nada más que demostrar, que son libres de sublimar los impulsos afirmativos más volitivos, concentrándose únicamente en objetivos bien definidos y estratégicos que puedan aportar mejoras a su propia vida y a la del clan.

Las frases típicas de un Saturno en Aries son:

—«En la vida siempre hay que avanzar, todo se consigue luchando».

—«Siempre es mejor hacer algo que no hacer nada».

—«Lo importante no es participar, sino ganar».

—«Si no luchas no serás nadie».

SATURNO EN TAURO O EN LA SEGUNDA CASA

Aquí el mandato está relacionado con la consolidación de los recursos familiares, tanto materiales como psicológicos. A menudo, Saturno tiene que compensar viejos recuerdos de pobreza y dificultades económicas que, en el pasado, crearon problemas y preocupaciones en el sistema. También existe el temor, transmitido por los antepasados, de que lo sucedido se repita, haciendo que uno vuelva a perder su seguridad, con el riesgo de no poder seguir proporcionando estabilidad o alimento a sus seres queridos.

El primer nivel del mandato se caracteriza por la necesidad de acumulación por sí misma o la búsqueda continua de recursos (no siempre encontrados). Se busca la seguridad en detrimento de todas las demás necesidades, se sacrifican los sentimientos, la belleza y la creatividad (presentes en el signo, gracias a Venus en domicilio). Las figuras de autoridad encontradas suelen ser concretas, extremadamente realistas, inflexibles en cuestiones de dinero.

El segundo nivel, más consciente, da la capacidad de fijarse metas más allá del mandato familiar, y de reconocer la propia vocación.

En el tercer nivel, uno es capaz de comprender cómo el verdadero valor, el que no se puede perder, es el que uno atesora en su interior. La certeza de los dones que uno posee es una riqueza sólida y fiable con la que siempre se puede contar.

Las frases típicas de este signo son:

—«Da los pasos del buey: cortos y bien plantados».

—«En la vida, gana el que ahorra y persevera».

—«Tener un techo propio lo es todo».

—«Esposas y rebaño de tu propio pueblo».

—«Despacito y con constancia se gana la carrera».

SATURNO EN GÉMINIS O EN LA TERCERA CASA

El mandato familiar saturnino conduce, aquí, en direcciones relacionadas con el estudio, las relaciones y la comunicación. Las figuras de autoridad encontradas pueden ser de dos tipos. O bien inteligentes, sociables, capaces de utilizar su palabra y su vivacidad intelectual para alcanzar sus objetivos; a veces planteando grandes exigencias en este sentido a quienes les rodean. O bien carecen de todas estas características, y generan un problema para el sistema. El hombre saturnino dado también lleva a ampliar el círculo de contactos, lo que puede ofrecer nuevas oportunidades al clan.

Saturno, como mandato, también se expresa en la hermandad, puede tener antiguos recuerdos de sacrificio o una profunda responsabilidad en este ámbito.

El miedo de este Saturno es el de no saber, el de no poder comunicarse y expresarse de la mejor manera, el de estar aislado en el plano intelectual o en sus relaciones (o dentro de la hermandad). Las heridas del pasado pueden haber desencadenado estos miedos en los descendientes.

Esto también puede revelar frustración intelectual en el sistema familiar, con el miedo a no ser lo bastante listo, no tener la educación suficiente, no tener suficientes cualificaciones educativas. También puede señalar cómo la pobreza u otras situaciones familiares han impedido a alguien estudiar como deseaba.

En el primer nivel encontramos a una persona que sufre un juicio externo severo e incluso abrumador a nivel intelectual o relacional. En el siguiente nivel se llega a formular planes, crear estrategias que conducen a resultados tangibles y alcanzar metas importantes en la propia educación. Sin embargo, esto también puede hacerse sin equilibrio, de forma excesiva y casi compulsiva.

En el último nivel están los que han alcanzado el equilibrio y la seguridad, que ahora están en sintonía con su vocación y son capaces de realizar sus planes, liberándose del miedo a ser juzgados.

Algunas de las frases típicas de este signo son:

—«Para ser alguien en la vida hay que estudiar».

—«Lo importante es lo que se dice, por eso hay que medir bien las palabras».

—«Los sentimientos no deben nublar la mente».

—«Con la razón se puede conseguir todo».

—«No te aísles de los demás».

—«Debes cuidar de tus hermanos».

—«Hay que adaptarse a la vida, estar preparado para el cambio».

SATURNO EN CÁNCER O EN LA CUARTA CASA

El mandato familiar se dirige al propio clan, al cuidado de toda la esfera familiar en sus múltiples necesidades. El cuidado de los seres queridos también forma parte del mandato familiar; esto es hacerse cargo, con responsabilidad, también de los aspectos emocionales del grupo.

Por eso puede resultar difícil romper con el clan o dejar de sentirse responsable de él. Detrás de este mandato pueden haber existido brechas familiares provocadas por duelos, abandonos o situaciones muy sacrificadas que han afectado a la familia, que han desestabilizado sus raíces o su sensación de seguridad.

Las figuras de autoridad encontradas pueden ser las que dirigen la familia, los patriarcas del sistema. Los miedos asociados a este mandato pueden estar relacionados con el miedo a ser abandonado, a sentirse emocionalmente vulnerable, herido en los sentimientos o dejado solo.

El primer nivel tiende a hacer sufrir lo que se ha dicho en el párrafo anterior, sin poder defenderse de ello, y esto a menudo tiene consecuencias incluso en la vida adulta. Uno sigue siendo vulnerable a los recuerdos del pasado. Esto puede llevar a sentir el peso de las exigencias y mandatos de la familia de origen, que se convierte en un duro lastre del que no es fácil liberarse.

El segundo nivel representa una mayor realización del mandato, con la posible creación de una unidad familiar propia y estable, o la elección consciente de permanecer soltero.

En la última etapa se produce la plena realización del mandato, con una fuerte estabilidad emocional y familiar. También se expresa de manera independiente del clan y sin sentimiento de culpa.

Las frases típicas son:

—«Hay que mantener unida a la familia y preservar su memoria».

—«Echar raíces es importante».

—«El clan es lo primero».

—«La defensa de los valores de la familia y de los valores de la patria son importantes».

—«Hay que cuidar a los miembros de la familia».

SATURNO EN LEO O EN LA QUINTA CASA

Lo que viene del clan es no haber sido reconocido en el pasado por el valor y los talentos propios. Saturno puede, de hecho, señalar situaciones en las que la creatividad está bloqueada, castrada. O puede tener que compensar situaciones pasadas que hayan dañado el nombre o la imagen de la familia. El clan puede haber experimentado inseguridades o heridas relacionadas con el hecho de ser reconocido.

Saturno debe restablecer la estructura y la credibilidad en estos ámbitos. Su mandato familiar es dar vida a nuevas iniciativas, ennoblecer los talentos y la creatividad del grupo para alcanzar, si es posible, incluso un estatus de prestigio social.

El mandato saturnino aquí también puede reaccionar en gran medida a través de la educación de los hijos.

El mandato experimentado en el primer nivel suele señalar inseguridades arraigadas de manera profunda, que tal vez se ocultan tras actitudes defensivas arrogantes o innecesariamente agresivas. Se cae en la ostentación de una superioridad que a menudo no tiene justificación real. La familia siempre desempeña un papel importante en todo esto.

En el segundo nivel, las personas empiezan a lograr los resultados exigidos por el mandato, trabajando sobre todo en el desarrollo y la comprensión de sus propios talentos, puestos al servicio de la creatividad. Esto da confianza en los propios medios y aumenta la autoestima. Aquí Saturno da estructura a uno mismo y a todo el clan, y también puede asumir funciones de guía y liderazgo.

En el tercer nivel ya no existe la necesidad de demostrar nada a nadie, ahora existe una conciencia íntima de los propios medios y de la propia valía, independientemente de los resultados. La autoestima es ahora sólida y está bien asentada. Uno puede dedicarse a su propia creatividad, que ya ni siquiera necesita los elogios de los demás, incluidos los familiares.

Algunas de las frases típicas de este signo:

—«Tienes que convertirte en alguien».

—«Protege el buen nombre de la familia».

—«Mantén siempre la dignidad».

—«Demuestra siempre tu valor».

SATURNO EN VIRGO O EN LA SEXTA CASA

El mandato familiar con este Saturno es de naturaleza práctica y está teñido de sacrificio, sobre todo dedicado al servicio a los demás miembros del clan. Se les presta apoyo, cuidados y ayuda.

A veces, este mandato lleva a soportar cargas de un peso considerable. Puede señalar a descendientes que no son reconocidos por el grupo por el papel de cuidadores que han desempeñado y los sacrificios que han hecho para sostener este mandato. En el árbol puede haber recuerdos de sacrificios, enfermedades, situaciones que han obligado a descuidarse a uno mismo.

En este caso, el mandato de Saturno también puede ejercerse en gran medida en la profesión y a través del trabajo.

En el primer nivel, la acción se ve impulsada por anteponer siempre las necesidades de los demás a las propias, con tendencia a menospreciarse, a no creer en uno mismo. Esto puede generar un profundo sentimiento de infravaloración. Las figuras de autoridad encontradas pueden haber acentuado estos sentimientos, al haber sido muy exigentes y perfeccionistas. La parte crítica, siempre muy activa, sobre todo con uno mismo, impide perseguir aquellos deseos guardados en el alma.

El segundo nivel implica una colocación dentro de la unidad familiar, en la que uno sigue estando predispuesto a ayudar a los demás, aunque empiecen a tenerse en cuenta las propias necesidades. Se siente la necesidad de evitar todos aquellos comportamientos que tienden a agotar los propios recursos, tanto físicos como mentales, y se consigue equilibrar las propias energías y dejar espacio suficiente para las propias necesidades.

El tercer nivel se caracteriza por ser capaz de servir a los demás por elección y ya no por imposición, de saber decir «no» ante las exigencias excesivas, ya sean profesionales o familiares.

Algunas de las frases típicas de Saturno en Virgo son:

—«Trabaja sin esperar recompensas».

—«La familia te necesita».

—«El trabajo ennoblece al hombre».

—«Hay que se comedido con los placeres».

—«Lo más importante es la salud».

—«Tengo que organizarme para que todo esté perfectamente en orden».

SATURNO EN LIBRA O EN LA SÉPTIMA CASA

El clan, con este Saturno, entra de un modo directo en el mandato de la pareja. La tarea de Saturno será a menudo formar parejas estables, encontrar seguridad (incluso económica) en la vida de pareja. Detrás de este mandato puede haber recuerdos de soledad, dificultades de pareja que hay que compensar, abandonos, personas que se quedan solas con dolor o sacrificio. La familia tiende a estar siempre muy atenta a la opinión de los demás, con una fuerte necesidad de recibir la aprobación del mundo exterior.

A menudo, la pareja tiene que permanecer unida y compacta, aunque en su interior parezca dividida o en conflicto (se hace evidente que los demás no deben saberlo). El intento de complacer a todo el mundo, de incluir en los propios objetivos incluso las expectativas que tienen los demás, puede llevar a renunciar a los propios sueños, hasta el punto de vivir una vida en apariencia perfecta, pero en realidad carente de toda profundidad emocional.

El miedo que proviene del árbol está relacionado con estar en soledad, con cortar relaciones, con ser juzgado de manera injusta o despreciado públicamente por no comportarse de manera irreprochable. El primer nivel es una persecución constante de la aceptación de los demás, que da siempre una imagen ideal de uno mismo sin el menor desprestigio emocional. Querer mostrar la imagen ideal a toda costa en realidad esconde los conflictos que pueden generarse en la pareja, y esto provoca que se lleve una máscara de irreprochabilidad que a menudo es sólo una fachada de conveniencia, pero que en realidad impide que la relación evolucione.

También en el segundo nivel se siguen teniendo en cuenta las expectativas de los demás, aunque se tiene más libertad para expresar las emociones de forma franca y honesta. Todavía se siente, en cierta medida, el peso del juicio de familiares y conocidos. No obstante, ya existe un buen núcleo de conciencia y fortaleza personales.

Por último, el tercer nivel conduce a elecciones que ahora son autónomas e indiferentes, ya no están ligadas a la aprobación y el juicio de los demás. Ahora uno se siente libre de expresar sus opiniones, aunque puedan crear discordia en el grupo o ser fuente de desaprobación en el ámbito social.

Algunas de las frases típicas de Saturno en Libra son:

—«Hay que evitar los conflictos».

—«No es bueno estar solo».

—«La apariencia y los buenos modales son muy importantes».

—«El matrimonio es para siempre».

SATURNO EN ESCORPIO O EN LA OCTAVA CASA

Saturno es llamado al clan para desempeñar funciones relacionadas con la búsqueda de secretos familiares, reconciliar desacuerdos y tratar de sanar heridas no resueltas.

El mandato familiar está relacionado con la sombra del sistema y puede cambiar de manera profunda el curso de la historia del árbol genealógico. Se relaciona con traumas o heridas que han generado miedos profundos en el pasado, que ahora Saturno trata de controlar y recomponer. A menudo se busca la ayuda de un miembro de la familia que tenga la fuerza y las capacidades adecuadas para afrontar el dolor y los temas incómodos, para enfrentarse a ellos o censurarlos, para procesarlos.

Las figuras de autoridad encontradas pueden haber sido fuertes, dominantes o incluso manipuladoras.

En el primer nivel nos encontramos ante un individuo a menudo introvertido, que sufre el control de los demás, que puede sentirse manipulado. Encuentra a Saturno en los demás, sin llegar a exteriorizarlo en sí mismo.

En el segundo nivel, una vez iluminadas las catacumbas, descubiertos y superados los tabúes e identificados los fantasmas del clan, puede producirse un principio de sanación y comprensión profunda del dolor familiar.

El tercer nivel es liberador y profundo. Se superan los personalismos y los conflictos, se sanan las heridas y se reparan las cuestiones no resueltas. En este sentido, el mandato es muy terapéutico y, para el sistema, desintoxicante. El poder ya no está ligado al exterior, sino que está en el interior y se expresa de manera saludable. La eterna lucha entre el ser y el tener es finalmente ganada por una dimensión de conocimiento de la vida y de sus significados más íntimos.

Algunas de las frases típicas de Saturno en Escorpio son:

—«Nada es lo que parece».

—«Después de todo lo que he hecho por ti…».

—«No se habla de ciertos temas».

—«Los trapos sucios se lavan en casa».

SATURNO EN SAGITARIO O EN LA NOVENA CASA

La fe, la búsqueda, la esperanza de un mañana mejor, dejarse guiar por la religión y seguir su propia filosofía de vida: éste es el mandato familiar para los que tienen el planeta en este signo. Saturno lleva a ampliar los horizontes familiares, en sentido físico (migraciones, incluso arduas), en sentido intelectual o a través de los estudios. Los recuerdos de estos territorios también pueden ser dolorosos o privativos, al estar asociados al sacrificio o a la renuncia.

El mandato, si se integra bien, devolverá la estructura y el optimismo a un árbol que ya ha sido sometido a duras pruebas. El clan necesita ahora recuperar la confianza y un nuevo estímulo, cultural y también filosófico.

De los antepasados viene una llamada de socorro, de liberación: en algún momento de la epopeya familiar, se ha vivido la experiencia del bloqueo, como si el clan no tuviera más remedio que perder la esperanza y la confianza. Puede haber recuerdos de migraciones dolorosas, exilios, conflictos ideológicos o religiosos.

Las figuras de autoridad encontradas pueden haber sido rígidas desde un punto de vista religioso o filosófico, y volverse inflexibles e incapaces de dar cabida a un pensamiento diferente del suyo.

En el primer nivel del mandato hay una influencia excesiva de la religión o de la filosofía de vida impuesta por el núcleo familiar, todo lo cual parece rígido y asfixiante. La capacidad de reflexionar y criticar estas influencias está casi ausente, por lo que se vive en una atmósfera de dogmatismo absoluto.

En el segundo nivel, se adquiere una visión más sabia y personal de la vida y del significado metafísico y religioso. Las creencias familiares básicas pueden empezar a complementarse con otras nuevas, elegidas de manera independiente.

El tercer nivel supone una transformación profunda de los propios valores, elegidos ahora de forma totalmente autónoma y libre, y que incluso van más allá de las enseñanzas conocidas si es necesario. La sabiduría que da este nivel acoge las diferencias, aquello que es distinto de uno mismo. Se produce la transición entre religión y espiritualidad, y se remite a la propia autoridad interna más que a la externa. Algunas de las frases típicas de Saturno en Sagitario son:

—«La educación es importante para obtener un lugar en la sociedad».

—«La vida sin investigación no merece la pena».

—«No se puede negar la existencia de Dios».

SATURNO EN CAPRICORNIO O EN LA DÉCIMA CASA

El mandato familiar nos habla de un profundo sentido de la responsabilidad por la familia, para ponerla en orden, incluso mediante la toma de decisiones difíciles si es necesario.

La tarea impone fuerza, sentido del deber y desencadena importantes obligaciones familiares, de las que no es fácil escaparse. El descendiente debe volver a conectar con las raíces familiares, respetar a los antepasados e intentar recuperar sus valores fundacionales, o consolidar el patrimonio y la posición social que se han visto comprometidos, quizá debido a decisiones equivocadas tomadas en el pasado.

Se tiende a reforzar las tradiciones familiares, que entran en el mandato de forma directa. Existe miedo a perder la propia autonomía, a no realizar los objetivos del clan o a no asegurar y garantizar la seguridad suficiente para el sistema.

Las personas con autoridad tienden a ser estrictas, austeras y exigentes.

Es un mandato que a menudo se realiza a través de la profesión.

En el primer nivel, este mandato se expresa a través de un carácter rígido e inflexible. Puede haber una ausencia total de arrebatos emocionales, que se consideran un lujo, una debilidad. A menudo se ha vivido en un clan autoritario o muy conservador. Aquí se activa el propio mito de Saturno que devora a sus hijos, que rechaza todo acto de amor y de reconocimiento, por miedo a que le arrebaten su poder.

En el segundo nivel, cuando Saturno ya ha sido destronado y, por lo tanto, exiliado, se da mucha más flexibilidad. Se han cumplido las tareas designadas, uno se ha demostrado a sí mismo y a los demás que posee la capacidad de construir una base económica sólida y una excelente reputación en la sociedad.

En el tercer nivel, Saturno tiene una estructura sólida y estable y es del todo autosuficiente. El individuo ha sido transformado por la experiencia y ha alcanzado un nivel de profundo equilibrio y conocimiento y sabiduría. En la vida ordinaria, puede ser elegido para dirigir grupos, actividades e iniciativas colectivas. Se le reconoce como un líder en el que se puede confiar por su ética intachable.

Algunas de las frases típicas de Saturno son:

—«Los negocios antes que el placer».

—«El que aguanta, gana».

—«Los objetivos se consiguen con trabajo duro y sacrificio».

SATURNO EN ACUARIO O EN LA DECIMOPRIMERA CASA

El mandato familiar exige debe haber una proyección del clan hacia la sociedad exterior, que se debe ocupar también de las reivindicaciones colectivas, que debe asumir la responsabilidad de defender las causas humanitarias, la adquisición de nuevos derechos sociales y la abolición de normas antiguas y caducas. En el grupo, este descendiente puede convertirse en un rey renovado, cuya tarea es aportar al clan una mentalidad lúcida y desprendida, que sepa acoger nuevas ideas y proyectos. El mandato lleva a superar costumbres y tradiciones obsoletas o demasiado rígidas, para preparar al clan a enfrentarse a nuevos retos.

El miedo que viene de los antepasados puede referirse a la exclusión, a sentir que no se pertenece a ningún grupo, o bien, a haber formado parte de colectivos de los que se ha sido apartado por prejuicios o razones ideológicas o simplemente por ser considerado diferente. O se procede de sistemas familiares homologados y conformistas (quizá por miedo a ser excluido).

En el primer nivel uno sigue siendo conformista, no se permite la diversidad. Uno procede de un clan rígido, en el que no es posible distinguirse de los demás. Se respetan las tradiciones y opiniones familiares, sin tener aún la fuerza para romper con ellas.

La siguiente etapa, la segunda, se alcanza cuando las ideas personales más innovadoras empiezan a expresarse e integrarse en el clan, produciendo un primer cambio de mentalidad.

Uno puede sentir la necesidad de ser diferente a toda costa, puede que el mandato aún no se cumpla con pleno equilibrio.

El tercer nivel está representado por quienes ya no necesitan consagrar su diversidad, sino que entran, por derecho propio, en las filas de quienes han cumplido su mandato personal. Uno se siente libre para dedicarse a las causas en las que cree, a romper, si lo considera necesario, con las tradiciones familiares. Pero esto no se hará de forma polémica, sino con equilibrio.

Algunas frases típicas de este aspecto son:
—«Dedícate a aquello en lo que crees».
—«Comprométete a mejorar la sociedad».
—«Piensa por ti mismo».
—«Sé independiente en tus opiniones».

SATURNO EN PISCIS O EN LA DECIMOSEGUNDA CASA

Se trata de un mandato que a menudo se cumple de manera muy inconsciente. La tarea de Saturno aquí es intentar sanar el dolor del clan, incluso el más antiguo y distante. Esto puede llevar a consagrar la vida a los demás, a los más débiles e indefensos, tanto en la familia como en la sociedad.

A veces también se actúa a través de la profesión. Puede ser un sanador de almas, aquel que inspira el deseo de trascendencia espiritual en el grupo, el místico, aquel familiar que trae sugestiones y visiones de planos de existencia no terrenales, el vidente.

Quien recibe este mandato tiene una tarea a menudo compleja, polifacética, difícil de definir. En ocasiones, para cumplirla se convierte en víctima, en chivo expiatorio o en quien se enfrenta a profundos sacrificios.

El miedo subyacente en este clan está relacionado con la pérdida de límites o incluso de uno mismo. Puede ser difícil protegerse de las emociones y sobre todo del dolor que proviene de los demás. El intento de aliviar el sufrimiento puede llevar al agotamiento de la propia energía. El primer nivel implica un sacrificio total y sin crítica alguna hacia los seres queridos, no existe la capacidad de resistencia; uno es absorbido por el dolor del clan, y es incapaz de defenderse. Son descendientes que pueden vivir en la culpa, sintiéndose siempre víctimas o teniendo que consumirse de forma continua por los demás.

El segundo nivel se alcanza cuando aquel que ha recibido esta tarea empieza a pacificar el árbol y a devolverlo a una situación de mayor estabilidad, sobre todo desde el punto de vista emocional. Sin embargo, uno sigue sintiéndose obligado a ayudar a los demás y no sabe cómo evadirse de ello.

En el tercer nivel, por fin se es capaz de ayudar a los demás con equilibrio, sin anularse a sí mismo ni perder la propia identidad. Uno sabe decir «no» ante las peticiones de sacrificio, si lo considera necesario. La familia también recibe de ello una profunda lección. Aquí todos podemos sentirnos parte de una familia, la de la humanidad.

Algunas frases típicas de este aspecto son:

—«Tienes que sacrificarte por los demás».

—«Cultiva plenamente la vida espiritual».

—«Ayuda a los demás sin esperar nada a cambio».

—«Debes estar siempre al servicio de los demás».

LOS ASPECTOS DE SATURNO CON LOS DEMÁS PLANETAS

Dada la importancia de Saturno en el análisis astrogenealógico, se ofrece una breve lista de las características del planeta que deben analizarse:

— El signo (domicilio o exaltación, exilio o caída, o si está en un signo neutro).

— La casa (tanto la que acoge al planeta como la regida por él, es decir, la que tiene la cúspide en Capricornio).

— Los aspectos que forma con los planetas personales y los cuatro ángulos (considerando que cuanto más estrecha es la órbita, más fuerte es el aspecto).

— Si el planeta es angular.

LOS ASPECTOS SATURNO/SOL

Con aspectos armoniosos, los padres del sistema eran percibidos como figuras maduras, sabias y equilibradas, capaces de guiar el crecimiento. Daban estabilidad y estructura al sistema, y lo reforzaban.

En cambio, con aspectos discordantes, estas personas pueden haber sido más rígidas, afectivamente distantes o muy críticas o proclives al examen de los demás.

El sentido del deber impregna el arquetipo paterno y está vinculado a las enseñanzas de responsabilidad, compromiso y, si es necesario, sacrificio.

El clan puede fijarse objetivos ambiciosos e importantes, alcanzables con el tiempo, incluso con espíritu de sacrificio y trabajo duro.

LOS ASPECTOS SATURNO/LUNA

Las madres de clan pueden haber vivido realidades difíciles relacionadas con el sacrificio, que les impidieron expresar una afectividad cálida y fusionada. O también han sido mujeres afectuosas, pero muy fatigadas por la vida o con pesadas cargas de responsabilidad en el sistema familiar.

Los aspectos disonantes pueden señalar la parentalización, el arquetipo del huérfano activo o situaciones en las que el sentimiento de seguridad familiar se ha visto gravemente destrozado y desestabilizado.

Un viejo refrán dice: «Sólo acaricia a tus hijos cuando duermen, para que se hagan fuertes». Lo expresa muy bien.

LOS ASPECTOS SATURNO/MERCURIO

Saturno entra en relaciones con generaciones horizontales. Puede indicar fuertes responsabilidades hacia la hermandad, posible paternidad o una gran diferencia de edad entre hermanas y hermanos.

En el árbol tal vez hubo renuncias o frustraciones vinculadas a los estudios en presencia de aspectos discordantes. Con aspectos armoniosos, en cambio, el estudio es un área que ha dado estabilidad, seguridad y estructura a la familia.

La comunicación familiar, con aspectos no armónicos, puede resultar difícil entre los miembros del clan.

El aspecto Saturno/Mercurio puede indicar un árbol que desconfía de sus propias capacidades intelectuales, relacionales o comunicativas, y que señala posibles inseguridades en estas áreas.

LOS ASPECTOS SATURNO/VENUS

Lo femenino entra en contacto con el arquetipo del sacrificio y la responsabilidad. Las mujeres del sistema pueden haber vivido situaciones difíciles y extenuantes. Con aspectos armoniosos serán mujeres equilibradas, con los pies en la tierra, quizá muy concretas. Los aspectos discordantes pueden incluir una mayor fragilidad.

La autoestima del clan puede haber estado marcada por acontecimientos difíciles en generaciones anteriores.

Es posible que las relaciones tengan que proporcionar estabilidad, seguridad, a veces incluso económica, además de emocional, quizá para compensar los recuerdos de la pobreza vivida en el pasado.

LOS ASPECTOS SATURNO/MARTE

El arquetipo saturnino de control y responsabilidad contrasta con el marciano de lucha y afirmación. Los aspectos armoniosos entre los dos planetas pueden indicar un clan en el que la afirmación se basa en la racionalidad, el sentido común y una lucidez de pensamiento que permite leer de manera correcta la realidad circundante.

Con aspectos discordantes, la relación Saturno/Marte se vuelve más compleja. Puede indicar un grupo familiar que a lo largo de generaciones ha experimentado frustraciones o fracasos relacionados con su propio éxito y afirmación; sucesos que han herido su orgullo, tal vez incluso desencadenando profundas inseguridades.

Puede ser señal de frustración e ira hacia las figuras dominantes o de conflictos de poder entre las generaciones más antiguas o conservadoras y las figuras de autoridad del sistema. La sensación de impotencia puede sabotear la capacidad de autoafirmación. El miedo al fracaso puede cortar de raíz cualquier iniciativa.

Con aspectos armónicos, hay individuos en el clan que saben imponerse, sin necesidad de utilizar la ira o la violencia. Por el contrario, con aspectos no armónicos, esta energía suele expresarse de manera descontrolada y cabe la posibilidad de que desemboquen en actos violentos o irracionales.

En el sistema, la ira puede ser censurada o reprimida.

LOS ASPECTOS SATURNO/JÚPITER

Los aspectos entre los dos planetas sociales indican la relación que, en la realidad familiar, existía entre el sentido moral y religioso y el respeto a las normas.

Los aspectos disonantes indican tensión, falta de impulso, pérdida de confianza o presencia de ideas demasiado rígidas o conservadoras.

Sin embargo, con aspectos armoniosos, se reforzarán los valores morales y religiosos.

SATURNO CON ASPECTO EN EL ASCENDENTE

Saturno representa el mandato familiar, mientras que el Ascendente define el papel que uno está llamado a desempeñar en el árbol. Con aspectos armoniosos, estos dos polos avanzan sin tensiones entre ellos, o incluso avanzan en la misma dirección: la realización de uno expresa también la del otro, sin que el descendente se sienta particularmente tenso. Si, por el contrario, hay aspectos disonantes, puede parecer difícil conciliarlos o expresarlos al mismo tiempo.

La relación, el diálogo entre ambos puede verse facilitado, si existe una coincidencia o afinidad de elementos, o entorpecido si los dos aspectos están polarizados. Por ejemplo, si se requiere un esfuerzo de racionalización, con Saturno en un signo de Aire, pero al mismo tiempo de intensidad emocional con un Ascendente quizá situado en un signo de Agua.

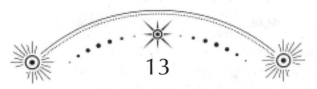

13

EL ASCENDENTE Y EL PROYECTO SENTIDO

POR ELENA LONDERO

EL PROYECTO DEL ÁRBOL GENEALÓGICO

El Ascendente es uno de los cuatro vértices de la carta astral y coincide con el grado zodiacal ascendente en el momento de nuestro nacimiento. En astrogenealogía describe el papel familiar que se asigna al descendiente individual. Algo único y personal, en lo que convergen asignaciones precisas y necesidades del sistema, en su mayoría inconscientes.

El Ascendente forma parte de un plan aún más amplio, que el árbol asigna a cada nuevo miembro de la familia, llamado «proyecto sentido». Es un plan genealógico profundo, que lleva el alma y que nos habla de todo lo que cada nuevo miembro del árbol tendrá que afrontar en su vida. Lo hará, a menudo de forma por completo inconsciente, a través de su profesión, su vida de pareja, sus relaciones… De hecho, no es necesaria una toma de conciencia lúcida y consecuente para llevar a cabo la tarea expresada por el Ascendente de cada uno.

El proyecto sentido se define en un período de tiempo que va desde nueve meses antes de la concepción hasta el tercer año de vida (se incluyen, por lo tanto, la vida fetal y el nacimiento).

En la carta zodiacal se expresa por las casas decimosegunda y primera, y el Ascendente que las divide es un punto focal. En el proyecto sentido se engloban deseos, expectativas, cargas relacionadas con cuestiones genealógicas aún por sanar, mejorar o iniciar.

No importa en absoluto si nuestra concepción se produjo de manera consciente o de forma imprevista y fortuita. Tampoco importa si fuimos concebidos en el marco de una relación que duró una noche, un año o toda la vida. El proyecto sentido resultante siempre tiene la misma importancia. Gran parte de nuestra vida girará en torno a él y a las tareas que se nos asignen para realizarlo. He aquí algunos ejemplos.

Vengo al mundo para…

— … preservar el buen nombre de la familia.
— … asegurar al árbol una descendencia.
— … mantener unida a la pareja parental.
— … renovar los modelos familiares del pasado.
— … sustituir a alguien que ha fallecido o se ha marchado.
— … atender, cuidar o apoyar a los demás.
— … cuestionar las certezas del árbol.
— … poner orden/desorden en el clan.
— … reconectar el sistema al dolor (o al amor, o a la ira…).
— … devolver la espiritualidad al clan.
— … dar estructura e identidad al árbol.
— … desintoxicar el sistema.
— … procesar un duelo o un trauma familiar.
— … reforzar la seguridad económica del sistema.

El signo del Ascendente, y los aspectos que forma con el resto de la carta, también nos dan información valiosa sobre cómo era el clima familiar en el momento de nuestro nacimiento. ¿Era sereno y alegre o estaba lastrado por preocupaciones de diversa índole? El Ascendente también nos permite comprender si el papel familiar que se nos asigna lo vivimos con facilidad o si lo sentimos como una carga o una limitación (¡puede ocurrir!). Por ejemplo, tener a Saturno en cuadratura con el Ascendente es diferente de tener a Urano en trígono con el mismo punto. En el primer caso, el rol familiar puede parecernos pesado, frustrante o capaz de atraparnos de alguna manera, y de quitarnos libertad. Es una cuadratura que nos mantiene apegados a los valores familiares, aunque ahora los consideremos anticuados. Un trígono en Urano, en cambio, nos hablará de un rol familiar que tiene en sí mismo los conceptos de libertad, autonomía e independencia. Seremos descendientes destinados a renovar, a través de nuestras vidas, los modelos o el mito familiar.

Pero ¿qué ocurre si ambos aspectos están presentes en nuestra carta al mismo tiempo? ¿Si ambos actúan en nosotros con fuerza? En este caso, nuestro camino consistirá precisamente en aprender a conciliarlos. Con el tiempo tendremos que saber dar voz tanto a nuestro sentido de la responsabilidad como al derecho a sentirnos libres y realizados. Todo esto, por supuesto, puede no ser fácil o factible de inmediato, al principio de la vida. A veces, la solución consiste en expresar, sin más, los dos aspectos en distintos ámbitos de la existencia.

Cada miembro de la familia tiene un Ascendente que es diferente de todos los demás miembros de su sistema, si no en cuanto al signo, desde luego en cuanto al aspecto. Se trata, por tanto, de un ángulo muy personal y biográfico de la carta, que nos habla de algo que es únicamente nuestro. Cada uno de nosotros tiene detrás dos padres, cuatro abuelos, ocho bisabuelos y un número indeterminado de familiares. Detrás de nosotros, por tanto, hay un número infinito de historias y acontecimientos personales que se nos pueden transmitir. Cada uno de nosotros está relacionado con algunos de ellos.

EL ASCENDENTE EN LOS DOCE SIGNOS DEL ZODÍACO

Aries: indica a aquellos que, en el árbol, deben abrir nuevos caminos a los demás, reaccionar ante las adversidades del pasado, luchar y afrontar los conflictos con valentía si es necesario. El papel es dinámico, pionero, poco emocional y dirigido hacia un futuro aún por construir, con ímpetu y energía. El éxito personal crea identidad para todo el sistema. A veces puede llevar a una cierta infravaloración de los riesgos.

Tauro: el papel familiar le exige devolver la estabilidad y la seguridad a su árbol, afectiva, psicológica y económicamente. Centralidad familiar, capacidad de ofrecer apoyo. Hay que compensar lo que ha creado incertidumbre en el pasado. El descendiente tiende a ser una persona fiable.

Géminis: es un papel que requiere trabajar los lazos de fraternidad, pero también el diálogo y la comunicación dentro del sistema, que debe ampliarse. Aporta la curiosidad intelectual, la capacidad de acercarse a lo diferente. Puede que tenga que sanar viejas heridas relacionadas con los estudios. Clan sociable, que aligera el clima familiar aportando brío y vivacidad.

Cáncer: el papel familiar requiere cuidados, reconexión con las emociones familiares más profundas, cohesión de grupo, atención a la infancia y a la maternidad (vividas tanto como hijos y como padres). El descendiente puede sentirse muy implicado con la familia de origen, teniendo que hacer frente a conflictos emocionales aún activos. Es posible que tenga que reforzar el sentimiento de seguridad psicológica o emocional del grupo o llevarlo por nuevos derroteros.

Leo: es un miembro de la familia que viene al mundo para emerger, para ser un líder, tener un papel de guía o ser quien refuerce, de diversas maneras, la identidad del sistema familiar, y establecer nuevas metas y objetivos ambiciosos que alcanzar. La persona puede convertirse en un punto de referencia para el clan. Puede haber riesgo de orgullo excesivo o arrogancia. El descendiente puede surgir después de situaciones que hayan dañado la imagen del clan o perjudicado el mito familiar y esto tendrá que ser compensado. Es un Ascendente que puede vivirse mucho a través de la profesión y el rol social. La persona necesita ser reconocida por lo que es, no por el mundo del que procede.

Virgo: nace con la responsabilidad de velar por el bienestar de los demás, lo que puede llevar a desempeñar funciones de cuidado y crianza, tanto en la familia como en la profesión. Es un descendiente que desintoxica el sistema, incluso sacrificándose. Al hacerlo, devuelve el orden, la salud y el equilibrio al árbol. El clan necesita una persona responsable e inteligente que no eluda sus obligaciones. La felicidad personal puede sacrificarse por el bien común si es necesario. El árbol necesita recuperar el control. El riesgo que corre es que puede llegar a construir por completo la propia identidad sobre el fundamento del sentido de la utilidad para los demás.

Libra: los nacidos con este Ascendente suelen tener la tarea de restablecer la armonía y el equilibrio en el sistema y en las relaciones. El papel puede desempeñarse a través de diversas vías (familiar, afectiva, profesional...). La persona hereda problemas de relación que aún no se han resuelto. Intentará atenuar las distancias y los conflictos. Trae al árbol el interés por el Otro, y lo libera de cualquier exceso de egocentrismo anterior. Puede tratarse de alguien concebido, de manera consciente o inconsciente, para formar una pareja o dar una nueva oportunidad a una relación en crisis. Hay que saber si esta operación de rescate tiene éxito o fracasa. Se debe analizar el Ascendente, Venus y Juno, ya sean ángulos conjuntos o planetas personales.

Escorpio: se nace para tratar, de diversas maneras, el dolor del árbol, el dolor reprimido y secretado, que ahora se ha ensombrecido y ya no es accesible a la conciencia familiar. Puede tratarse de una descendencia relacionada con duelos que aún no se han procesado o con situaciones del pasado que han creado sufrimiento, vergüenza, miedo. Los nacidos con este Ascendente se enfrentan a todo lo que es doloroso e intranquilo. Puede tener la tarea de investigar y sacar a la luz lo que ha quedado oscurecido. Es un papel complejo, que puede tener la tarea de desestabilizar el sistema. Activa el arquetipo de la muerte que, de un modo simbólico, exige que algo se acabe para que pueda nacer otra cosa. Es un Ascendente que hace ser pragmático, indiferente al juicio de los demás y que hace amar el riesgo (en el sexo, con el dinero, en las relaciones…).

Sagitario: existe la necesidad de ampliar las perspectivas y los horizontes de la familia, y aporta confianza y optimismo. El papel suele estar ligado a procesar el dolor del pasado, reanudar la vida, explorar, planificar, creer en el futuro. La experiencia de viajar, entendida en un sentido físico, filosófico, espiritual, se convierte en fundamental. Es un miembro de la familia que, al desempeñar su papel, devuelve un sentido moral y una visión optimista del futuro. Es una persona que puede convertirse en un punto de referencia para el clan, también en el plano moral. Arrastra a la familia, la lleva a otra parte. Activa el arquetipo del aventurero, el que no se queda quieto, sino que explora. En algunos casos puede llevar a excesos, adicciones.

Capricornio: el papel de quien nace con este Ascendente es devolver la estabilidad y la fuerza al árbol, con rigor, lucidez y concreción. Representa un fuerte mandato familiar, del que es difícil evadirse. La persona ya no se desvía, ya no es emocional, sino que construye, y lo hace con sentido de la responsabilidad, fatiga y tenacidad, lo que con el tiempo aporta crecimiento y seguridad (incluida la estabilidad económica). Puede hacer que la persona sea ambiciosa, que actúe de manera muy jerárquica en la profesión. El árbol, con esta descendencia, no busca atajos, es realista y concreto. Puede tener que sanar recuerdos de pobreza y dificultades.

Acuario: el papel conduce a una profunda renovación en algún ámbito. Permite distanciarse de los lazos y mandatos familiares y, al hacerlo, adquirir la libertad de tomar decisiones diferentes, nuevas, no conformistas. La mirada se desplaza del clan al mundo exterior. A menudo lleva al descendiente a ser el primero en hacer algo en el árbol, a renovar patrones familiares del pasado. A veces, la persona puede sentirse desconectada de su clan, que no siempre comprende o apoya sus elecciones. A veces, el papel lleva a la rebelión, a la exclusión. Tiene una profunda afinidad con los que son diferentes en el árbol, los que han sido excluidos o juzgados por vivir de manera diferente a las reglas impuestas por el sistema o por el mito familiar.

Piscis: el papel lleva a reconectar el árbol con el Todo. Devolverlo a la espiritualidad, a su sentimiento más antiguo y profundo. No hay necesidad de un conocimiento lúcido y racional, sino de un sentimiento empático, que sepa acoger el dolor de todos (a veces hasta el punto de sentirse abrumado por él). Incluye a las víctimas, a los frágiles del sistema, a los excluidos, a los no nacidos, a los olvidados. Es un Ascendente que vuelve a conectar con las emociones más antiguas y los ancestros que se han deslizado en el olvido del tiempo. El riesgo, a veces, es fusionarse demasiado, no individualizarse, perderse a su vez. A menudo, el descendiente se convierte en un canal emocional para el árbol, al que devuelve la sensibilidad, la empatía, la capacidad de compartir el sufrimiento de los demás. Uno puede identificarse en el papel de víctima, o en el de salvador, y creer que puede salvar a todo el mundo.

EL ASCENDENTE EN RELACIÓN CON LA DECIMOPRIMERA CASA

El signo de la decimoprimera casa es por lo general el signo del que, a nivel arquetípico, más debemos diferenciarnos. En astrogenealogía, la cúspide de la decimoprimera casa indica el momento de la concepción, la casa propiamente dicha la gestación, y el Ascendente el nacimiento. Juntos nos indican el clima familiar en torno a estos tres ámbitos, que también influirán en el papel familiar asignado a ese descendiente individual.

Por lo general, la decimoprimera casa tiene su cúspide, es decir, su grado inicial, en el signo que precede al Ascendente, lo que indica una transición ideal dentro del árbol, que la alternancia de signos simboliza. Podemos tener:

Ascendente Fuego, decimoprimera Agua: después de muchas emociones, o dolor, el árbol debe cambiar, debe ser dinámico, receptivo, y mirar más al futuro que al pasado. Quien nace tiene la tarea de crear nuevos comienzos, con confianza y optimismo.

Ascendente Tierra, decimoprimera Fuego: después de tanto dinamismo el árbol debe asentarse y detenerse para consolidarse. El descendiente que viene al mundo con este Ascendente debe dar al árbol una nueva estabilidad, a menudo también concreta y material. Esto sirve a veces para compensar los posibles excesos del Fuego que se produjeron antes de su nacimiento (conflicto, exceso de orgullo, frustración, dispersión).

Ascendente Aire, decimoprimera Tierra: después de concretar y estabilizar, nace alguien que viene al mundo para restaurar el sistema y devolverlo a los estudios, a las relaciones, a la sociabilidad. La necesidad de seguridad que la familia ha tenido hasta entonces debe ser superada, tal vez endureciéndose un poco.

Ascendente Agua, decimoprimera Aire: tras los intercambios y la racionalidad, se necesita redescubrir las emociones más profundas, sentir más, volver a conectar con el amor y la fusión, pero también, si es necesario, con el dolor.

En algunos casos, esta rotación normal no se produce y el Ascendente se sitúa en el mismo signo de la decimoprimera casa. Significa que algo, en la generación anterior, ha quedado en suspenso, sin resolver y aún debe concluirse. El descendiente que se concibe parece estar apegado de forma muy profunda a este asunto, hasta el punto de asumir personalmente su responsabilidad.

Tenemos, por último, un tercer caso, cuando la decimoprimera casa tiene un signo completamente interceptado en ella. Esto se convierte en crucial. Es un signo que permanece distante, inadvertido, su energía es inaccesible, pero fuerte. Se vincula a recuerdos antiguos, ancestrales del sistema. Los planetas en esta posición pueden tener dificultades para expresarse de manera consciente.

Tendremos que preguntarnos por qué ocurre esto. A nivel del árbol, ¿qué tiene que alejarse tanto de la conciencia? ¿A qué dinámica podemos remontar los planetas en el signo o en el planeta regente? Se trata siempre de análisis muy narrativos con respecto a la historia del árbol.

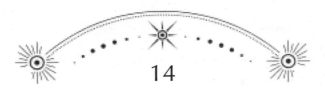

14

EL DUELO Y EL TRAUMA EN LA HISTORIA FAMILIAR

POR ELENA LONDERO

DUELO NO ELABORADO

«El dolor que no habla gime en el corazón hasta que lo rompe».
—*Macbeth,* Acto IV, William Shakespeare

El duelo es una experiencia dolorosa a la que todo el mundo se enfrenta en algún momento de su vida. Sin embargo, no todos los duelos son iguales. Algunos parecen más difíciles de superar que otros y, por ello, pueden quedar en suspenso, sin procesar. El duelo que tratamos en astrogenealogía es precisamente el que está sin resolver. Cuando esto ocurre, habrá alguien en la descendencia que lo asuma, para procesarlo y sanarlo. Los duelos no resueltos, o en especial traumáticos, permanecen activos a nivel psíquico incluso durante tres o cuatro generaciones.

Pero ¿qué significa exactamente estar de duelo? La psiquiatra suiza Elisabeth Kübler Ross ha teorizado una curva de duelo que describe, en detalle, las etapas psicológicas implicadas en el procesamiento de una pérdida. Se trata de un modelo utilizado en todo el mundo, que Kübler Ross desarrolló mientras trabajaba con miles de enfermos terminales y sus familias.

La curva se divide en cinco etapas. Al principio, en cuanto muere un ser querido, se experimenta un momento de negación. Uno no puede creer lo que ha ocurrido, se siente ausente, confuso, anestesiado por la realidad circundante. Todo parece lejano, incluso el duelo. En la segunda etapa, surgen las primeras emociones, que al principio son sobre todo rabia y frustración. Pueden proyectarse sobre uno mismo, sobre la persona que ya no está, o incluso hacia el exterior (sobre el médico incompetente, sobre el asfalto resbaladizo por la lluvia…). La ira es un sentimiento intenso y reactivo, que despierta del letargo de la fase anterior. Se pasa a la fase de negociación, en la que se intenta comprender lo sucedido y asumir la realidad. Uno se acerca a la conciencia de lo que ha sucedido. Luego viene la cuarta parte de la curva, la más difícil, la que conlleva la angustia y el dolor más profundos. Ahora uno es del todo consciente de la pérdida que ha sufrido y ya no se esconde detrás de nada. Esta fase puede ser más larga y difícil de superar que las anteriores. A veces será necesario recibir ayuda externa para vencerla. Cuando por fin el sufrimiento empieza a remitir, entramos en la última fase de la curva, la de la aceptación. El dolor se hace tolerable y poco a poco se desvanece en tristeza. El duelo ya está casi procesado y se puede encontrar paz y tranquilidad en el alma. No es el mismo camino para todos, a veces alguien se salta una etapa, a veces se queda atascado en cambio en otra y quizá permanezca atrapado en ella durante años, quizá nunca supere la etapa de la incredulidad o de la rabia. En algunos casos, inmovilizarse evade el dolor, aleja de la realidad lo que ha sucedido. También detiene el proceso de duelo.

En general, se tarda entre seis meses y dos años en procesar un duelo. Sólo después de este período podemos saber si un duelo se ha quedado en suspenso y se ha convertido en una posible irresolución genealógica.

En astrogenealogía, siempre es importante entender qué relación tiene la familia con la muerte. Si se ve como un fallecimiento natural, o si se ha convertido en algo difícil de tratar, tal vez como resultado de muertes prematuras o trágicas en el árbol. Como hemos visto, el recuerdo del duelo es una memoria tenaz, que permanece activa durante mucho tiempo. Sin embargo, también lo es el recuerdo de los seres queridos, que no se pierde cuando se alejan de la vida, sino que, por el contrario, precisamente después de su muerte puede llegar a ser aún más apreciado y valioso.

En nuestra sociedad, además, la muerte es un gran tabú colectivo, algo considerado casi ajeno y mantenido lo más lejos posible. Cada vez más personas mueren solas, o con muy pocos familiares a su lado, la mayoría en situaciones de hospitalización. Sin embargo, la muerte no es una enfermedad, sino un paso natural al que toda persona se enfrenta al final de su vida. Puede vivirse con profunda conciencia y compartirse con los más allegados; sobre todo, si uno siente que ha vivido bien. Lo ideal sería marcharse sin grandes suspensos ni conflictos dolorosos aún abiertos.

¿QUÉ DUELOS SE CONVIERTEN EN GENEALÓGICOS SIN RESOLVER?

Hay algunos duelos que, más que otros, pueden detener el tiempo de una familia y parecer difíciles de procesar. Entre ellos están los relacionados con las muertes prematuras, que afectan a niños o jóvenes. Son las muertes más traumáticas porque, al afectar a la descendencia, parecen antinaturales y desgarran el futuro mismo de la familia. Tras este tipo de duelo, la vida de las personas y las familias cambia para siempre. En ocasiones hay un progenitor que, con el tiempo, consigue superar el duelo y otro que no, y esto puede crear distancias insalvables en la pareja. Para algunos, superar la pérdida puede equivaler a traicionar la memoria del que ya no está, o generar el miedo a olvidarlo, como si el duelo fuera el último hilo que aún los mantiene unidos.

Si además la muerte prematura es repentina, la separación parece aún más traumática. La enfermedad, de hecho, prepara de algún modo a la familia para el acontecimiento, le permite despedirse, aunque sea de manera desgarradora, de los que se van. Esto, por el contrario, no ocurre en la muerte súbita.

El recuerdo del dolor también puede desencadenar importantes bloqueos genealógicos.

Un ejemplo. Francesco tenía dieciséis años de edad cuando perdió a su hermano Andrea, que murió a los veinte años en un accidente de coche. Andrea iba en coche con un amigo cuando otro coche chocó contra ellos, tras invadir el carril por el que circulaban. Fue un violento choque frontal que no dejó a nadie con vida. Los padres nunca se recuperaron de la repentina y traumática pérdida de su hijo. La madre cayó de inmediato en una depresión profunda, mientras que el padre se alejó de todo el mundo con el tiempo, y se refugió en el trabajo como anestésico. El dolor era muy fuerte en los tres, pero nunca fueron capaces de compartirlo entre ellos. La muerte de Andrea se convirtió en un gran tabú, algo innombrable, que creó en la familia una bolsa de dolor no resuelto y nunca procesado.

Muchos años después, Francesco se convirtió en padre del pequeño Simone. Fue un nacimiento benéfico, que llenó de alegría a toda la familia. Simone era un niño reparador, con un hermoso y empático Ascendente en Piscis, que lo conectó de inmediato con el dolor de su propio árbol y lo procesó y diluyó. El Ascendente (papel familiar) es trigonal con Venus en Cáncer, en conjunción con Quirón. La afectividad se convierte en sanación para las heridas más profundas de la familia y, como un bálsamo, trae amor y alivio. La oposición entre Mercurio en Tauro (generaciones horizontales) y Plutón en Escorpio (luto y tabúes del sistema) relata, en su carta astral, el profundo trauma ligado a la pérdida de su tío. Mercurio también está en sextil con el Ascendente, su nacimiento se confirma como reparador de los traumas familiares que implican a la fraternidad (para su padre, la muerte de su querido hermano). El Sol en Géminis, vivaz y alegre, está en trígono con Saturno en Acuario y esto devuelve estructura y solidez a la familia. Simone se ha convertido en psicólogo y, como nos ocurre a tantos de nosotros, también cuida de su árbol a través de su profesión. También tiene un hermoso gran trígono de Agua, compuesto por el Ascendente, Plutón y la conjunción Venus/Quirón.

Las muertes trágicas o violentas también pueden complicar el proceso de duelo. Al dolor de la pérdida se añade el carácter trágico de la manera en que se produjo, que marca el sistema de una manera muy intensa. La violencia, por ejemplo, es siempre muy traumática. Pensemos en los feminicidios, en las muertes como consecuencia de palizas u otros actos violentos, en los asesinatos... Al dolor por lo ocurrido se suma la pena infinita por lo que el ser querido vivió en los últimos momentos de su vida.

Las muertes por negligencia también pueden ser difíciles de procesar. Siempre es necesario comprobar si, en caso de responsabilidad de terceros, se hizo después justicia a la víctima y a su familia. El hecho de que algún culpable quede impune puede mantener el duelo en suspenso, y atrapar a los familiares en la espera de una justicia compensatoria que en ocasiones nunca llega. Pensemos, por ejemplo, en muertes dramáticas como la de Giulio Regeni, Ilaria Alpi y Miran Hrovatin, o en las víctimas de la masacre de Ustica, el atentado de la estación de Bolonia, Piazza Fontana... Incluso las muertes en el trabajo no siempre son reconocidas.

El duelo puede complicarse cuando hay conflictos familiares graves o malentendidos que quedan sin resolver en el momento del fallecimiento. En tales casos, existe el pesar y el conocimiento de que las tensiones ya no pueden resolverse, lo que dificulta la elaboración de la separación y, por tanto, del propio duelo. Pueden surgir sentimientos de culpa, remordimiento, ira o resentimiento hacia los que se han ido. A veces puede ayudar mucho escribir una carta de desahogo a quien ya no está, y expresar a través del texto escrito lo que uno no pudo o no supo decir antes. Son actos sencillos, pero a menudo profundamente terapéuticos y portadores de un gran consuelo.

También son complejas las muertes que crean cambios permanentes en la historia del árbol, quizá porque fallece la persona que lo mantenía todo en el plano económico. Al dolor de la pérdida en estos casos se añaden otras preocupaciones. Por ejemplo, en las sociedades del pasado en las que las mujeres no solían trabajar, la desaparición del sostén de la familia casi siempre creaba también graves problemas económicos, que afectaban a todos los miembros de la familia. A veces con graves consecuencias, como la interrupción de los estudios de los hijos ante la necesidad de ponerse directamente a trabajar para contribuir al sustento de la familia.

Otras veces, el duelo no elaborado es aquél del que no se es capaz de tomar conciencia. La ausencia del cuerpo, por ejemplo, dificulta la toma de conciencia de que la muerte se ha producido de verdad. No ver el cuerpo del ser querido, no poder realizar el rito funerario, puede hacer que el duelo sea vago y abstracto, muy neptuniano. Permanece suspendido en el tiempo. Pensemos en los desaparecidos en la guerra, en los emigrantes que dejan de enviar noticias a sus familias, pero también en las personas que han desaparecido en la montaña, en el mar o en los círculos del hampa.

Los desaparecidos, las personas que desaparecen y de las que nunca más se vuelve a saber, siempre crean situaciones de profundo dolor que nunca se pueden apaciguar. En estos casos, ni siquiera hay duelo que procesar. Sólo la espera, una espera interminable que, con el paso de los años, suele consumir por completo a sus familiares. Pensemos, por ejemplo, en los casos de Emanuela Orlandi, Ylenia Carrisi, Angela Celentano, Ettore Maiorana, Denise Pipitone y, por desgracia, muchos otros.

Los suicidios también son muertes pesadas. Son muertes diferentes de las demás, que el clan a menudo se esfuerza por aceptar y procesar, por lo que es muy fácil que se conviertan en genealogías no resueltas. Es quizá la muerte que más puede convertirse en tabú, en secreto de familia, o ser eliminada. Los sentimientos hacia el autor también pueden ser complejos y contradictorios. Por desgracia, en el pasado los suicidios también estaban lastrados por un severo juicio religioso, que no ayudaba a comprender situaciones tan delicadas y difíciles.

Por último, existe una última categoría de duelo que he encontrado en más de una ocasión en el asesoramiento y que siempre me ha conmovido. Son los duelos que no se pueden llorar, los que deben permanecer ocultos en el corazón. Se experimentan cuando se pierde a alguien muy querido con quien se mantenía una relación oculta a los ojos del mundo, un amor clandestino. En esos casos, el dolor, aunque es muy fuerte, debe tragarse y callarse. Hay que fingir estar bien cuando, en cambio, por dentro, uno se siente morir de dolor. Puede que, en las generaciones venideras, una tensa relación

Venus/Plutón o un Venus en decimoprimera o, de nuevo, ligado a Quirón o a Neptuno, cuenten la historia.

A veces, por último, un duelo no se procesa por el tipo de muerte que se ha producido, sino por el estado del superviviente. A las personas que padecen fragilidades particulares o que ya se enfrentan a otras preocupaciones graves puede resultarles difícil elaborar también el duelo, lo que agrava y sobrecarga situaciones ya de por sí precarias. La soledad personal y el aislamiento social o familiar también pueden complicar el duelo.

Siempre es posible acudir a psicólogos o terapeutas especializados en duelo, que pueden proporcionar apoyo y ayuda cualificada en estos momentos terribles.

Los duelos más pesados siempre pueden estudiarse a través de las relaciones de Plutón con los planetas personales, o mediante el estudio de la cuarta casa, las raíces del sistema familiar, o de la octava, que nos habla de la sombra y de todo lo que en el sistema ha sido eliminado porque ha sido censurado o es demasiado doloroso de tratar.

EL CONCEPTO DE TRAUMA GENEALÓGICO

Además del duelo, la historia de las familias también puede estar marcada por otro tipo de acontecimientos difíciles de procesar, los traumas. El trauma es una herida del alma y de la psique, algo tan doloroso y desestabilizador que a menudo desencadena el proceso psíquico de la eliminación. Se desencadena por acontecimientos que crean profunda angustia e intenso miedo. Puede tratarse de situaciones que hacen sentir que la vida, uno mismo o sus allegados corren un peligro inminente. Puede ocurrir en una guerra, en un atentado terrorista, si uno sufre o presencia un acto de violencia, una agresión; o incluso cuando uno se ve implicado en accidentes de tráfico, naufragios o grandes catástrofes naturales, como terremotos, inundaciones, avalanchas. Un sistema familiar también puede quedar traumatizado de manera profunda por suicidios, exilios, infidelidades, abandonos, pérdidas económicas, enfermedades graves, abusos, engaños, migraciones, etc.

Los traumas más importantes se imprimen en el inconsciente familiar, y se convierten en una memoria compartida, que luego se transmite a los descendientes, quienes lo expresarán con miedos instintivos e inexplicables, mecanismos de autodefensa y evitación excesivos y, a veces, repeticiones destinadas a procesar y reparar lo sucedido. Es como cuando tiramos una piedra a un estanque. Aunque la piedra (el trauma) se haya hundido, las ondas concéntricas que generó seguirán viéndose durante mucho tiempo. En los árboles ocurre lo mismo: a veces el trauma ya está olvidado, eliminado, pero sus consecuencias siguen presentes en la descendencia. El agua del estanque representa la sombra familiar que oculta y retiene todo lo que en el sistema desestabiliza y genera demasiado dolor.

A veces, el trauma no aparece en la carta astral, aunque sin duda ocurrió en la familia. Puede haber varias explicaciones. La primera es que las generaciones anteriores, por muy marcadas que hayan quedado por lo ocurrido, ya hayan conseguido procesarlo. O puede que ya haya transcurrido el tiempo suficiente para que el trauma se «diluya» de manera espontánea y, al hacerlo, pierda su tensión psíquica. Su recuerdo permanece a nivel inconsciente, o quizá incluso consciente, pero no activa mandatos, repeticiones, acciones urgentes de reparación por parte de los descendientes. Por último, existe una tercera hipótesis. En efecto, el trauma sigue sin resolverse y se mantiene activo en el sistema familiar, pero se ha deslizado sobre los hombros de algún otro descendiente que no es aquel cuya carta astral estamos examinando.

LA MEMORIA DEL DUELO
Y DEL TRAUMA EN EL ÁRBOL

Anne Ancelin Schützenberger nos enseñó cómo nuestros antepasados nos dejan como legado la historia misma de sus vidas. En efecto, los árboles guardan siempre una memoria tenaz de lo que viven y ésta se transmite de una generación a la siguiente. Cada vez que ocurre algo doloroso o traumático en la familia, se memoriza tanto el suceso como el momento en que ocurrió.

El inconsciente familiar asocia a ello una fecha concreta (que se convertirá en un aniversario), o una edad determinada. El síndrome del aniversario[1] se desencadena cuando, con el paso del tiempo, estos factores se repiten. Cuando esto ocurre, el recuerdo de lo que ocurrió en el pasado resurge en algún miembro de la familia. No se trata de un recuerdo consciente, sino inconsciente.

En la misma fecha o a la misma edad, el recuerdo resurge y esto puede coincidir con un período de especial fragilidad en la vida del descendiente

---

1. El «síndrome del aniversario» fue teorizado por primera vez por la psiquiatra estadounidense Josephine R. Hilgard en 1953.

que lleva la peor parte de lo sucedido. Puede producirse una repetición de los mismos hechos ocurridos en el pasado, que serán revividos por otro miembro de la familia para procesarlos. O también pueden expresarse de manera indirecta, y experimentar un momento particularmente difícil en la propia vida. El síndrome del aniversario se expresará quizá por una enfermedad, diversos accidentes o por la vivencia de momentos de fragilidad. El recuerdo de un duelo también puede revivirse a través del final de algo en nuestras vidas. De hecho, el arquetipo de la muerte puede expresarse de varias maneras. Quizá mediante la experimentación del final de una relación o de un trabajo. En algunos casos, más raros, el síndrome del aniversario también puede representarse a través de situaciones felices y reparadoras, como el nacimiento de un hijo, la celebración de un matrimonio o la compra de una casa.

Tengo una consultante cuyo abuelo sufrió un trágico accidente en Roma a finales de los años treinta, cuando un tranvía le amputó un pie. En las semanas siguientes tuvieron que amputarle la pierna hasta la rodilla debido a una infección. Lo ocurrido lo dejó impedido con sólo veintinueve años. Aquel hombre era ciclista profesional y se vio obligado a abandonar su profesión a consecuencia de lo accidente ocurrido. Estaba destrozado. En su carta astral se podía ver a Mercurio en Leo, en la décima casa, en cuadratura con Urano en Tauro. El Sol estaba en Cáncer, en conjunción con Marte y Plutón, los tres en cuadratura con Saturno en el Descendente. El trauma fue muy grave, tanto para él como para su familia. Las lealtades familiares se rompieron con tanta fuerza que se generó un síndrome de aniversario sobre este acontecimiento.

Con cada nueva generación, cuando alcanzan la misma edad que tenía su abuelo en el momento del accidente, hay alguien en la familia que refleja el trauma en una parte de sí mismo, de su cuerpo. Ha habido dos casos de apendicitis, la extirpación de un tumor benigno y un aborto. El recuerdo de ese trauma sigue resurgiendo de manera puntual en este árbol y, en este caso concreto, coincide en el ámbito astrológico con el primer retorno de Saturno a sí mismo. El síndrome del aniversario abre así ventanas temporales que, en otras ocasiones, parecerían cerradas.

También son frecuentes las fechas de acumulación en los árboles, en torno a las cuales, con un margen de pocos días, se producen diversos acontecimientos familiares. Pueden estar relacionados con muertes, accidentes, nacimientos, matrimonios... Por ejemplo, en una familia, alrededor del 12 de junio, tenemos un nacimiento feliz, la celebración de una boda, una muerte tardía y la compra de una bonita casa. Aquí la fecha de acumulación es activa, pero resulta evidente que es beneficiosa.

Intenta averiguar qué fechas o edades son sensibles en tu árbol, mediante la confección de una lista lo más rica posible en fechas y edades clave relacionadas con tu historia familiar. Comprueba qué se repite y qué resurge y qué, en cambio, parece permanecer quieto, latente. A continuación, busca posibles correspondencias astrológicas.

15

LA PROFESIÓN
Y EL DINERO EN
LA ASTROGENEALOGÍA

POR ELENA LONDERO

EL CONCEPTO DE ABUNDANCIA
EN LA PSICOGENEALOGÍA

En psicogenealogía, hablamos de abundancia para describir la capacidad de un individuo, o de todo un sistema familiar, para tener éxito en lo que mejor sabe hacer, recibiendo satisfacción y el debido reconocimiento de sus talentos por parte de los demás. La abundancia está muy relacionada con la autoestima, con la sensación de seguridad psicológica y, de forma más general, con sentirse digno y con derecho a realizarse y a alcanzar la alegría y el bienestar en la vida. Esto suele ser muy visible tanto en la realización profesional como en la económica.

En algunos árboles, esto sucede de manera espontánea, como si se tuviera libre acceso a la prosperidad. Los nacidos en estas familias suelen conseguir abrirse camino sin dificultad, expresarse en la vida de manera plena, y lograr resultados que recompensan el empeño y la capacidad. Son clanes en los que suelen estar activos los mitos familiares relacionados con la iniciativa, el optimismo y la expansión.

En otras familias, sin embargo, la abundancia parece más difícil de alcanzar. A veces incluso parece que se escapa justo cuando uno estaba por fin a punto de alcanzarla y asirla. Como siempre, en estos casos es importante reconstruir la historia familiar, para ver si hay heridas del pasado relacionadas con fracasos, frustraciones o la falta de reconocimiento de los propios talentos, del esfuerzo y del trabajo. Por ejemplo, si trabajamos duro pero no conseguimos un ascenso o ser recompensados económicamente, si entonces sentimos que hay un desequilibrio entre lo que damos y lo que recibimos. Intentemos reflexionar sobre lo que ocurrió en este ámbito en nuestra ascendencia. Escribamos en una hoja de papel los nombres de nuestros padres, tíos, abuelos, y luego anotemos al lado de cada uno la profesión, el logro, los ingresos. Anotemos si ha habido trastornos económicos o momentos de especial éxito. Añadamos algunas notas astrológicas sobre sus aspectos del Sol, Marte, Venus y sus casas segunda y décima. Esto nos ayudará a comprender cuál es nuestro patrón familiar de partida.

El trabajo, en nuestro árbol, ¿da satisfacción y emoción o se vive como algo agotador, fatigoso, que sólo sirve para sobrevivir? ¿Se permite a las personas elegir con total libertad su profesión? Y el dinero, ¿con qué se asocia más en la familia? ¿Aporta más bienestar o genera preocupaciones? Comprobemos también si hay diferencias entre la realización femenina y la masculina, o entre la rama materna y la paterna.

Si heredamos recuerdos agobiantes relacionados con la abundancia, o si activamos lealtades familiares con antepasados problemáticos, podemos ser capaces de crear pautas de comportamiento nuevas y saludables que nos hablen de éxito y realización. Estas lealtades familiares son invisibles pero tenaces y a veces capaces de desencadenar autosabotajes o bloqueos profesionales y económicos. De forma inconsciente, uno no se permite tener aquello a lo que tendría pleno derecho, pero que otros no han podido o no han conseguido. Es como si nuestro éxito pudiera reabrir viejas heridas o recuerdos de fracasos y esto nos parece intolerable. En otras ocasiones, los mismos recuerdos pueden, sin embargo, desencadenar también reacciones positivas, de redención y venganza. Y aquí, entonces, viene al mundo un miembro del clan que puede por fin emprender un camino diferente, satisfactorio, capaz de superar los modelos del pasado y crear otros nuevos, para sí mismo y para sus descendientes. Son momentos cruciales para el árbol, en los que también puede cambiar el mito familiar. A menudo, estas figuras tienen cartas natales con mucho Fuego o Tierra, pero también cartas astrales ricas en cuadraturas, siempre capaces, sobre todo debido a la tensión y a la frustración que generan, de desencadenar reacciones decisivas.

EL AUTOSABOTAJE Y EL SÍNDROME DE CLASE

El término «autosabotaje» hace referencia a un mecanismo inconsciente que hace que las personas se retraigan poco antes de alcanzar sus objetivos o pongan en peligro situaciones de posible realización. Esto puede ocurrir en el ámbito profesional, económico, pero también sentimental o familiar.

El autosabotaje puede manifestarse de varias maneras. Alguien tiende a posponer constantemente las elecciones decisivas, los momentos de avance. Nunca es el momento adecuado, siempre hay algún obstáculo que se presenta en el momento crucial. Ante un posible cambio, se producen acontecimientos que bloquean o retrasan la acción (el análisis de Marte es siempre crucial). Las coartadas pueden ser varias: una enfermedad, una crisis sentimental, un problema que impide actuar. La sincronicidad, en el autosabotaje, es siempre perfecta. Son mecanismos inconscientes que se repiten varias veces, nunca casos únicos. En algunos árboles se encuentran fallos o fracasos repetidos a lo largo de varias generaciones. Esto genera un patrón familiar preciso, que a veces no resulta nada fácil superar.

El análisis astrogenealógico nos permite identificar estos patrones, comprender si tienen su origen en situaciones personales o están relacionados con la propia historia familiar.

En algunos casos, el autosabotaje también está vinculado al síndrome de clase, teorizado por el psicoanalista francés Vincent de Gaulejac.[1] Se desencadena cuando surge un conflicto entre el estatus social de origen y el nuevo estatus que uno podría alcanzar. El deseo de permanecer fiel a los antepasados y sus valores choca con el deseo de ascenso social para uno mismo y sus descendientes. El cambio de estatus genera a veces miedo a la traición o a crear una gran brecha entre el entorno de origen (quizá cultural o económicamente más pobre) y el nuevo, al que se tendría acceso.

¿CON QUÉ ASOCIAMOS EL DINERO EN LA FAMILIA?

En psicogenealogía, el dinero tiene un valor positivo, está relacionado con el concepto de abundancia y prosperidad, es algo sano, que expresa el reconocimiento adecuado del talento y del tiempo dedicado a la profesión. También refleja la capacidad de realización de una familia, y activa la energía positiva

---

1. Vincent de Gaulejac, *Neurosis de clase,* Entreacacias, 2019.

que fluye por el sistema. También hace que las familias vivan más serenas y con menos ansiedad. En efecto, el dinero permite comprar una casa, estudiar, viajar, cuidarse mejor si se cae enfermo. En un sistema familiar, la seguridad económica es siempre también seguridad psicológica.

El dinero también puede darnos una profunda conciencia de los sacrificios que hemos hecho en el pasado, haciéndonos sentir gratitud por aquellos de nuestro árbol que han construido la riqueza de nuestra familia. Ya sea pequeño o grande. Esta conciencia nos lleva a respetar el dinero que hemos ganado con trabajo y esfuerzo, haciendo que lo utilicemos de forma compartida, sana y equilibrada.

Venimos de una cultura que ha demonizado el dinero, convirtiéndolo en símbolo de corrupción, avaricia, inmoralidad. En algunas familias, estas asociaciones negativas han creado verdaderos tabúes sobre este tema.

Reflexionemos sobre el papel que ha desempeñado el dinero en nuestra historia familiar y qué pautas ha generado y nos ha transmitido. Debemos entender si va asociado al bienestar y a la resolución de problemas o si, por el contrario, ha generado frustración o graves conflictos internos. Intentemos comprender si en nuestra relación con el dinero estamos repitiendo algo que ya ha sucedido en el pasado familiar.

¿CÓMO ELEGIMOS NUESTRA PROFESIÓN?

Incluso la elección de la profesión puede tener raíces profundas. Sin embargo, si esto nos lleva a un trabajo que nos gusta y nos llena, no hay, por supuesto, ningún problema.

El problema surge si nos dedicamos a una profesión que, sin las influencias familiares, nunca habríamos elegido. A veces, esto ocurre por lealtad familiar, como cuando nos encontramos recorriendo el camino que nuestro padre o nuestra madre no pudieron asumir. Los fracasos de los padres siempre pueden desencadenar acciones compensatorias y resarcitorias en los hijos. Son elecciones basadas en el amor, pero pueden conducir a una profesión no amada. Por lo general, sólo nos damos cuenta de ello con el paso de los años, a través, por ejemplo, de la toma de conciencia que conlleva el ciclo de Saturno o el retorno de Quirón.

En otros casos, sin embargo, uno se ve influido precisamente por los excelentes logros que las generaciones anteriores han alcanzado con su trabajo. Las profesiones que ya se han ejercido con éxito en la familia y que, por lo tanto, están bien asentadas también pueden ser muy vinculantes. Quizá también se hayan transmitido ya de generación en generación, para no perderlas. Pueden ser empresas, o consultas médicas, despachos de abogados, notarías, farmacias...

Para el clan es difícil aceptar que los vástagos abandonen una determinada profesión, que no sólo ofrece una excelente seguridad económica, sino también estatus y prestigio social. En la hermandad suele haber quien lleva de manera «responsable» el negocio familiar y quien, precisamente porque ya hay quien ha asumido esa tarea, puede sentirse libre de elegir otra profesión. Romper las expectativas familiares es, sin embargo, siempre complejo. Puede crear conflictos internos y miedo a defraudar las expectativas de nuestros seres queridos. Siempre hay que fijarse bien en el Medio Cielo, para analizar estas dinámicas y quizá entender cómo desvincularnos. Los mitos familiares también pueden influirnos y empujarnos, por ejemplo, hacia profesiones muy competitivas, que tal vez ni siquiera sintamos como nuestras, pero hacia las que nos desvían mitos familiares dinámicos y agresivos vinculados al éxito y al reconocimiento de la sociedad. Los mitos familiares vinculados, por otra parte, al sacrificio o al victimismo pueden llevarnos, como a otros en el pasado familiar, a trabajos especialmente muy fatigosos o agotadores.

La profesión siempre ocupa una gran parte de la vida de cada uno y tomar decisiones equivocadas en este ámbito puede llevarnos a una profunda infelicidad y a una intensa frustración. Por eso sería útil diferenciar, desde una edad temprana, cuáles son nuestras aptitudes de lo que, por otro lado, son expectativas e influencias. La astrogenealogía, en el contexto escolar, podría ayudar mucho a los niños a tomar decisiones acerca de sus estudios, y en el futuro de su profesión, más conscientes y coherentes con sus talentos.

La profesión es una de las vías privilegiadas a través de las cuales los descendientes sanan de un modo involuntario las heridas de su árbol. No hace falta ser consciente para actuar en esta dirección reparadora. He aquí algunos ejemplos de profesiones que pueden (aunque no tienen por qué) tener su origen en las heridas del propio sistema familiar:

— Para sanar heridas relacionadas con la falta de comunicación familiar: profesiones de la comunicación, periodistas, medios culturales, psicólogos, abogados, jueces de paz, diplomáticos, etc.

— Para sanar heridas relacionadas con el estudio o la vida intelectual: maestros, profesores universitarios, trabajos diversos en escuelas, escritores, ensayistas, libreros, bibliotecarios, quiosqueros, profesiones del ámbito cultural, museístico o editorial, filósofos, historiadores, etc.

— Para sanar heridas relacionadas con duelos, enfermedades, heridas del cuerpo y del alma: enfermeros, médicos, auxiliares de hospital, psicólogos, voluntarios sanitarios, farmacéuticos, trabajadores de la industria farmacéutica.

— Para sanar lesiones relacionadas con la nutrición: restauradores, cocineros, camareros, trabajadores de comedores, industria o tiendas de alimentación...

— Para sanar las heridas relacionadas con las pérdidas del hogar: agentes inmobiliarios, profesionales de la construcción, arquitectos, diseñadores de interiores, artesanos del hogar...

— Para reparar delitos e injusticias: policías, investigadores, psicólogos forenses, abogados, psicólogos especializados en este campo.

— Para reparar recuerdos de pobreza o quiebras económicas: contables, economistas, banqueros, asesores financieros, cajeros...

Toda profesión, además de tener una función reparadora, puede también, como hemos visto, llenar las heridas de la no realización de los padres, abuelos u otros miembros de la familia. Aquí la persona elegirá el trabajo que otra persona no pudo hacer, y que sintió profunda pena y arrepentimiento.

En ocasiones, las deudas creadas por un miembro de la ascendencia, relacionadas con injusticias, traiciones o acciones desleales, recaen sobre los descendientes, que pueden desarrollar bloqueos o dificultades en determinadas áreas de su vida. Por ejemplo, si una familia se ha enriquecido en el pasado mediante el robo, el hurto o el engaño, las generaciones venideras pueden desarrollar problemas económicos y financieros, cuyo objetivo es restablecer el equilibrio del sistema.

QUÉ OBSERVAR EN LA CARTA ASTRAL

La carta astral, en su conjunto, nos habla de nuestros talentos, pero también de nuestras lealtades familiares, de nuestros mandatos genealógicos y de las expectativas que de forma inconsciente recaen sobre nosotros. En general, vamos a fijarnos en el Medio Cielo (expectativas familiares), Saturno (mandatos familiares), el Sol (identidad, objetivos vitales) y Marte (afirmación personal). Venus es un indicador insustituible para analizar el nivel de autoestima y seguridad personal.

El Ascendente, por su parte, nos asigna un papel familiar preciso, sobre el que se puede actuar de un modo indirecto a través del trabajo. Si en el estudio de estos factores astrológicos surgen tensiones y conflictos, conviene investigar con mucho detalle el tema de la profesión, visible sobre todo a partir del análisis de las casas sexta y décima.

La segunda casa, por su parte, es importante porque nos habla de la relación que el sistema familiar tiene con el dinero y de si ha sido una fuente de seguridad o de inseguridad psicológica en el pasado.

¿POR QUÉ TENGO ESTE TRABAJO Y NO EL QUE QUERÍA? LA HISTORIA DE CHIARA

Chiara acaba de pasar los cuarenta y, desde que se licenció, trabaja en la farmacia familiar, fundada por su abuelo. Es una mujer amable e inteligente que en su vida siempre ha hecho lo que todos esperaban de ella. Es evidente, cuando empezamos a hablar, que dista mucho de ser feliz. De hecho, enseguida me dice que no se siente realizada trabajando en la farmacia, cada año le pesa más el trabajo. Le hubiera gustado hacer otra cosa con su vida, le hubiera gustado dedicarse en cuerpo y alma a disciplinas como la arquitectura o el diseño. Siente que vive una existencia equivocada, siente que no es la suya. Compra libros de arquitectura todo el tiempo y los hojea y se siente fatal. Se culpa por no ser capaz de imponerse a los deseos de su familia. También está enfadada con sus padres, que siempre dieron por sentado que ella obedecería sus pretensiones. Durante sus primeros años en la farmacia su impaciencia era leve, mientras que ahora es abrumadora. Desearía tener el valor de cambiar. Siente que, si no lo hace ahora, ya no lo hará nunca.

Esta toma de conciencia le produce una sensación de vértigo. Sin embargo, también está interesada en una lectura astrológica, para comprender mejor este período tan complicado para ella.

El «tema progreso», también conocido como «tema del alma», revela una Luna balsámica, al final de su ciclo de treinta años: el final de un largo viaje, necesario para el nacimiento de algo nuevo. Es una Luna profunda, consciente, que requiere una fase de retiro y reflexión. Algo está llegando de manera simbólica a su fin y es importante comprender con madurez lo que debemos sembrar a continuación, con el avance de la Luna nueva. Los tránsitos de Chiara, por otra parte, muestran una importante cuadratura de

Plutón en su Sol natal en Libra. Un Sol conciliador, portador del equilibrio familiar, que casi debe ejercer violencia (cuadratura) para transformar (Plutón) los propios objetivos vitales y lo que se desea ser (la propia luminaria).

También el Ascendente Tauro, un signo fijo, tiende a estabilizarla, y no a desestabilizarla, en el sistema de pertenencia. Por eso también le resulta difícil salirse del papel que le ha asignado la familia. Sin embargo, Urano en tránsito se aproxima a este mismo ángulo desde la decimoprimera. Por lo tanto, Chiara tiene dos tránsitos importantes y únicos activos al mismo tiempo en su vida (Plutón en el Sol y Urano en el Ascendente), con la Luna progresando al mismo tiempo para abrir un nuevo ciclo. El momento del cambio está ciertamente maduro tanto para Chiara como para su árbol. Hay que animarla, pues, a vencer sus resistencias y a empezar a planificar, con calma y lucidez, un cambio profesional. Será para ella algo que irá mucho más allá del ámbito laboral, y que se convertirá en un cambio existencial.

Un año y medio después de nuestro encuentro, Chiara me escribió un largo correo electrónico en el que me contaba que había dejado la farmacia y se había ido a trabajar a una tienda de muebles y objetos de diseño. Aunque no gana tanto como antes, es muy feliz. Por la mañana se levanta alegre y de buen humor. Siente, por fin, que está en el lugar adecuado, su lugar correcto.

16

EL DOLOR DE LA EXCLUSIÓN

POR ELENA LONDERO

EL CONCEPTO DE PERTENENCIA

La familia es un organismo compacto, cuyos miembros tienen todos el mismo derecho de pertenencia, un derecho inalienable que da seguridad e identidad tanto al individuo como al grupo. Esto nos remonta a los tiempos más remotos, cuando estar unido garantizaba la seguridad, mientras que estar solo o aislado significaba exponerse a graves peligros o incluso a la muerte. Son recuerdos fuertes, ancestrales, ligados a nuestro propio sentido de la supervivencia. Para mantener unido al grupo, había, ayer como hoy, normas internas y leyes de funcionamiento, que todos debían respetar. Incumplirlas podía acarrear graves consecuencias, como la exclusión.

La exclusión es un acto duro y doloroso que genera un profundo desequilibrio en una familia. El alma misma del grupo se ve afectada y puede sentirse desgarrada. Por eso las figuras de los excluidos son importantes y genealógicamente relevantes. Siempre que sea posible, es saludable reconocerlas, acogerlas de nuevo y reintegrarlas. Al devolver a los excluidos su lugar, la conciencia familiar tiene la oportunidad de pacificarse. El árbol recupera el equilibrio y esto aporta armonía y alegría a todo el sistema.

Cuando aparecen figuras excluidas en la historia familiar, siempre recomiendo realizar pequeños actos simbólicos para reintegrarlas. Recuperar una foto suya y ponerla en el álbum familiar, visitar su tumba, plantar un árbol en el jardín en su memoria, escribirles una carta. El ritual que sana no tiene por qué ser complejo. De hecho, el recuerdo es beneficioso y terapéutico en sí mismo.

La confección del genosociograma también es útil para trabajar estas cuestiones. Su elaboración, de hecho, es un acto reparador fuerte y profundo. La persona excluida será por fin vista y acogida de nuevo en su sistema, de la mano de un descendiente que escribirá su nombre, dibujará el triángulo, cuadrado o círculo[1] que la representa y contará su historia y sus vicisitudes. Esto le devolverá su identidad, el lugar que le corresponde en el árbol y, por tanto, su legítima reaparición en el sistema. A menudo, esto también ayuda a disolver cualquier rechazo desencadenado en los descendientes. Si, de hecho, los acontecimientos que generaron la exclusión fueron trágicos o dramáticos, pueden llevar a una persona a revivir, de manera inconsciente, el destino del antepasado excluido, para intentar repararlo. También quedan excluidos del sistema, silenciosos y visibles, los hijos del árbol que no han llegado a la vida. A menudo su memoria se ha perdido por completo. A veces se olvidan para alejar el dolor que ha causado su pérdida (abortos espontáneos, muertes gestacionales o bebés perdidos al nacer). A veces, por el contrario, desaparecen porque su pérdida se ocultó o pasó a la sombra de la familia (quizá en el caso de los abortos espontáneos). Todos ellos, por otra parte, tienen pleno derecho a pertenecer a la familia, igual que los niños que han llegado a la vida con normalidad.

LA EXCLUSIÓN DE UN URANIANO

La exclusión de un uraniano es la más frecuente, desencadenada ante un miembro de la familia irregular, rebelde o inconformista. Se trata de aquellos que rompen y cuestionan las reglas del sistema, por considerarlas injustas, limitantes o inadecuadas para ellos. Antes de la exclusión, los uranianos suelen criticarlas, se han opuesto a ellas desde hace tiempo y han generado tensiones y conflictos en el hogar. A menudo pueden sentirse desconectados de su propio sistema, como si fueran extraños en su propia familia. No hay comprensión mutua y el alejamiento es a veces la única solución posible.

Detrás de la exclusión (o autoexclusión) uraniana podemos encontrarnos con personas que han adoptado formas de vida nuevas o muy diferentes de las costumbres o tradiciones del clan. Con sus acciones critican el mito familiar que les ha sido transmitido, tocando la identidad misma del clan, que se siente cuestionada y desestabilizada. Sin embargo, estos marginados

---

1. Al compilar el genosociograma, las personas de sexo femenino se dibujan con un círculo, las de sexo masculino con un cuadrado y los niños no nacidos con un triángulo.

son a menudo quienes tienen la tarea de renovar los modelos familiares del pasado, aunque al hacerlo no reciban el apoyo de los demás. La acción es sobre todo solitaria. Posibles indicadores astrológicos: fuertes valores de Acuario, Urano en el Ascendente o Medio Cielo, Urano o Lilith en aspecto con planetas personales.

¿OVEJAS NEGRAS O REFORMADORES DEL SISTEMA?

La exclusión uraniana está relacionada con dos roles familiares específicos: la oveja negra y el reformador. Ambos son posiciones incómodas, a menudo conflictivas y perturbadoras, que se encargan de cuestionar las reglas del sistema al que pertenecen. Sin embargo, las dos figuras son muy diferentes a largo plazo.

Las ovejas negras suelen adoptar posturas muy polémicas y de oposición, pero tienden a ser inmaduras y estériles. Las fuertes críticas al sistema no van seguidas de contrapropuestas válidas y eficaces. Es una rebelión casi adolescente, en la que la acción es muy llamativa, pero nunca llega a ser verdaderamente constructiva. El reformador, en cambio, activa una acción más incisiva y un cambio real. Tiene una planificación madura, que también consigue aplicar de manera concreta en la realidad. Los modelos de familia que llevan meses debatiéndose se renuevan con mejores bases y se transmiten a sus descendientes. Otra diferencia es que las ovejas negras a veces pueden convertirse en chivos expiatorios o víctimas del sistema, incluso asumiendo actitudes autodestructivas. Papeles dolorosos pero, en cierto modo, también desintoxicantes para la familia (alguien absorbe y asume lo que el clan no se atreve a tocar o ver). Los reformistas, en cambio, nunca son autodestructivos y, de hecho, pueden convertirse, con el tiempo, en figuras muy positivas del sistema, incluso en nuevos líderes. El reformador también puede redefinir la propia identidad del grupo y, en consecuencia, renovar el mito familiar.

LA EXCLUSIÓN NEPTUNIANA

La exclusión neptuniana afecta sobre todo a las personas frágiles del sistema que, debido a sus dificultades, han creado malestar o vergüenza a la familia, que no ha podido relacionarse con ellas sin sentir vergüenza, a menudo también a nivel social. El clan ha reaccionado aislándolas o manteniéndolas lo más ocultas posible a los ojos del mundo. Detrás de su exclusión puede haber malestar debido a su indigencia, abandono, fragilidad mental o ciertas adicciones, como el alcoholismo o la drogadicción.

Algunas familias no tienen la fuerza o la capacidad para hacer frente a esta situación y ayudar a sus parientes. Con el tiempo, esto conduce al distanciamiento, la marginación y el aislamiento social, que a veces se convierte en exclusión absoluta. Las familias, en todas las épocas, a menudo se quedan solas para hacer frente a estas situaciones difíciles y delicadas. En el pasado, los enfermos mentales sufrían graves formas de aislamiento, como el ingreso en manicomios o el confinamiento en casa. Son las vidas que nadie ve, ligadas a los invisibles del sistema que, en absoluto silencio, se convierten a veces en familiares no resueltos, creando malestar.

Posibles indicadores astrológicos: Neptuno angular o en aspecto con planetas personales, casa decimosegunda acentuada.

LA EXCLUSIÓN PLUTONIANA

Por último, las exclusiones plutonianas, que implican a aquellos que han tocado, de diversas maneras, la sombra familiar. Todo aquello que, por lo tanto, en el pasado del clan, ha creado mucho dolor, miedo o vergüenza que se elimina de la conciencia. A veces, estas exclusiones implican a antepasados que tuvieron una muerte que el sistema no pudo aceptar o procesar. Por ejemplo, familiares que murieron por suicidio, o como consecuencia de adicciones o enfermedades consideradas «vergonzosas» (como desgraciadamente les ha ocurrido a tantos enfermos de sida en los últimos años).

También pueden excluirse los bebés perdidos tras un aborto espontáneo. Es frecuente que se convierta en un secreto de familia. En la primera generación sólo unas pocas personas son conscientes de ello, pero ya en la siguiente el suceso suele quedar completamente oculto y se pierde el recuerdo del mismo (aunque es evidente que queda depositado en el inconsciente familiar).

En cambio, los hijos de la familia que no han llegado a la vida nunca deben convertirse en parias. Lo mismo ocurre con los hijos de relaciones clandestinas o extramatrimoniales. Son niños ocultados, repudiados o aislados por el escándalo o el secreto que rodea su nacimiento. Exclusiones muy dolorosas que rompen hermandades que existen en la realidad. Ramas muy cercanas del propio árbol, por tanto, aunque puedan estar completamente ausentes de la historia familiar.

Con Plutón, por último, siempre podemos tener la exclusión de familiares manipuladores en el sistema, que ejercen mucho poder y a menudo son percibidos como peligrosos o amenazantes.

Posibles indicadores astrológicos: Ascendente o Sol en Escorpio, Plutón angular o en aspecto con los personales.

EL DIVORCIO GENEALÓGICO. LA EXCLUSIÓN VINCULADA AL MANDATO DE LA PAREJA

En los árboles, en cada generación se produce el nacimiento y la formación de nuevas parejas que escriben el futuro y la continuidad del árbol, dando lugar también a la descendencia. A veces, sin embargo, algunas uniones no son aprobadas por la familia. Despiertan, por diversos motivos, desconfianza y hostilidad. En algunos casos, los conflictos resultantes son tan enconados que desembocan en una forma de exclusión conocida como «divorcio genealógico». Se desencadena cuando un descendiente, al vivir su vida amorosa, toca la sombra del sistema, desencadenando reacciones muy intensas de cierre y defensa. Por ejemplo, algunos árboles sobre todo rígidos pueden no ser capaces de aceptar parejas formadas por miembros que difieren en cultura, religión, diferencias económicas o estatus social.

En algunas familias, la diversidad se percibe como una amenaza para su identidad y sus valores.

He aquí algunas frases que pueden pronunciarse en estos casos:
— «¡No está a vuestro (nuestro) nivel! No es como nosotros».
— «¡Si quieres seguir con ella, ésa es la puerta! Ella no pone un pie aquí».
— «No pertenece a nuestro mundo, ¿no lo entiendes? Piensa en lo que diría la gente...».
— «Eres libre de hacerlo, pero no esperes vernos en tu boda. Si te casas con él, ya no tienes nada que hacer con nosotros».
— «¿Te das cuenta, verdad, de que sólo busca tu dinero?».

Como siempre, el enfoque astrogenealógico no debe juzgar, sino comprender y contextualizar. Cuando se desencadena el miedo, es necesario tranquilizar, no criticar. Cuando tenemos rigidez, solemos tener heridas antiguas, recuerdos de inseguridad e inestabilidad. Cada uno de nosotros puede sentir algo como absolutamente inaceptable, sobre todo si creemos que causará un daño grave o infelicidad a nuestros hijos. No nos sintamos nunca ajenos a estos mecanismos, que siempre pueden desencadenarse en cada uno de nosotros.

LA ADOPCIÓN

La adopción conlleva el alejamiento y la exclusión de un niño de su familia biológica y de su sistema familiar. Es genealógicamente dura y, de hecho, poco frecuente en los árboles. Sólo se desencadena en casos extremos, cuando parece imposible criar a un niño, por las razones más variadas (pobreza, padres muy jóvenes o frágiles, niños huérfanos o concebidos en relaciones inestables u ocultas). El niño suele vivir durante un período, más o menos largo, en una institución antes de ser adoptado. Se enfrenta, por tanto, a dos separaciones diferentes, primero de la madre biológica y después de quienes se ocuparon de él en el centro de acogida. El arquetipo materno interviene en ambos momentos. También interviene en la integración del niño en la nueva familia adoptiva.

En la adopción confluyen dos sistemas familiares diferentes, y ambos fluyen en la psique del niño, que tendrá en su interior los recuerdos inconscientes de su árbol biológico, enriquecidos con los del árbol de acogida. Los niños adoptados son siempre niños valiosos, reparadores, que vienen a sanar las heridas de su clan adoptivo. Nunca son encuentros fortuitos.

Sin embargo, el viaje personal de estos niños no suele ser fácil, sobre todo en la adolescencia y en la vida adulta. El desconocimiento de los orígenes y la historia puede a veces obstaculizar la definición de la propia identidad, o hacer que uno se sienta inquieto y en busca de respuestas que inevitablemente se le escapan. A veces, la sensación de abandono experimentada al principio de la vida también puede complicar el éxito en la construcción de una familia propia en la vida adulta.

17

SECRETOS FAMILIARES

POR ELENA LONDERO

SECRETOS DE FAMILIA.
EL CASO DE SÉBASTIEN

Cada familia tiene sus secretos. En ocasiones son ligeros como plumas, en otras pesados como rocas. En el primer caso, pierden rápidamente su sustancia, hasta que se desvanecen y desaparecen por completo. Sin embargo, cuando los secretos son graves, pueden arraigar de manera profunda en la psique familiar, y permanecen en ella incluso durante varias generaciones. La psicogenealogía nos enseña cómo lo que ignoramos de nuestra familia es a menudo incluso más importante que lo que sabemos de ella, precisamente porque es ahí, en lo olvidado, en lo reprimido, donde nos encontramos con las situaciones más delicadas y difíciles.

Los contenidos ocultos a la conciencia operan en la sombra y, al hacerlo, se fortalecen y endurecen. Aunque ahora sea inaccesible, lo que se ha ocultado seguirá su curso bajo tierra, y reaparecerá bajo otras apariencias, por otros medios, a menudo en la vida de un descendiente.

Schützenberger escribe: «En determinadas circunstancias, los acontecimientos de la vida son tan difíciles que uno decide silenciarlos. En la primera generación se convierten en algo innombrable; en la segunda, en un secreto de familia; en la tercera, finalmente, se convierten en un innombrable genealógico, es decir, en algo en lo que ya ni siquiera se puede pensar».[1]

Recuerdo un testimonio presentado en un seminario por un psicogenealogista francés. Sébastien, a los veintiséis años de edad, había empezado a

---

1. Anne Ancelin Schützenberger, *op. cit.*

padecer asma de repente. Era deportista y nunca le había ocurrido nada parecido. Siempre le faltaba la respiración al atardecer: se sentía sofocado, una sensación angustiosa que le perturbaba. Se había sometido a varios exámenes, sin encontrar nada. Sin embargo, los ataques continuaban. Un día estaba en una cena familiar, en casa de una tía. Le había contado lo mucho que le preocupaba ese problema, que era como una sombra que se cernía sobre su vida. La tía había tenido una intuición, había captado un recuerdo lejano que resurgía de su infancia. Le había preguntado si conocía la historia de Martin, el hermano mayor de su abuela. No sólo no lo conocía, sino que ni siquiera sabía que su abuela había tenido un hermano. Estaba muy sorprendido.

Su tía le contó, en voz baja, que era una historia muy triste. Una tarde, casi al anochecer, el pobre Martin salió de casa y se ahorcó de un árbol cercano. Había cumplido veintiséis años pocos días antes. Fue un suicidio inexplicable, el chico no dejó ninguna nota y nadie había detectado ningún signo premonitorio de lo que iba a ocurrir. La familia estaba conmocionada y traumatizada. Ni siquiera podían hablar de ello, ni entre ellos ni fuera de casa. Todo el mundo en el pueblo se había adaptado, y respetaba el dolor de la familia. Alrededor de Martin y su suicidio se generó un silencio denso. El dolor de su muerte quedó engullido entre las paredes de la casa, sin llegar a procesarse. El padre, al día siguiente del funeral, cortó el árbol del que se había colgado su hijo. Habría sido intolerable para ellos pasar junto a él todos los días. Durante décadas, el secreto de lo ocurrido permaneció inviolado. Había resurgido aquella misma noche, en aquella cena, sacado a la luz por un descendiente que, a través de su cuerpo, lo había devuelto a la memoria familiar.

Cuando se segregan contenidos tan fuertes y dolorosos, se crean lugares psíquicos, en los descendientes, llamados «criptas». Allí se encuentran traumas, duelos no elaborados, secretos familiares. Son lugares inaccesibles a la conciencia familiar. A veces alguien, como Sébastien, entra en estos espacios sin saberlo, consigue abrirlos, y deja salir el aire viciado que los impregnaba. Los descendientes que desempeñan estas tareas suelen sentirse oprimidos, no libres. Sébastien, después de aquella noche, buscó a Martin. Encontró su tumba, habló de él con algunos familiares y ancianos del pueblo, buscó fotos y documentos sobre él. Gracias a este bisnieto, Martin volvió a encontrar un lugar en la familia. Sébastien, tras este proceso de recuperación, no volvió a sufrir ataques de asma. En este caso, el secreto familiar fue desvelado por un síndrome de aniversario somatizado por un miembro de la familia. Cuando

Sébastien cumplió veintiséis años, la misma edad a la que Martin se suicidó, el recuerdo del clan se reactivó e hizo resurgir el trauma de su muerte. Sébastien sabía sin saber, como ocurre con todos nuestros contenidos depositados, a nivel psíquico, en el inconsciente familiar. Al no poder utilizar las palabras y el lenguaje para expresar lo sucedido, había recurrido al cuerpo y al síntoma. No respirar era simbólico y le acercaba al gesto del pobre Martin.

¿QUÉ SE CONVIERTE EN SECRETO EN LAS FAMILIAS?

Los secretos, en la historia de las familias, suelen crearse en torno a cualquier acontecimiento que, por las razones más variadas, no debería salir a la luz. Esto se debe a que se considera doloroso, infame, lleno de consecuencias, inapropiado, peligroso.

Los secretos de familia suelen formarse en torno a cuestiones emocionales. Matrimonios anteriores de padres o abuelos, infidelidades, amores prohibidos... Puede ocurrir que este tipo de secretos también traiga consigo otros, relacionados con hermanos ocultos, legitimidad de los hijos, abortos o niños dados en adopción. En estos ámbitos, cada época histórica tiene su propia moral específica, que define lo que se considera aceptable y lo que no. Basta pensar en las parejas que conviven sin casarse, las parejas homosexuales o el nacimiento de hijos fuera del matrimonio. Todas ellas son situaciones normales para nosotros, pero consideradas inmorales e inaceptables en el pasado. El cambio de mentalidad, sin embargo, ¡no elimina la carga del secreto de los descendientes!

La violencia doméstica, los malos tratos, las adicciones y la fragilidad mental también pueden convertirse en un secreto familiar. Los abusos sexuales a menores, por ejemplo, se cometen sobre todo dentro del hogar. A menudo, además del abusador, hay quienes lo saben y no intervienen.

Siempre se trata de secretos extremadamente tóxicos, en los que la víctima no recibe ayuda y el autor nunca paga un precio por lo que ha cometido. La sanación, recordémoslo, siempre necesita justicia más que perdón. En cambio, en estos casos se suele guardar silencio para no comprometer el nombre de la familia, del padre, del tío... Los niños maltratados se sienten confusos, sucios, responsables de lo que les ha ocurrido. La carga familiar es aquí muy pesada y les obliga a afrontar en absoluta soledad todas las consecuencias de lo que han vivido.

Los secretos en torno a asuntos de dinero (deudas ocultas, quiebras, inversiones arriesgadas, pérdidas en el juego, hipotecas sobre viviendas, dinero obtenido de manera ilegal, desequilibrios hereditarios) también son habituales en las familias.

A veces uno oculta información sobre sus estudios o su posición profesional. Recuerdo a un consultor cuyo padre había ejercido como dentista durante treinta años sin haberse licenciado nunca. Sólo su mujer sabía que había hecho algunos exámenes en la universidad y luego se había comprado un título falso en el extranjero. Los hijos se enteraron, pero sólo muchos años después, cuando su padre ya había fallecido. Uno de ellos, entretanto, se había convertido él mismo en dentista, llevando a cabo una repetición de la profesión que, sin saberlo, también acabó reparando el propio secreto familiar.

También es siempre interesante estudiar los bandos que se crean en torno a un secreto (¿quién lo sabe y quién no?). A veces sólo debe ocultarse a una persona concreta de la familia (¡Papá no debe enterarse nunca!). En otros casos debe ocultarse a toda una generación (¡los niños no deben enterarse nunca!), o incluso nadie más que el propio titular debe saberlo jamás.

También podemos haber compartido secretos, ocultados por toda la familia al mundo exterior, por miedo a ser juzgados o a las consecuencias que podrían desencadenarse si salieran a la luz.

Así pues, los secretos tienden a ser protectores o perjudiciales. El secreto protector, como se desprende del término, tiene por objeto proteger a la familia, o a un miembro concreto de ella, de las consecuencias de una posible revelación. El secreto perjudicial, en cambio, es un secreto guardado no con fines de protección, sino para ejercer poder sobre alguien, en el presente o en el futuro.

La pediatra y psicoanalista infantil Françoise Dolto se ha ocupado mucho de los secretos que se ocultan a los niños en la familia, con el fin de protegerlos. Sin embargo, los secretos son muy perjudiciales para los niños que, aunque no los conozcan, los perciben de manera intuitiva y a veces los asumen y los somatizan. En cambio, incluso los contenidos familiares más difíciles y complejos (duelo, abandono, trauma) deben explicarse siempre a los niños, de la forma adecuada a su edad. Callarlos, de hecho, no les blinda en absoluto frente a lo ocurrido, sino que les deja solos ante una tensión psíquica muy fuerte cuyo origen no comprenden, pero que les asusta y desestabiliza.

Los psicólogos que trabajan con niños suelen ayudarles mediante juegos simbólicos o cuentos sobre todo construidos para ellos.

LA ASTROGENEALOGÍA
Y LOS SECRETOS DE FAMILIA.
¿QUÉ HAY QUE OBSERVAR?

La conexión de un descendiente con un secreto familiar concreto no tiene indicadores astrológicos precisos. Las situaciones que generan secretos son demasiado variadas. En general, sin embargo, pueden ser señaladas por los aspectos de Plutón con los planetas personales, la octava o decimoprimera casa y Mercurio. Los elementos y el asteroide Nessus también pueden darnos indicaciones útiles.

En cuanto a los elementos, el Fuego es el menos propenso a los secretos. Tiene un enfoque directo y decidido de la vida y, por ello, prefiere afrontar los problemas cuando surgen. Sólo si lo considera indispensable o útil, desencadenará su presencia en familia.

Aries: secretos relacionados con actos de violencia, actos de guerra, abusos, conflictos. Secretos guardados para ocultar debilidades o derrotas. Secretos perjudiciales, guardados para ejercer poder sobre alguien considerado rival o enemigo.

Leo: secretos para preservar el buen nombre de la familia, para proteger la reputación del clan o de los padres del sistema. Secretos relativos a la paternidad, la legitimidad de los hijos.

Sagitario: secretos relacionados con familiares emigrados o cuestiones religiosas o morales. Secretos sobre adicciones.

Los secretos relacionados con el elemento Tierra tienen por objeto proteger y reforzar la seguridad del sistema, tanto desde el punto de vista económico como psicológico.

Tauro: secretos sobre asuntos económicos o bienes familiares. Medidas adoptadas para mantener la estabilidad económica familiar. Secretos sobre todo protectores.

Virgo: secretos relacionados con situaciones de cuidado, salud o enfermedad. Secretos establecidos para evitar que alguien asuma riesgos considerados innecesarios o peligrosos. De nuevo, secretos más protectores que perjudiciales.

Capricornio: secretos que encubren acciones duras y despiadadas realizadas para avanzar en la vida, o consideradas necesarias para hacer frente a la realidad o para facilitar el ascenso de alguien. Puede darse una tenacidad extrema en la defensa del secreto, ligada a una fuerte motivación.

El Aire, como el Fuego, no tiene una tendencia particular al secreto. Este elemento tiende a transmitir información, no a omitirla u ocultarla. El secreto, por tanto, se desencadena con menos frecuencia y puede acabar revelándose.

Géminis: es un signo curioso, siempre a la caza de nuevas informaciones, por lo que puede más bien descubrir un secreto que crearlo. Puede ser él quien lo revele, tal vez a la ligera. Si guarda silencio, es para ocultar un subterfugio, una mentira. Posibles secretos ligados a las generaciones horizontales.

Libra: en este signo los secretos tienden a ser protectores, para evitar conflictos, separaciones, crisis de pareja. También sirven para ganar aceptación social o para evitar defraudar lo que los demás esperan.

Acuario: secretos que pueden estar relacionados con la defensa de los propios ideales o con el inconformismo que la familia ha querido ocultar. Este signo no coopera a la hora de guardar secretos y suele estar dispuesto a afrontar las consecuencias de sus actos por principios.

El elemento Agua es el más relacionado con los secretos de familia, vinculado a las emociones más intensas vividas por nuestros antepasados: miedo, dolor, amor, odio, venganza. Estas emociones pueden ocultar actos o situaciones intensas, mantenidas en silencio porque se consideran equivocadas, peligrosas, capaces de desencadenar consecuencias. Los secretos de Agua están profundamente arraigados en los sentimientos más difíciles y oscuros de la familia. Pueden crear fuertes lealtades familiares, activar criptas y fantasmas.

Cáncer: secretos relacionados con embarazos, hijos, o desencadenados para mantener unida a la familia. También pueden estar relacionados con asuntos de propiedad. Tienden a ser protectores.

Escorpio: aquí estamos directamente en la sombra, todo es ya secreto. Los secretos pueden tener los contenidos más diversos, y lo que tienen en común es la censura que los desencadenó, ligada al duelo o a un sentimiento de vergüenza o de culpabilidad. Pueden referirse a duelos, traiciones, abusos o asuntos sexuales, dinero, poder. El secreto raramente puede salir a la superficie. También puede ser perjudicial.

Piscis: secretos que pueden ser antiguos, relativos a acontecimientos lejanos, ahora borrosos hasta el punto de que ya no pueden verse. Quedan rastros de emoción, los detalles biográficos también se han perdido. Pueden referirse a figuras frágiles del sistema, a exclusiones, a personas del sistema que se han perdido.

Los secretos familiares tienen un contenido delicado, a menudo inconsciente. Por esta razón, aunque se detecten mediante el análisis de la carta astral, no deben abordarse necesariamente en el asesoramiento y revelarse. Recordemos siempre que el inconsciente es un sistema defensivo y protector de la psique y esta función del inconsciente debe respetarse siempre.

LOS TRÁNSITOS Y LA REVELACIÓN DE SECRETOS FAMILIARES

Cuando se desvela un secreto, las personas de la familia implicadas experimentan tránsitos diferentes, que nos ayudan a comprender las reacciones sinérgicas con lo que se acaba de descubrir. Los tránsitos de los planetas transgeneracionales a los planetas personales son sobre todo importantes. Si la revelación de un secreto se produce con un tránsito armonioso, será más fácil aceptar lo ocurrido. Con tránsitos disonantes todo será más difícil.

Con Urano, la revelación de un secreto resulta chocante, inesperada y coge por sorpresa. Puede ser desestabilizadora. El clan puede renovarse de manera profunda tras la revelación del secreto y superar esquemas familiares rígidos u obsoletos. El secreto también puede ser revelado por alguien irregular en la familia.

Con Neptuno, la revelación puede desencadenar confusión, miedo, angustia. Es como si de repente faltara el suelo bajo los pies y ya no hubiera certezas a las que aferrarse. Uno puede sentirse perdido ante la revelación, lo que desencadena ansiedad, inestabilidad, caos.

La revelación con un tránsito de Plutón produce cambios profundos y definitivos. Uno tiene la conciencia de que nada en la familia puede volver a ser lo mismo y esto crea angustia. Uno puede pensar que ha perdido algo irremediablemente (la inocencia, la visión de cierta persona, su mito familiar…).

Conozco a una familia en la que, de mutuo acuerdo entre los padres, se ocultaron a los hijos durante años las dificultades financieras por las que atravesaba la empresa del padre. El nivel de vida de la familia, hasta ese momento, siempre había sido alto. La crisis de la empresa condujo primero a fuertes deudas y luego a la quiebra. Fue entonces cuando los padres, obligados por los acontecimientos, contaron la verdad a sus dos hijos, un niño y una niña. Una noche, durante la cena, les confesaron todo lo que estaba ocurriendo, les explicaron cómo, a partir de entonces, los cuatro tendrían que cambiar su nivel de vida. Se acabarían los viajes, la ropa de marca y los coches de lujo. También perderían su piso junto al mar y su querida casa en la montaña. En el momento de la revelación, los dos hijos experimentaron transiciones muy diferentes, lo que describe bien lo distinto que recibieron la noticia de la quiebra de su padre.

La hija quedó conmocionada, su mundo se vino abajo. Adoraba a su padre, al que consideraba un hombre excepcional. Ahora, de repente, le parecía casi frágil. Además, siempre había considerado la riqueza de la familia como algo inmutable, en lo que siempre podía confiar, y eso le daba una profunda seguridad interior. Toda su personalidad extraía estabilidad de ello. Ahora se sentía perdida, sin saber si sería capaz de labrarse un futuro viable, al tener que depender sólo de sus propias fuerzas. También se sentía profundamente traicionada por el secreto que sus padres ni siquiera habían compartido con ella, que era la hermana mayor y ya tenía veinte años. Estaba enfadada y no entendía por qué habían guardado silencio durante tanto tiempo, lo que hizo que la noticia fuera aún más traumática. La hija tiene el Sol en Libra en trígono con Júpiter (padre amado e idealizado) y opuesto a Saturno. En la segunda casa, que nos habla del dinero de la familia, se encuentran Urano (inestabilidad/acontecimientos repentinos) y Neptuno (pérdida, disolución). En el momento de la revelación, Plutón estaba en cuadratura con el Sol (transformaciones pro-fundamentales y definitivas que afectan a los padres del sistema, pero también a la identidad personal). Quirón transitaba por el Fondo del Cielo, mientras que Urano estaba en conjunción con Saturno y opuesto al Sol. Saturno acababa de transitar por el Ascendente. Todo nos habla de angustia, miedo, pérdida y una profunda sensación de inestabilidad.

La noticia conmocionó incluso a su hijo. La seguridad material era tan obvia para él que nunca había pensado mucho en ello. Sin embargo, descubrir la quiebra de su padre generó en él escenarios muy diferentes a los de su hermana. Su padre, que hasta entonces le había parecido distante e inalcanzable, por fin se había vuelto humano y accesible en su fragilidad. El chico siempre había sentido rechazo por las expectativas que sus padres depositaban en él. Todos en casa daban por sentado que, puesto que su hermana se había matriculado en la Facultad de Letras (con el apoyo de sus padres), él estudiaría Económicas para hacerse cargo algún día del negocio familiar. Todo esto siempre le hizo sentirse enjaulado. Ahora, de repente, era libre de hacer lo que quisiera con su vida. Sin la empresa, ya no había obligaciones, expectativas, presiones. Eso le hacía sentirse ligero y aliviado. Lo que experimentaba era euforia y una inmensa sensación de libertad. En su carta astral, Plutón y Quirón están en conjunción con el Sol en la segunda casa. Marte está en trígono con Urano en el Fondo del Cielo y opuesto a la Luna en Aries. En el momento de la revelación del secreto, Urano era trigonal con el Sol. Urano también desestabilizaba, pero también daba una profunda sensación de renovación y liberación.

18

LA SANACIÓN Y
EL ÁRBOL GENEALÓGICO

POR MAURO MALFA

UNA PREMISA NECESARIA

¿Es realmente eficaz y tiene sentido investigar y sanar el propio árbol genealógico? No existe una respuesta única y cierta que pueda ser igual para todos. La única sugerencia es formarse una opinión propia, con absoluta libertad y autonomía.

Con la experiencia profesional, uno se da cuenta de que las personas se acercan al asesoramiento genealógico cuando atraviesan situaciones de malestar, ya sea familiar o personal, y buscan respuestas, una posible solución o incluso simplemente saber más sobre su problema.

Como sabemos ahora, cada persona recibe al nacer una impronta natural, que procede de su familia y de las experiencias de sus antepasados. A ello se añade una vocación personal, un «proyecto de vida» capaz de expresar plenamente los propios talentos. Es una vocación a la que no se suele tener acceso en la primera parte de la vida. Por lo general, de hecho, sólo se toma conciencia de ella a partir del primer retorno de Saturno sobre sí mismo, que coincide también con el primer retorno de la Luna progresada.

En algunos individuos, vivir lo transmitido por la familia nunca entra en conflicto con su vocación, es más, ésta última puede verse apoyada o facilitada por el clan. En otros casos, sin embargo, conciliar ambas instancias será mucho más complejo e impondrá una profunda reelaboración personal. En este último caso, el trabajo sobre el árbol permitirá una mayor toma de conciencia, aliviando los condicionamientos mayoritariamente inconscientes que impiden un verdadero proceso de elección. En los casos cuyo desenlace es más positivo, llegan incluso a orientar la propia vida hacia la plena realización.

Sin embargo, debemos recordar siempre que los árboles son capaces de sanar sus heridas de manera autónoma, incluso sin ningún tipo de investigación o conciencia por parte de los individuos.

Las prácticas sanadoras vinculadas a la genealogía, como las constelaciones familiares o el propio psicoanálisis, existen desde hace poco más de un siglo. Por otra parte, el ser humano siempre ha sido capaz de sanar sus heridas, miedos, penas o sufrimientos con el paso del tiempo.

Algunas dinámicas genealógicas necesitan más tiempo para ser procesadas y superadas. A menudo no basta con una generación, sino que es necesario un relevo generacional.

A continuación, se hace un breve repaso de los estudios que han demostrado el estrecho vínculo que cada uno de nosotros tiene con su árbol genealógico y su ascendencia, desde un punto de vista científico.

CONRAD WADDINGTON, BIOLOGÍA DE SISTEMAS Y EPIGENÉTICA

Conrad Waddington es el padre de la epigenética, es decir, el hombre que descubrió los mecanismos que correlacionan la reproducción celular con la información procedente del exterior de la célula. Demostró que las influencias psicológicas también pueden intervenir durante el proceso de replicación del ADN y provocar cambios en el código genético.

El biólogo define el concepto de *chreod*, nacido de la unión de dos palabras: *chre* «necesidad», y *hodos* «camino». Se trata, por tanto, de un camino que recorre el ADN durante su replicación. En este camino, el ADN también recibe información precisa sobre el estado emocional tanto de la persona como de su ascendencia. Lo vivido se convierte en verdadera memoria genética, expresada en forma de mensajes bioquímicos y hormonales. En otras palabras, la epigenética es el estudio de la interacción entre los estados emocionales y el código genético.

BRUCE LIPTON, LA BIOLOGÍA DE LAS CREENCIAS

El biólogo estadounidense Bruce Lipton consigue combinar el concepto de conciencia con el de epigenética en su libro *La biología de la creencia*. En el texto, demuestra cómo no es nuestro ADN el que determina lo que somos, sino exactamente lo contrario.

Gracias a sus estudios, se ha podido confirmar cómo son las expectativas, las esperanzas, los temores y los deseos los que contribuyen a determinar las predisposiciones genéticas de cada individuo. Aquí la persona se convierte en el vínculo entre lo que ha sucedido en el pasado y lo que aún está por venir.

La biología de las creencias demuestra cómo la trayectoria del individuo también puede tener resultados y efectos en todo el árbol genealógico.

EDWIN BLALOCK, EL SISTEMA INMUNITARIO
RESPONDE A LOS ESTADOS DE ÁNIMO

El inmunólogo británico Edwin Blalock correlacionó la eficacia de la respuesta del sistema inmunitario con el estado de ánimo del individuo, combinando tres enfoques científicos diferentes: medicina, biología y psicología.

Una comparación entre los parámetros biológicos y las actitudes mentales de cada individuo mostró una correspondencia inversamente proporcional entre el nivel de estrés y el grado de eficacia del sistema inmunitario. Cuanto más presionado psicológicamente está un individuo, más eficacia pierde su sistema inmunitario. Por consiguiente, el estado de salud puede verse muy influido por el estado emocional. En particular, los estados de estrés continuo pueden mermar la respuesta y la eficacia del sistema inmunitario y crear condiciones favorables para el brote de enfermedades.

RUPERT SHELDRAKE
Y LOS CAMPOS MÓRFICOS

El biólogo británico Rupert Sheldrake descubrió que existe un «campo de información», no físico sino psíquico, donde residen los recuerdos y toda la memoria ancestral del árbol genealógico. Este campo de resonancia colectivo, el campo morfogenético, compartido por todos los miembros de un clan, permanece fuera de la memoria del individuo y actúa como una especie de emisora de radio, cuyas frecuencias sintonizan cada individuo. Sheldrake, con sus estudios, demuestra cómo la existencia del campo de memoria permite a la conciencia del individuo sobrevivir a la muerte biológica.

BRENT BEZO Y EL HOLODOMOR,
LA MEMORIA DEL GRUPO SOCIAL

El término «*Holodomor*» proviene de la combinación de las palabras ucranianas *holod* («hambre», «hambruna») y *moryty* («matar», «morir de hambre», «agotar»). Su significado literal es «provocar la muerte por inanición». Esto es precisamente lo que ocurrió en Ucrania entre 1932 y 1933 cuando, por orden de Stalin, se dejó morir de hambre a la población local, con el resultado de varios millones de muertos por inanición y penurias. Fue una hambruna terrible, desgraciadamente decidida en un despacho.

El psicólogo Brent Bezo estudió a fondo el *Holodomor* y descubrió cómo se había creado un arraigado recuerdo de las experiencias de aquellos terribles años y cómo se había transmitido a la siguiente generación, modificando ciertos rasgos del carácter. A nivel transgeneracional, esto se manifestó en algunas familias, durante al menos tres generaciones, con frecuentes comportamientos autodestructivos, estados de ansiedad injustificados, consumo excesivo de alimentos, tendencia a acaparar provisiones más allá de lo necesario, desconfianza generalizada hacia los extraños y escasa cohesión social. Todos síntomas de una existencia vivida en modo supervivencia.

SALOMON SELLAM, LA MEMORIA INCONSCIENTE ACTIVA

Salomón Sellam estudió las conexiones que se activan entre el árbol genealógico y los trastornos de origen psicosomático, lo que condujo al desarrollo de la teoría de la descodificación biológica de las enfermedades. Según Sellam, el origen de algunos trastornos físicos es de naturaleza psicológica, a menudo no relacionado con la experiencia directa del individuo, sino que puede remontarse a la historia de su árbol genealógico y a lo que de él se transmite al individuo descendiente, en forma de memoria ancestral, a menudo inconsciente. La aflicción vivida en el clan es, de hecho, memorizada y retransmitida, sobre todo si el contenido está cargado de un alto potencial emocional de sufrimiento. Los duelos familiares no resueltos, los traumas, los recuerdos de violencias sufridas o ejercidas, son recuerdos que nunca se olvidan, sino que se depositan siempre en el inconsciente familiar, donde se sedimentan.

Estas dinámicas, bloqueadas por el dolor o la vergüenza, se transferirán después, de manera inconsciente, a las generaciones siguientes.

La memoria activa, a nivel inconsciente, puede hacer revivir al descendiente designado, de forma completamente inconsciente, estas situaciones de sufrimiento severo, que a veces pueden desembocar en verdaderos trastornos psíquicos y físicos. Sellam ha definido este fenómeno como el síndrome del lugarteniente, es decir, de la persona o personas (también pueden estar implicados varios miembros de la familia) que han sido elegidas por el árbol para realizar el trabajo de reconocimiento y aceptación del dolor sufrido y su consiguiente sanación.

El papel de cada miembro de la familia es importante e indispensable, pero puede ocurrir, en ocasiones, que la tarea asignada no pueda llevarse a cabo por negligencia, incapacidad o porque en el clan no se den las condiciones adecuadas para lograr una sanación completa. En este caso, la tarea se transferirá a las siguientes generaciones hasta que el recuerdo doloroso haya sido tratado y sanado, o haya pasado el tiempo suficiente para que lo sucedido se olvide.

El árbol genealógico, de hecho, siempre debe actuar para restablecer el equilibrio de todo el grupo y, en consecuencia, confiará a algún recién llegado al clan la tarea de intentar disolver el bloqueo emocional.

LOS TRES NIVELES DE CONCIENCIA

Como hemos visto, la toma de conciencia crece con el tiempo, tiene diferentes etapas y niveles de expresión. Es un viaje a menudo largo y complejo que ve al individuo volverse, con el tiempo, cada vez más libre y consciente de sí mismo y de su dinámica familiar. Esta toma de conciencia es directamente proporcional al conocimiento de los condicionamientos activos en la propia vida. Cuanto menos se conoce, menos se es capaz de tomar decisiones libres y conscientes.

ACTUAR EN CONSECUENCIA

Éste es el grado más bajo de libertad, uno se adhiere completamente a las instrucciones recibidas de la familia y uno actúa de manera automática, siguiendo más o menos completa y conscientemente el camino trazado. En esta etapa se está sujeto a todo tipo de condicionamientos: desde el pacto de lealtad hasta el síndrome del aniversario, pasando por el mandato familiar, por citar sólo algunos.

En este caso, el sistema familiar sólo atrae la atención del descendiente hacia lo que más le interesa o lo que siente que necesita, sin prestar especial atención a lo que desea. No es sólo la repetición, sino también la emulación inconsciente, lo que dirige de forma encubierta las elecciones realizadas.

CONCIENCIA

Trabajando en el conocimiento de uno mismo, también a través de la astrogenealogía o disciplinas similares, uno empieza a reconocer los patrones subyacentes, el condicionamiento y el comportamiento que ha sufrido. En esta fase, se actúa con mayor conciencia y discernimiento, y se empieza a oponer el condicionamiento familiar activo a las propias exigencias personales.

LIBRE ELECCIÓN

A través de caminos estructurados de crecimiento y autoconocimiento, uno puede alcanzar un alto grado de independencia de la impronta familiar y llegar a ser libre para elegir su propio camino evolutivo. Los aspectos planetarios que indican este logro están siempre ligados a aspectos armónicos o incluso a la desaparición de señales y aspectos entre determinados planetas, que están presentes y se repiten, sin embargo, en las cartas astrales de generaciones anteriores.

LA CONSULTA ASTROGENEALÓGICA

La consulta complementa el análisis de la carta astral del descendiente individual con un rápido estudio de su árbol genealógico, desarrollado, por ascendencia, a lo largo de tres generaciones.

Con estos dos elementos ya tenemos toda la información que necesitamos para el análisis astrogenealógico. El diagrama de árbol nos permitirá comprender si hay traumas particulares en la familia, como muertes prematuras, y repeticiones de nombres o fechas, o profesiones. También es útil anotar la edad a la que uno se casa o se convierte en padre o madre, o experimenta traumas particulares. La carta astral nos mostrará de inmediato cuáles, entre las diversas direcciones genealógicas, están astrológicamente activas en la carta astral de ese descendiente individual. A través de su carta estudiaremos su mandato, su papel en el clan y sus lealtades familiares activas. Consultas posteriores pueden ampliar esta primera e importante lectura hacia el análisis específico de la línea femenina o masculina del árbol, el mandato de la pareja, el del dinero o la realización profesional. Sin embargo, ya en la primera consulta surgen los principales temas genealógicos de una persona, así como los olvidados, los excluidos, los que se han perdido. A menudo son hijos no nacidos y ya olvidados.

Para ampliar este camino de conocimiento a lo largo de varios encuentros, también se puede añadir la compilación del propio genosociograma, que se convierte en un astrogenograma si también se añade información sobre las cartas astrales de los miembros individuales. Si se desea profundizar en las relaciones individuales, se pueden comparar las distintas cartas astrales de la familia, en las que emergen las relaciones y la calidad de las mismas.

En algunos casos, los datos son difíciles de encontrar, por diversas razones. Cada «agujero» tiene su propio significado y suele ser algo que más tarde resultará valioso e importante en la consulta. El mero hecho de dirigir la atención al clan activa energías latentes e inconscientes, que ayudan a complementarlo con lo que es útil para su sanación. El asesoramiento actúa como catalizador de la sanación: el mero hecho de prestar atención a la propia estirpe tiene una acción balsámica para todo el clan.

Tras haber identificado la dinámica familiar, el mandato, el papel asumido, los pactos de lealtad conscientes o inconscientes y toda la demás información destilada del análisis astrogenealógico, se puede iniciar el proceso de «toma de conciencia» y autodeterminación personal. Si se recurre al análisis transaccional de Eric Berne, se puede iniciar un proceso de sanación del propio árbol, adoptando la técnica de las tres «P»:

— Permiso del terapeuta, consejero o de la persona en la relación de ayuda para desobedecer pactos o mandatos y cambiar así el propio destino. Es una autoautorización importante, porque proporciona la base cognitiva para permitirse cambiar. Es el permiso para la desobediencia genealógica.

— Poder, es decir, una vez que uno comprende el condicionamiento al que está sometido, lo revoca, y entonces reconoce su propio talento y capacidad para controlar su propia experiencia.

— Protección: sentir que existe a tu alrededor una red social de personas afines capaces de darte apoyo en momentos de debilidad, miedo y duda.

EL ENFOQUE HOLÍSTICO DE LA RESOLUCIÓN

A la hora de elegir las técnicas que se van a utilizar, hay que tener en cuenta un aspecto fundamental: para lograr una transformación profunda, siempre es necesario un trabajo holístico, es decir, un trabajo que implique a toda la persona, en particular al lado derecho de la mente, vinculado principalmente al alma, los sentimientos, la creatividad y el pensamiento analógico, y al lado izquierdo, dedicado sobre todo a las funciones lógicas. Dado que no podemos entrar aquí en los detalles de cada una de las técnicas seleccionadas, remitimos a la bibliografía, donde encontrarás referencias a publicaciones que detallan mejor los enfoques presentados a continuación.

ACTOS DE SANACIÓN

Son rituales simbólicos que trabajan sobre situaciones no resueltas o suspendidas, para concluirlas o sanarlas. También pueden representarse en relación con familiares ausentes, fallecidos, excluidos o a los que nunca se conoció en persona. Estos actos son declaraciones cargadas de energía emocional y de voluntad, y conectan con el inconsciente personal y familiar. Transforman la carga emocional ligada a un familiar o a un acontecimiento, y la conducen hacia un camino de pacificación.

Para garantizar la máxima eficacia, se recomienda recurrir a un consejero experimentado. Los actos simbólicos no tienen por qué ser complicados; al contrario, los gestos sencillos pero sinceros suelen estar cargados de energía positiva y beneficiosa.

CARTAS DE LIBERACIÓN

La eficacia de las cartas de liberación se basa en que todo lo que se escribe con una intención concreta tiene una gran carga psicoemocional, crea una forma de pensamiento muy poderosa que se hunde en el inconsciente personal y familiar.

Con la concentración, la fuerza de voluntad y la preparación adecuadas, es posible activar mecanismos de sanación interior para situaciones incómodas, por ejemplo, poner fin a una relación disfuncional, transformar la relación con un familiar, superar un gran sufrimiento debido a una pérdida. También es siempre útil para el duelo, cuando uno puede no haber tenido tiempo o forma de comunicar algo importante a quienes ya no están con nosotros. Con una carta podemos compensarlo, quizá pidiendo disculpas, expresando rabia, amor, resentimiento o cualquier otro sentimiento. A veces la carta sirve para sustituir una confesión o para expresar sentimientos que siempre han sido censurados. Todo ello puede aliviar la tensión psíquica que el duelo ha dejado tras de sí. Hay que tener en cuenta que los tiempos del inconsciente no suelen coincidir con los de la vida ordinaria, por lo que es bueno no esperar resultados inmediatos; la conciencia debe madurar, a su tiempo, la petición. A continuación, la carta escrita puede tratarse con las técnicas del apartado siguiente.

SANACIÓN SOBRE LA BASE DE LOS ELEMENTOS

Si se toma como referencia el elemento dominante de la carta astral, o el elemento en el que cae Saturno, o el Ascendente, se activará la modalidad correspondiente para realizar un ritual de resolución hacia el familiar, acontecimiento o concepto que se considere clave o crítico para la propia sanación y la del clan.

En el caso de que el elemento Fuego domine, el acto puede implicar un gesto incluso destructivo, como quemar, descomponer, lanzar, hacer añicos. Puede tratarse de una hoja de papel, una foto, una carta o un objeto que, para la persona, tenga un significado preciso.

Con el predominio del elemento Tierra, es posible elegir objetos para ofrecer a la tierra. Aquí, el acto de liberación lleva a enterrar, sepultar o plantar una semilla o una planta, ya sea en memoria de alguien concreto o como evocación del acto de un nuevo nacimiento.

Si predomina el elemento Aire, hay tendencia a aligerar, levantar, lanzar o hacer volar cartas, fotos, globos, farolillos que contengan un mensaje.

Por último, para el elemento Agua, los objetos significativos pueden confiarse a ríos, lagos o al mar. Siempre es aconsejable elegir lugares que sean importantes para la persona o su familia, o lugares que den sentimientos profundos de paz y serenidad. También es posible sumergir el cuerpo con la idea de descargar en el líquido elemento todas las impurezas de las que uno desea separarse, o beber agua a la que se encomienda la tarea de «limpiar» el cuerpo de los propios residuos emocionales. Son actos que requieren especial concentración, recogimiento y un ambiente cómodo y tranquilo.

CAMBIO DE CREENCIAS Y MANDATOS CON LA PNL

La programación neurolingüística es un enfoque capaz de fomentar el cambio personal mediante actos prácticos, que reprograma ciertos comportamientos innatos, quizá emulados de los padres o adquiridos de otros familiares; o que recupera recuerdos negativos del pasado para transformarlos y, en cierta medida, aliviarlos.

Por ejemplo, a menudo se pueden desactivar creencias, mandatos familiares, síndromes de aniversario u otros pactos realizados de manera inconsciente en el seno del clan, explotando el hecho de que la línea del tiempo, en los seres humanos, siempre está conectada al sentido físico de avanzar y del movimiento hacia la derecha. También se puede trabajar sobre el impacto emocional que posee un acontecimiento del pasado por el método de cambiar su ubicación espacial y temporal.

¿Cuál es la mejor manera de utilizar estos esquemas mentales? ¿Podemos modificar el impacto que un acontecimiento pasado tiene en nosotros cambiando su ubicación espacial?

La respuesta es sí, trabajando la línea temporal y el modo de recuerdo. Cada persona tiene sus propios canales de expresión preferidos y, al relatar un recuerdo, es importante observar cuáles utiliza:

— *Visuales:* imágenes, símbolos, colores, tamaño.
— *Auditivos:* sonidos, palabras, ritmos, melodías.
— *Cinestésicos:* sensaciones y emociones.
— *Kinestésicos:* movimiento y espacialidad.
— *Gustativos:* sabores, aromas, olores.

A partir del análisis de la narración es posible comprender qué modalidad prefiere utilizar la persona. Entonces, si ésta se cambia, se intentará conseguir la disociación del recuerdo del acontecimiento doloroso. La escena se situará entonces en otra zona del pasado, y se neutralizará.

Al principio, el sujeto entra en un estado de relajación profunda, en el que recrea mentalmente la escena o recuerda al personaje que desencadenó el suceso. A continuación, se le pide que relate con el mayor detalle posible el acontecimiento que generó el conflicto. Según el canal preferido, puede tratarse de un color, el tono de una frase, un olor, una postura o un movimiento, un sabor percibido o la espacialidad de la escena.

En este punto, se cambia la modalidad neutralizando el estímulo desagradable. Por ejemplo, si el recuerdo evoca una voz chillona y enfadada, se propone una voz suave y apacible; si en el recuerdo aparece un color muy vivo y brillante, se puede conducir hacia colores más suaves o de tonos pastel; si se siente una opresión en el estómago, se imagina una mano cálida acariciándolo. Se pide al sujeto que imagine la línea temporal de lo sucedido y, a continuación, que desplace el recuerdo poco a poco hacia el pasado. Para confirmar el trabajo realizado, se puede pedir a la persona que dé tres pasos hacia delante o hacia la derecha (la dirección del futuro), y que sienta surgir las sensaciones. Para ser más eficaz, es importante realizar de manera física los movimientos con el cuerpo en el espacio, no sólo imaginarlos. Hay que tener en cuenta que para los diestros se intercambia la posición izquierda/derecha.

CANALIZACIÓN CON LAS CARTAS DE LOS *NAT*

Los *Nats* son espíritus naturales presentes en la cosmogonía de los antiguos pueblos de Myanmar (antigua Birmania). Cada espíritu representa una dramatización que puede activarse mediante un ritual evocador; el objetivo es entrar en contacto con los antepasados, representar su drama a través de los *Nats* y pacificarlos.

Se trata de una dramatización que se realiza colocando las cartas según patrones precisos, en la que cada una de las treinta y seis cartas representa un espíritu *Nat*. El objetivo es objetivar la experiencia dolorosa personal, para llevarla a un nivel de comprensión diferente, más profundo y conectado con el inconsciente personal y familiar.

Tras la colocación, la identificación de los *Nats* y de los antepasados que hay que pacificar, se eligen rituales que actúan en los niveles sutiles del psiquismo, para producir la sanación del acontecimiento o de la relación con el antepasado.

Las treinta y seis cartas *Nat* corresponden a las treinta y seis dramatizaciones clasificadas en la antigua dramaturgia griega, que inspiraron las obras modernas, citadas por Georges Polti,[1] dramaturgo francés, y Frederick Palmer, conocido guionista de Hollywood.[2] El propio nombre de «teatro» deriva de la raíz griega *theos*, que significa Dios, por lo que la base semiótica que subyace a la representación teatral es escenificar los acontecimientos humanos divinizándolos, con el fin de comprenderlos y superarlos.

ALEJANDRO JODOROWSKY

El polifacético Alejandro Jodorowsky, escritor, poeta, tarotólogo y dramaturgo, también se ha aventurado en el estudio del complejo mundo de las relaciones familiares.

Su método de investigación, la psicogenealogía, lleva el mismo nombre que la psicóloga y psicoterapeuta Anne Anceline Schützenberger dio a sus estudios dedicados a la genealogía familiar. La definición parece haber llegado casi simultáneamente a ambos autores.

Jung denomina a esta particular concurrencia de tiempos y términos sincronicidad, o una «coincidencia significativa», que confirma la existencia de un inconsciente colectivo que, como un inmenso depósito, contiene los pensamientos y recuerdos de toda la sociedad. Los conceptos contenidos en el inconsciente colectivo emergen de vez en cuando y son captados por determinadas personalidades más sensibles o preparadas para recibir nueva información. Por lo tanto, tanto Jodorowsky como Schützenberger se vieron

---

1. En 1895, Georges Polti publicó *Les trente six situations dramatiques*.
2. En 1919, en Los Ángeles –o mejor dicho, en Hollywood–, Frederick Palmer publicó un manual de guion cinematográfico, el *Palmer Plan Handbook,* al que pronto siguieron los dos volúmenes de la *Photoplay Plot Encyclopaedia*, íntimamente relacionados y vinculados al mismo manual.

probablemente influidos de la misma manera. Aunque ambos utilizaron la misma definición, sin embargo, su enfoque muestra diferencias significativas, tanto en el estudio del fenómeno como en su tratamiento. Schützenberger llega a la definición de psicogenealogía a través de sus estudios de psicología y genealogía, mientras que Jodorowsky parte de un bagaje de experiencias y formaciones empíricas y heterogéneas, que van del chamanismo al estudio de los arquetipos y el teatro.

Centrándonos en la psicogenealogía de Jodorowsky, ésta está mucho más ligada a métodos de investigación y prácticas fuertemente dirigidas hacia la sanación, mediante el uso de una ritualidad y unas técnicas que él mismo denominó «actos de psicomagia». También él parte de la constatación de que la familia tiene un papel central y preeminente en la formación del individuo. Llega a definirla como la fuente de las dificultades y virtudes que todo individuo encuentra en la vida. No se puede ayudar al individuo sin implicar también a su clan.

Su planteamiento parte del estudio de las repeticiones familiares, de los destinos que tienen en común distintos miembros del clan, incluso con generaciones de diferencia, de los sucesos trágicos que marcan de forma indeleble la vida del grupo.

La suya es una investigación sobre las repeticiones de nombres, fechas, divorcios, enfermedades, accidentes, descalabros económicos, éxitos y fracasos de la familia. La investigación, como afirma el propio Jodorowsky, llega hasta la tercera o cuarta generación, a partir de la cual el análisis pierde precisión y fiabilidad. Pensemos que, en sólo quinientos años, correspondientes a unas veinte generaciones, hay por término medio más de dos millones de individuos en un árbol genealógico.

Pero el árbol no es sólo un campo de batalla o una arena de enfrentamientos y conflictos, porque también es el lugar de formación y transmisión de valores, de sentido moral. Para él hay dos pulsiones opuestas: convertirse en lo que uno quiere ser y la búsqueda constante del reconocimiento y el amor de los padres y los miembros de la familia en general.

Al desear el amor de sus padres, uno trata de cumplir sus expectativas, desarrolla un sentimiento de lealtad e incluso recuerda de manera inconsciente sus errores o traumas, con las oportunas variaciones sobre el tema. Jodorowsky cita el ejemplo de su bisabuelo, que regresó de la Primera Guerra Mundial con los pulmones corroídos por el gas que respiró en las trincheras. Esta experiencia puede crear, en sus descendientes, una predisposición a padecer enfermedades pulmonares.

La dinámica familiar es siempre compleja y su variada tipología es ampliamente desarrollada por Jodorowsky. Utiliza el concepto de «relación triádica», que surge entre cada hijo y sus padres. La capacidad de los padres para dar a cada hijo el reconocimiento y la crianza emocional adecuados hará que las relaciones entre hermanos sean sanas. De lo contrario, surgirán los celos y las peleas para acaparar su atención y demostrar que son merecedores de su amor. Jodorowsky añade con sagacidad que los problemas sufridos entre hermanos reflejan en su mayoría los problemas que los padres tuvieron con sus hermanos.

En la tríada de relaciones, pueden darse los siguientes casos:

— La tríada familiar perfecta es aquella en la que el amor, el cuidado y el respeto por las necesidades de los demás fluyen en armonía mutua.

— La pareja parental está distanciada y el hijo, que hace de puente entre ambos, es el único vínculo que los une. El padre y la madre no viven de un modo pacífico su relación y, fundamentalmente, permanecen juntos a causa del hijo. En este caso, buscará el amor de ambos progenitores y se verá obligado a desarrollar dos sentimientos distintos de lealtad, uno hacia el padre y otro hacia la madre. Esto puede llevar al desarrollo de dos personalidades coexistentes que pueden crear continuos conflictos internos. Haber visto un ejemplo de relación disfuncional entre sus padres y el dilema creado entre las dos lealtades influirá en sus relaciones afectivas. Le costará elegir pareja o mantener una relación estable. O puede volverse controlador y posesivo, porque siempre teme que la relación pueda terminar en cualquier momento.

— La madre puente tiene la tarea de conectar al padre con el hijo, ya que no hay comunicación entre ellos, por todo tipo de razones. El sentido de lealtad del hijo, en este caso, irá de manera exclusiva hacia la madre, y se creará una sustitución de roles que puede desembocar en la figura del hijo consorte.

— El padre puente es una figura que intenta proteger la tríada mediando entre el hijo y la madre, que están en conflicto o divididos. Es una figura sólo útil en apariencia, en realidad cada vez que interviene sanciona la incapacidad del otro progenitor para sostener el diálogo con los hijos.

— Tenemos entonces el caso de la pareja parental exclusiva, en la que los padres se centran sólo en su relación excluyendo a sus hijos. La sobreidealización de los padres, vistos como una «pareja olímpica» e inalcanzable, devaluará la autoestima de los hijos, que siempre se sentirán inadecuados para vivir en una relación tan perfecta.

— También se da el caso de una ausencia total de comunicación en la tríada. Esto ocurre cuando todos albergan un fuerte resentimiento hacia la vida y un sentimiento de desconfianza hacia los demás y hacia las relaciones en general.

Junto a la investigación analítica, Jodorowsky, basándose en su experiencia, despliega también técnicas de sanación y liberación, que define como «psicomagia». Se trata de acciones creativas e inesperadas para quien las realiza, que rompen rutinas, programas y hábitos. La sorpresa que se siente al realizarlas suscita curiosidad y despierta la atención de la persona, como si experimentara una especie de despertar. Esto mantiene alto el nivel de autoconciencia de la persona, lo que desencadena mecanismos inconscientes de desvinculación de la influencia del clan y activa los recursos internos del individuo hacia la sanación. Se trata de un conjunto de actos personalizados por completo, siempre diferentes entre sí y nunca reproducibles. Por lo tanto, siempre es desaconsejable intentar repetir los actos de psicomagia encontrados en sus libros.

Jodorowsky nació en 1929. Por tanto, no debe extrañar que, en su concepción de la familia, sea muy patriarcal y tradicional y asigne los papeles familiares en función de la sexualidad de los sujetos. Al leer sus obras, es necesario mantener esta mirada crítica, que, por supuesto, no le resta creatividad y originalidad.

LAS CONSTELACIONES FAMILIARES DE BERT HELLINGER

Las constelaciones familiares, tan utilizadas y casi de moda hoy en día, tienen su origen en los estudios del psicólogo alemán Bert Hellinger, que comenzaron a principios de los años ochenta.

La técnica de Hellinger, que trabaja sobre el concepto de inconsciente compartido de Moreno, escenifica las dinámicas familiares y contribuye a su higienización mediante la teatralización de los personajes pertenecientes al clan. Esto actúa en gran medida sobre el inconsciente personal y familiar. Bloqueos, miedos, heridas, sobre todo de carácter inconsciente, son vividos por «actores» extraídos del grupo de personas que participan en la constelación. Cada participante sólo puede observar o tomar parte activa en la escenificación de un asunto familiar. Los que participan se hacen pasar por miembros de la familia o por situaciones o dinámicas del clan examinado. Con este sistema de representación, los bloqueos emocionales, los miedos profundos, los dolores ancestrales pueden disolverse o aligerarse, hecho que alivia los desequilibrios entre los miembros del árbol. A menudo afloran las figuras de los excluidos y desatendidos en la familia, vinculadas a abortos, muertes olvidadas, duelos aún activos, que condicionan la vida de los miembros del clan.

Las constelaciones pueden realizarse de distintas maneras: en grupo, de manera individual, utilizando cartas del tarot o con objetos simbólicos como marionetas, cilindros de madera u otros objetos que representen personajes. Pueden realizarse de forma presencial o en línea.

Es fundamental el uso de frases sanadoras, enunciadas de manera repetida durante el transcurso del acto. Pueden ir dirigidas a un familiar, vivo o fallecido, con el que no se puede establecer un contacto directo. También operan muy profundamente en la desmovilización de roles familiares o dinámicas dentro del clan que se han vuelto rígidas, firmes y, por tanto, opresivas para alguien. Trabajan en los planos sutiles del inconsciente personal y familiar y pueden utilizarse, de un modo transversal, en muchas otras técnicas como acto final de «dejar ir».

Hellinger teorizó tres leyes básicas de las constelaciones, denominadas «Órdenes del Amor»:

— *Ley de pertenencia:* todo el mundo tiene derecho a pertenecer a su propio sistema. Nadie puede ser excluido de él y, si esto ocurre, se crea un desequilibrio dentro de la familia. En tales casos, el sistema familiar actúa de manera compensatoria, e implica a otros miembros del grupo en la búsqueda de un equilibrio que llene el vacío creado.
— *Ley del orden:* los nacidos antes tienen más derechos que los nacidos después.
— *Ley del equilibrio:* en el sistema, las cuentas familiares siempre deben estar en equilibrio.

TERAPIA NARRATIVA

La terapia narrativa es un enfoque tomado de la psicología cognitiva que pretende «reescribir» la historia personal y, en consecuencia, cambiar también los mandatos, pactos y roles que la familia ha impuesto. Se lleva a cabo mediante acciones de escritura que cumplen esta función.

RITUAL DE LA CREACIÓN DE *COLLAGES* DE FAMILIA

El soporte para el *collage* puede ser una cartulina, una pared de la casa, el lienzo de un cuadro; el modo, lo más creativo posible, y el objetivo, integrar a los antepasados significativos en un mismo espacio. El trabajo realizado para seleccionar las imágenes y encontrar los datos de los antepasados es ya un inmenso gesto de atención y recuperación de la memoria familiar. Al componerlo, uno agradece a sus antepasados, imagina sus vidas y, al hacerlo, puede experimentar una profunda sensación de comprensión y cercanía a sus historias.

Como puede verse, existen numerosas técnicas que ponen en práctica la sanación mediante la observación y la atención al árbol. Verlo ya es reconocerlo y sentirlo vivo dentro de uno mismo. Poco importa que esto se haga con un cuadro, un genograma o a través de un conjunto de cartas astrales.

EL TAROT GENEALÓGICO

El tarot genealógico no tiene intenciones predictivas ni evolutivas. Se utiliza como una técnica proyectiva que, a través del uso de los arcanos mayores, activa contenidos genealógicos, trayendo a la superficie proyecciones arquetípicas activas en el clan.

Son proyecciones muy personales, ligadas al individuo y a la familia individual y, por tanto, siempre diferentes. Lo que una persona proyecta, por ejemplo, en la carta de la Papisa puede ser muy diferente de lo que otro individuo ve en ella. Depende de los recuerdos, de las memorias activas que la carta haga aflorar. Todo esto también puede exceder siempre la lectura habitual asignada a cada arcano.

La objetivación del personaje anima a las personas a ver la situación desde diferentes perspectivas, y las ayuda a comprender mejor el significado profundo de sus elecciones.

LAS CONSTELACIONES IMAGINARIAS

Desarrolladas por Selene Calloni Williams, las constelaciones imaginarias son un método que empareja las acciones de personajes de un árbol familiar con mitos y arquetipos.

El propio hecho de despersonalizar la experiencia y verla insertada en un contexto más amplio y universal, ayuda a tomar un sano distanciamiento de las personas implicadas o de las situaciones vividas, y eso mitiga su sufrimiento y favorece su superación; se deja de emitir juicios y se confía en una visión mítica y menos egocéntrica. En este punto, es el plano mítico el que toma el relevo y se convierte en la clave para interpretar los acontecimientos vividos en el clan desde una perspectiva transpersonal.

De esta visión, conectada con el principio erótico-heroico que cada individuo está llamado a cumplir, es decir, su propio camino de evolución y realización personal, surge la experiencia estética, donde toda forma y sufrimiento pierden por completo sustancia y contenido y se convierten en imágenes y éxtasis estéticos. Ciertos ejercicios que recuerdan el *sacrum facere*, el acto sagrado, completan la experiencia transformadora y liberadora.

GLOSARIO

Árbol genealógico: la lista completa de antepasados o, más concretamente, un gráfico utilizado en genealogía para mostrar las relaciones familiares entre distintos individuos.

Ascendente: punto de la eclíptica que en un momento y lugar determinados se eleva sobre el horizonte.

Caída: signo zodiacal en el que un planeta experimenta cierto cansancio o empobrecimiento. Es el signo opuesto al de exaltación.

Casa: cada uno de los doce sectores o lugares en que se divide el ámbito local y, por tanto, la carta astral.

Compensación: toda injusticia percibida o todo acontecimiento sufrido o ejecutado por un antepasado debe ser compensado posteriormente por la acción de un miembro del mismo sistema familiar.

Conjunción: aspecto que se forma cuando dos planetas están muy próximos. El aspecto es exacto a 0°. Puede ser armonioso o disonante en función de los planetas implicados.

Constelación: agrupación de estrellas, hoy existen 88. El zodíaco de las constelaciones no debe confundirse con el de signos.

Contabilidad familiar: Ivan Boszormenyi Nagy, psiquiatra húngaro-estadounidense y teórico de las lealtades familiares, ha descubierto la existencia de una especie de contabilidad familiar implícita, una especie de registro de deudas y créditos, que afecta a todos los aspectos de la familia y que puede vincularse al principio de justicia y equidad.

Cuadratura: aspecto desarmónico que se forma cuando dos planetas están separados 45°.

Descendente: punto de la eclíptica que, en un momento y lugar determinados, se sitúa en el horizonte.

Domicilio: signo zodiacal en el que un planeta expresa mejor sus cualidades.

Eclíptica: trayectoria anual aparente del Sol alrededor de la Tierra. La eclíptica está inclinada 23° y 26' con respecto al ecuador celeste. El Sol tiene siempre una latitud de 0°, mientras que los planetas pueden tener latitudes diferentes, según la distancia a la que se encuentren de la eclíptica.

Epigenética: rama de la biología molecular que estudia las mutaciones genéticas y la transmisión de rasgos hereditarios no atribuibles directamente a la secuencia de ADN.

Exaltación: signo zodiacal en el que un planeta expresa sus cualidades con magnificencia.

Exilio: signo del zodíaco en el que un planeta puede tener dificultades para expresar plenamente sus cualidades. Es el signo opuesto a su domicilio.

Factores astrológicos: la totalidad de lo que se tiene en cuenta en una carta astral, es decir, planetas, puntos virtuales, ángulos, planetoides y asteroides.

Fondo del cielo: punto de la eclíptica que en un momento y lugar determinados se encuentra en el meridiano inferior de la esfera celeste.

Generaciones horizontales: miembros de la familia que pertenecen a la misma generación (según la estadística, una generación equivale a unos 25 años).

Generaciones verticales: miembros de la familia perteneciente a generaciones nacidas en distintos momentos, con orden vertical (bisabuelos, abuelos, padres, hijos, nietos).

Genosociograma: representación del árbol genealógico comentado y enriquecido con diversos contenidos relativos a la historia familiar (roles familiares, profesiones, exclusiones…).

Hijo de sustitución: hijo concebido o adoptado después de la muerte de un hijo, sin haber cumplido todavía el duelo.

Lealtades familiares invisibles: pactos de lealtad y lealtad inconsciente de un descendiente hacia un ascendente.

Luminarias: los dos objetos celestes más brillantes del cielo, el Sol y la Luna.

Medio del cielo: punto de la eclíptica que, en un momento y lugar determinados, se encuentra en el meridiano superior de la esfera celeste.

Oposición: aspecto desarmónico que se forma cuando dos planetas están separados 90°.

Rama: parte del árbol genealógico (materno o paterno).

Sextil: aspecto armonioso que se forma cuando dos planetas se encuentran a 60° de distancia.

Signo zodiacal: sección de 30° de la eclíptica.

Síndrome de clase: concepto desarrollado por Vincent de Gaulejac, psicólogo francés. Indica la dificultad de los descendientes para superar las condiciones de vida económicas, sociales y profesionales de la familia. Surge de los límites impuestos a la realización personal por el código familiar de normas y tradiciones.

Síndrome del aniversario: fechas sensibles de la historia familiar en las que se producen repeticiones de acontecimientos o situaciones, períodos en los que resurgen traumas del pasado, incluso sin tener conciencia directa de ellos.

Trígono: aspecto, armonioso, que se forma cuando dos planetas están separados 120°.

Zodíaco: banda con una amplitud de 8° por encima y por debajo de la eclíptica, dividida en doce secciones de 30°, cada una de las cuales representa los doce signos del zodíaco.

BIBLIOGRAFÍA

AA. VV.: *La terapia di coppia in una prospettiva trigenerazionale*, APF, 2006.

ABRAHAM, Nicholas y TOROK, Maria: *La scorza e il nocciolo*, Borla, 1993.

ANDOLFI, Maurizio: *La terapia familiar multigeneracional*, CCS, 2018.

ANGIOLARI, Chiara, Camillo Loriedo: *Il segreto*, Raffaello Cortina Editore, 2021.

AROSIO, Laura: *Sociologia del matrimonio*: Carocci Editore, 2008.

AUSTERMANN, Alfred y Bettina: *Síndrome del gemelo solitario*, Natural Ediciones, 2017.

AZICRI, Claudia: *Astrogenealogía: tu signo zodiacal y el alma familiar*, Editorial Kier, 2019.

BALDINI, Renzo: *Trattato tecnico di astrologia*, Hoepli, 2015.

BARBAULT, Martine: *La relation mère fille en astropsychogénéalogie*, Bussières, 2009.

BAUER, Erich: *Terapia familiare astrologica*, Edizioni Mediterranee, 2004.

BENOIT, Joe-Ann: *Come liberarsi dalle ripetizioni familiari negative*, Il punto d'incontro, 2010.

BERNE, Eric: *Transactional Analysis in Psychotherapy*, Martino Fine Books, 2015.

BOSZORMENYI NAGY, Ivan y SPARK, G. M.: *Lealtades invisibles: Reciprocidad en terapia familiar intergeneracional*, Amorrortu, 2013.

CALLONI WILLIAMS, Selene: *Le carte dei Nat e le costellazioni familiari*, Edizioni Mediterranee, 2011.

—: *Psicogenealogia e costellazioni familiari*, Spazio Interiore, 2016.

CASHFORD, Jules: *La Luna, símbolo de transformación*, Ediciones Atalanta, 2018.

CLARK, Brian: *The Family Legacy*, Flare Pubn, 2016.

CRIMALDI, Paolo: *Iniziazione alla astrologia karmica*, Edizioni Mediterranee, 2012.

—: *Iniziazione alla psicologia karmica*, Edizioni Mediterranee, 2017.

CYRULNIK, Boris: *El murmullo de los fantasmas*, GEDISA, 2003.

DANCOURT, Daniel: *El zodíaco y el viaje del héroe*, Ediciones Librería Argentina, 2013.

—: *Luces y sombras del árbol genealógico*, Ediciones Librería Argentina, 2015.

FASSIO, Lidia: *I nostri simboli interiori*, Spazio Interiore, 2013.

—: *Le case astrologiche*, Spazio Interiore, 2016.

—: *Simbologia della Luna*, Spazio Interiore, 2021.

—: *Simbologia di Saturno*, Spazio Interiore, 2014.

FREUD, Sigmud: *Introducción al psicoanálisis*, Alianza Editorial, 2011.

GAULEJAC, Vincent de: *La neurosis de clase*, Editorial Sapere Aude, 2019.

GEORGE, Demetra: *Las lunas negras*, Obelisco, 2001.

GISLON, Mary y PALAZZI, Rosetta: *Dizionario di mitologia e dell'antichità classica*, Zanichelli, 2008.

GREENE, Liz: *Astrologia e amore*, Edizioni Mediterranee, 1994.

—: *Astrología y destino*, Obelisco, 1990.

GREENE, Liz y SASPORTAS, Howard: *Los luminares*, Urano, 1994.

HELLINGER, Bert: *Órdenes del Amor,* Herder Editorial, 2011.

HILLMAN, James: *El suelo y el inframundo*, Ediciones Paidós, 2004.

—: *El código del alma*, Martínez Roca, 1999.

JODOROWSKY, Alejandro: *Metagenealogía*, Grijalbo, 2011.

—: *Manual de Psicomagia*, Debolsillo, 2010.

JUNG, Carl Gustav: *Los arquetipos y lo inconsciente colectivo*, Editorial Trotta, 2003.

—: *El hombre y sus símbolos*, Ediciones Paidós, 2023.

—: *La interpretación de la naturaleza y de la psique. La sincronicidad como un principio de conexión acausal*, Editorial Paidós, 1983.

—: *Sueños y transformaciones*, Editorial Trotta, 2022.

KÜBLER Ross, Elisabeth: *Vivir hasta despedirnos*, Luciérnaga, 2023.

—: *La muerte: un amanecer*, Luciérnaga, 2024.

LIPTON, Bruce: *La biología de la creencia*, Gaia Ediciones, 2023.

MORRIS, Desmond: *El mono desnudo*, Debolsillo, 2003.

PERCOVICH, Luciana: *Oscure madri splendenti*, Venexia, 2007.

ROBLES, Cecilia: *Astrogenealogía: un viaje hacia las raíces familiares*, Editorial Kier, 2022.

RUDHYAR, Dane: *Las casas astrológicas*, Kier Editorial, 2019.

—: *Un estudio astrológico de los complejos psicológicos*, Equipo difusor del libro, 1999.

Saita Ravizza, Maura: *Psicogenealogia e segreti di famiglia*, Psiche, 2015.

Sheldrake, Rupert: *La mente extendida*, Vesica Piscis, 2005.

—: *La presencia del pasado: resonancia mórfica y hábitos de la naturaleza*, Editorial Kairós, 2010.

Schreiner, Klaus: *Vergine, madre, regina*, Donzelli Editore, 1994.

Schützenberger, Ann Ancelin y Devroede, Ghislain: *Hijos enfermos de sus padres*, Editorial Sirio, 2023.

Schützenberger, Anne Ancelin y Bissone Jeufroy, Evelyne: *Uscire dal lutto*, Edizioni 2007.

—: *¡Ay, mis ancestros!*, Taurus, 2024.

—: *Psicogenealogía*, Editorial Sirio, 2011.

Sicuteri, Roberto: *Astrologia e mito*, Astrolabio, 1980.

Strika, Rossana: *Astrogenealogia: Un metodo d'indagine delle dinamiche di famiglia*, CentoParole, 2019.

Sullivan, Erin: *The Astrology of Family Dynamics*, Weiserbooks, 2001.

Tarnas, Richard: *Cosmo y psique*, Ediciones Atalanta, 2021.

Tolle, Eckhart: *El poder del ahora*, Gaia Ediciones, 2007.

ÍNDICE